SUPER FANDOM

ZOE FRAADE-BLANAR | AARON M. GLAZER

SUPER FANDOM

COMO NOSSAS OBSESSÕES ESTÃO MUDANDO O QUE COMPRAMOS E QUEM SOMOS

TRADUÇÃO DE GUILHERME KROLL

ANFITEATRO

Título original:
SUPERFANDOM
How our obsessions are changing what we buy and who we are

ANFITEATRO
O selo de ideias e debates da Editora Rocco Ltda.

Direitos para a língua portuguesa reservados
com exclusividade para o Brasil à
EDITORA ROCCO LTDA.
Av. Presidente Wilson, 231 – 8º andar
20030-021 – Rio de Janeiro, RJ
Tel.: (21) 3525-2000 – Fax: (21) 3525-2001
rocco@rocco.com.br
www.rocco.com.br

Printed in Brazil/Impresso no Brasil

Preparação de originais
THADEU SILVA

CIP-Brasil. Catalogação na fonte.
Sindicato Nacional dos Editores de Livros, RJ.

Fraade-Blanar, Zoe
F865s Superfandom: como nossas obsessões estão mudando o que compramos e quem somos / Zoe Fraade-Blanar, Aaron M. Glazer; tradução de Guilherme Kroll. – 1ª ed. – Rio de Janeiro: Anfiteatro, 2018.

Tradução de: Superfandom: how our obsessions are changing what we buy and who we are
ISBN 978-85-69474-45-6
ISBN 978-85-69474-46-3 (e-book)

1. Marketing – Aspectos sociais. 2. Consumo (Economia) – Aspectos sociais. 3. Comportamento do consumidor. I. Glazer, Aaron M. II. Kroll, Guilherme. III. Título

18-51921 CDD–658.8342
CDU–366.1

O texto deste livro obedece às normas do
Acordo Ortográfico da Língua Portuguesa.

SUMÁRIO

PREFÁCIO

29 de outubro de 2012, Nova York

O Weather Channel, canal especializado em previsão do tempo, tinha alertado para um furacão que se aproximava, mas nós não estávamos muito preocupados com isto. O furacão Irene havia passado no ano anterior, sem mal derrubar uma árvore, e, de qualquer jeito, já era tarde demais para mudar os nossos planos.

Duas noites antes do Halloween, a equipe do Squishable.com estava se preparando para uma festa. Uma festa virtual de Halloween. Duas vezes antes, nossos fãs nos fascinaram organizando festas surpresa em nossa página no Facebook,[1] lotando nossas linhas do tempo com desenhos feitos à mão e fotos deles mesmos e de seus animais empalhados enfeitados com roupas de festa, fazendo biscoitos, jogando jogos e geralmente se divertindo. Dessa vez, faríamos a festa nós mesmos. Os convites foram publicados dias antes em várias mídias sociais, e centenas de fãs do Squishable.com em todo o mundo já tinham confirmado, dizendo que estariam (virtualmente) lá.

Nova York tinha declarado estado de emergência preventivamente, fechando o metrô, então nossa equipe estava trabalhando de vários pontos da cidade. No Facebook, um superfã como Dani postou: "Estamos assistindo ao canal do tempo, preocupados a respeito dos nossos amigos no litoral. Por favor, tomem cuidado!!! Mudando de assunto: a festa de Halloween vai ser adiada?" Por dias, estávamos olhando um para o outro e sussurrando: "O que dizer?" Mesmo faltando poucas horas para a festa, de vez em quando um de nós enviava mensagens no nosso bate-papo interno com alguma versão de "Então... talvez esta não seja a noite para isso?", depois, todos procurávamos no Google a previsão do tempo de novo.*

Nós não queríamos desapontar ninguém e, de qualquer maneira, os preparativos já haviam ocupado três dias úteis de trabalho, quando deveríamos ter projetado novos produtos ou aprovado amostras de pelagens. Nenhum de nós tinha o histórico de negócios tradicionais que poderia nos alertar sobre os perigos dos custos irrecuperáveis da falácia. O nome da tempestade não parecia ameaçar. Sandy? Sério?

Squishable é uma empresa de tecnologia especializada em desenvolvimento de brinquedos, então as piadas internas reinam. Criamos bichos de pelúcia. Grandões, pequenos, peculiares. Como regra geral, toda a equipe sempre foi composta por refugiados de outras indústrias — design de softwares, direito, economia, governo, mídia — e isso nos permitiu ignorar um monte de armadilhas. A maioria das empresas de brinquedos vende, em grande parte, por atacado; vendemos mais da metade do nosso estoque diretamente no nosso site. A maioria das empresas de brinquedos lança de seis a doze novos itens por linha por ano; lançamos centenas. A maioria das empresas de brinquedos é segmentada para crianças; temos muitos fãs crianças, mas o nosso público mais ativo são os adolescentes e adultos jovens. A maioria das empresas de brinquedos usa uma equipe de design para criar novas ideias; nós

* Por favor, note que aqui e em todo o livro reproduzimos todas as postagens de mídia social na sua forma original, e não editada.

usamos nossos fãs — os conceitos deles, as observações de design e, eventualmente, os seus desenhos. Talvez, fomos a primeira empresa a lançar um camarão, Cthulhu, a Morte, e uma torrada de pelúcia.

Antes, naquele mesmo ano, decidimos começar uma campanha de financiamento coletivo via Kickstarter para o Squishable Shiba Inu, um projeto que originalmente não estava em nossos planos de execução. Em um concurso para determinar a próxima raça de cão a ter um protótipo, o Squishable Shiba Inu ficou em segundo lugar, logo atrás do Corgi (que prosseguiu até se tornar um campeão de vendas). O financiamento coletivo foi lançado com o seguinte conceito: um cão vermelho com tapa-olhos circulares. A resposta foi um ressonante sim, sim, sim: os fãs amaram nosso conceito de design do Shiba vermelho e ficariam contentes em esperar que o produto fosse fabricado, enviado e lançado.

No começo de outubro, a campanha no Kickstarter já tinha terminado há muito tempo. As fotos do protótipo tinham acabado de ser publicadas quando recebemos um inesperado comentário de uma fã: agora que ela tinha visto a foto atual, pensou que a pelúcia deveria ser dourada, com diferentes tapa-olhos. De repente, comentários furiosos encheram nosso Kickstarter,[2] Facebook e caixa de mensagens. Tínhamos arruinado o projeto. Éramos maus. Traímos o público. Eles estavam se queixando de nós ao Kickstarter. Eles nunca mais comprariam outro produto da Squishable.

Nós nos sentimos terríveis. Como isso podia ter dado tão errado? Eu roía minhas unhas até sangrar todas as noites, agonizando sobre o que fazer. Queríamos ficar no lado bom dos fãs, mas não tínhamos orçamento para uma variação. Havia lágrimas. Se tivéssemos dinamitado toda a empresa tentando algo inovador? Ah...

Ao final de outubro, o escritório estava tenso. Era o momento certo para um acontecimento animador, uma forma de lembrar a todos que éramos maiores do que a cor de um Shiba Inu. Não teríamos outra chance como aquela por mais um ano. Na verdade, uma vez que a correria de fim de ano começasse em outro par de semanas, tudo o que poderíamos fazer para atualizar as mídias sociais deveria ser feito naquele momento. E, além disso, nós realmente gostamos de nossos fãs.

Naquela época, havia apenas três de nós na equipe criativa para organizar a festa: as designers Melissa e Kendra e eu. Scott, nosso gerente, estava preparando o conteúdo e materiais. Todos na empresa planejavam fazer pelo menos uma aparição virtual — até mesmo Charles, nosso conselheiro, ia se juntar.

Pelo fato de todo mundo morar no Brooklyn ou no Queens, os equipamentos de fotografia foram arrastados do nosso escritório na Union Square para o apartamento de um quarto que Aaron e eu dividíamos no trigésimo andar, perto do East River, em Manhattan, quase na zona de evacuação obrigatória. Sabíamos que poderia haver uma queda de energia, então nós trouxemos mais de meia dúzia de laptops totalmente carregados. Entre uma linha da operadora Verizon, dois pontos de telefones celulares diferentes e, se tudo o mais falhasse, um velho modem da Sprint, que nós tínhamos nos esquecido de cancelar; havia muitos caminhos para a internet em caso de emergência.

Os fãs vinham postando seus desafios por horas:

"Querido Sandy: NÃO derrube a minha energia nem a de ninguém mais! Temos a festa de Halloween da Squishable para ir! Se você fizer isso, terá que se ver com MINHA ira!! IRA!! O INFERNO NÃO TEM UMA FÚRIA TÃO GRANDE QUANTO UM SQUISHER MENOSPREZADO!!!", escreveu Mel.

"Estou preparado para a Frankenstempestade. Se precisarmos ser evacuados, exijo que todos peguem um squishable grande e um mini. Os micros vão pendurados na bolsa da minha mãe. PODE VIR, MANO!", escreveu Samantha.

"Tomem cuidado durante a Frankenstempestade, todo mundo!... Espero que suas casas/apartamentos não inundem e seus Squishables não se molhem!", postou Oceanus, o mini Squishable Narval, presumidamente por seu dono.

Faltando duas horas, a superfã Sara postou:

"Todo mundo pronto para a festa de Halloween?!?!?!?!? Mal posso esperar!! Eu tenho fantasias prontas para os meus amiguinhos squishy e tenho que fazer alguns petiscos quando chegar do trabalho hoje. Esculpimos abóboras a noite passada, então eu tenho que assar as sementes, fazer bolinhos de abóbora, pipoca e chocolate quente! Eu também tenho alguns doces e maçãs do amor! Estou tão animada para a noite divertida e deliciosa!!"

Cancelar não era uma opção. Nós éramos a Squishable! Podíamos suportar um superfuracão de nada!

Conforme o vento começou a soprar com muita força, Aaron e eu nos aventuramos lá fora mais uma vez, passando por janelas com tábuas e pilhas de sacos de areia pelas entradas do metrô. Falhamos na tentativa de comprar pilhas extras para as lanternas, e conseguimos comprar o último saco disponível de ração para o Oyster, nosso cachorrinho yorkie-poodle. Então, voltamos para casa, enchemos a banheira e mergulhamos na água, abrimos umas cervejas e esperamos chegar 7 da noite.

"Tô fora, fiquem bem e secos, pessoal!", escreveu Beth, gestora da equipe de atendimento ao cliente, da casa dela em Michigan.

Conforme marcou-se 7 horas na margem leste, fotos começaram a inundar a nossa página do Facebook com os que chegaram primeiro. "OK! Aí vamos nós!", digitou Melissa no nosso chat interno.[3] Nós postamos nossas boas-vindas no Facebook e centenas de fãs escreveram de volta variações de:

"QUEEEEEE FESTA FESTA!!!"

"É hora da festa AQUI!!!!!!!!!!!! Hu WAH!!!!!!!"

"Cuidado! É um convidado que chega no meio de um vendaval."

"YAYYYY! FESTA!:D EU ESTOU AQUI COM MEUS 13 SQUISHIES!"

"GOSTOSURAS OU SQUISH!!!!"

... e inundaram a página com fotos de animais de pelúcia vestidos como fantasmas e piratas.

Começou a chover às 7h30, quando postamos as regras para a competição de poesia. Às 7h45 começou a chover *mesmo,* quando postamos a primeira foto dos Squishables festejando. De Sunset Park, na parte sul do Brooklyn, Melissa postou um vídeo de "Thriller", de Michael Jackson. A leste, em Bedford-Stuyvesant, Kendra postou uma arte em preto e branco para os fãs colorirem. Melissa fez um pedido para ideias de desenhos. Eu coloquei fotos de um narval Squishable em um pote de pipoca doce, e um cavalo Squishable pulando, tentando pegar maçãs. Usamos contas pessoais do Facebook para que os fãs soubessem que éramos realmente nós, e nossos posts se misturaram com centenas de fotos de todo o país: Squishable Gryphons vestidos como personagens de Harry Potter, axolotes vestidos como Sailor Moon, uma vaca e um touro como noivo e noiva, e um guaxinim apresentador de TV.

"Alguém pode desenhar um narval pra mim?"

"Estou fazendo biscoitos de Zoe & Cthulhu!!!"

"Alguns de vocês sabem o quão difícil é inventar trajes para 96 squishables?!"

"Era uma vez um Squish de Nantucket..."

"Esta festa no FB está me animando muito :)"

As janelas do 13º andar estavam rangendo em suas esquadrias. Lá embaixo, uma família voltando de uma festa foi lançada ao chão por um grupo de universitários que pensaram rápido, pouco antes de mamãe, papai e bebê entrarem em um túnel de vento entre dois prédios. Eles estavam bem, mas o cão teve que ser puxado pela guia da coleira.

Ficamos presos na linha do tempo do site, tensamente submetendo cada post no cronograma. Concurso de fantasia às 8 horas. Página de livro de colorir às 8h15. Fotos de abóboras decoradas às 8h20. Melissa ficou sobrecarregada com pedidos de desenho de fãs, e Kendra assumiu.

A cobertura de celular ficou ruim e nenhum dos desenhos foi postado a partir de telefones, como planejado.

"Rarará, nossa, nenhum deles está indo. Nossa. E tem mais pedidos, rará. Socorro", escreveu Melissa.*

"Nós rimos pra não chorar", escreveu Kendra. "Vou ficar de cabelo branco até o fim da noite."

Durante uma pausa, abrimos um dos computadores de backup e entramos no Twitter e na CNN. Battery Park City, ao sul, estava dentro d'água. A Avenida C, alguns quarteirões a leste, estava debaixo d'água. Hoboken também estava debaixo d'água. Os metrôs estavam debaixo d'água. Através das janelas, podíamos ver o East River muito mais perto do que era antes. Descobrimos mais tarde que, enquanto digitávamos, o grandioso Centro Médico Langone NYU, a dez quarteirões a norte, perdera os geradores de emergência, sua equipe lutava para evacuar pacientes e bebês pelas escadas escurecidas.

"Como vocês estão lidando com o furacão!?!? Espero que estejam bem!", a fã Rachel postou.

Enviamos atualizações de interrupções de energia entre nós. "A companhia de energia elétrica começou o processo de desligar o serviço elétrico para uma parte do Brooklyn, para proteger tanto a empresa quanto equipamentos de clientes", avisamos nossos amigos do Brooklyn. Em resposta, eles postaram fotos do Twitter mostrando carros flutuando a apenas alguns quarteirões do nosso apartamento.

"Zoe, não quero ofender, essa festa no FB está uma coisa linda e terrível, e nosso alcance vai bombar, mas nunca mais vamos fazer isso de novo", Melissa escreveu.

"Estou bem por enquanto, só um pouco assustada!", escreveu Kendra, enquanto as luzes piscaram um pouco loucas.

---

* Usando os textos não editados de posts de mídia social neste livro nos salva de também corrigir nossos próprios erros de ortografia e gramática transcritos.

"Você não precisa ficar, se não quiser — isto NÃO é prioridade sua."

"É legal!", insistiu Kendra. Ela, mais tarde, admitiu que digitava enquanto estava encolhida no chão do corredor, o único lugar em seu apartamento sem janelas, ouvindo o vento rasgar pedaços de metal do seu telhado.

Postamos, postamos e postamos, e as janelas tremeram, o vento ululou, as ruas abaixo se transformaram em rios. Quando olhamos para fora, os edifícios ao nosso redor se tornaram escuros, ilustres ilhas que se erguiam do molhado, com a chuva fluindo pelos seus lados. Poderia ser *água* derramando por baixo do elevado FDR? Oyster não teve o passeio noturno naquela noite. Eu não poderia ter tirado ele de debaixo da cama, de qualquer maneira.

Por volta das 8h30 da noite, logo depois de postarmos uma imagem de uma água-viva pedindo gostosuras ou travessuras, houve um enorme flash de luz e uma explosão a sudeste, e segundos depois as luzes piscaram pela última vez. Mais tarde, descobriríamos que um grande transformador na Rua 14 explodiu e mergulhou a parte sul de Manhattan na escuridão. Lá fora, a chuva caía sem parar.

Abrimos os laptops de reserva e tentamos a internet. Estava fora do ar. Tentamos pelos celulares. Estavam fora do ar. Tentamos um velho modem sem fio. Estava funcionando — havia sinal apenas o suficiente para enviar um SOS final através do rio para o Brooklyn, onde ainda podíamos ver as luzes brilhando fracas através da tempestade. *Digam ao Facebook que estamos desconectados, mas que não se preocupem, mandem que continuem a festejar sem a gente.* Então esse sinal também zerou.

Portanto, nos sentamos no escuro e bebemos cervejas da geladeira, que lentamente esquentava, e rimos sobre o quão estranha nossas vidas tinham se tornado.

Na manhã seguinte, carregamos Oyster por treze lances de escadas escuras para examinar os destroços do lado de fora de nossa porta. Os carros na Rua 20 tinham flutuado e se espalhado para toda parte, dispostos pela calçada como LEGOs. Cada um entulhado com detritos até o volante. Uma ripa de madeira enorme foi arrancada de um paredão e arremessada no topo de um Ford Mustang. As ruas estavam entupidas de terra, areia e vidros quebrados, com riachos de água salobra do rio ainda cortando canais através daquela bagunça enquanto escorria da ilha. O piso inferior do prédio ao lado foi arrancado, a porta estava amassada e quebrada, meio aberta, em uma piscina profunda de água como os restos de algum tipo de apocalipse pantanoso.

Parecia que toda a população do East Village estava de pé sobre as margens sitiadas do rio, embrulhados em suéteres e cobertores contra o frio, os braços estendidos sobre a cabeça, os telefones celulares segurados no alto no vento para atrair um sinal das torres distantes no Brooklyn.

O primeiro a nos contatar foi Charles — ele tinha encontrado um Wi-Fi que funcionava em algum lugar debaixo da Ponte do Brooklyn, onde ele estava compartilhando o espaço com uma dúzia de financistas esfarrapados. Lentamente, um por um, a equipe da Squishable deu sinal de vida por mensagem ou por e-mail para dizer que eles estavam molhados, mas em segurança.

Scott se voluntariou para cobrir "as sociais" e contar ao mundo que ainda estávamos ali. Ele voltou alguns minutos depois para dizer que após termos desaparecido, um casal de superfãs se apoderou da festa para responder a perguntas sobre o concurso de fantasias, postar músicas, desenhar e continuar até a meia-noite. Em um ponto, eles tinham bancado um jogo de "Duas verdades e uma mentira".

"Estou tão feliz em saber que todos em NY estão a salvo e squishy!", a fã Cat postou de imediato. Foi um momento perfeito. Mesmo espalhados pela cidade como estávamos, todos nós ficamos um pouco sufocados.

"Foi uma coisa de alta octanagem em mídias sociais o que acabamos de fazer", comentou Melissa.

À medida que nos preparávamos para a caminhada até a parte norte da cidade, com a promessa de que as lojas estavam funcionando, havia quartos quentes de hotel e tigelas fumegantes e vivificantes de macarrão instantâneo, o meu telefone ecoou mais uma vez. Verifiquei meu e-mail. Era um superfã. Ela queria nos informar que estava realmente, realmente, realmente irritada por causa da cor do Shiba Inu.

Zoe Fraade-Blanar

INTRODUÇÃO

BEM-VINDO À SINGULARIDADE DO FANDOM

"Eu nunca pensei que faria isso!"[1]

No verão de 1896, Alice Drake deixou sua casa no Colorado e embarcou em um transatlântico para a Europa. Ela era jovem, tinha dinheiro e era atraente o suficiente para provocar ocasionais comentários desagradáveis dos moradores. Também era pianista.

O Grande Tour era um rito de passagem para muitos americanos de classe alta durante o século XIX. Jovens aristocratas (e suas comitivas de cozinheiros, serviçais, tutores e acompanhantes parasitas) viajariam por um itinerário cuidadoso por lugares históricos e culturais da Europa, em uma jornada por meses, ou às vezes anos. Em muitos países, essa tradição se mantém como um "ano sabático", um "ano viajando" ou, em alguns casos: "Ela ainda está mochilando pela Europa sem trabalhar? Já passou tipo um ano!"

A maioria dos pais guiava sua progênie para os museus da Holanda e as igrejas e ruínas da Itália. Talvez houvesse uma estadia em Paris para dançar ou lições de esgrima, ou estudar nas academias de arte locais. Mas o destino de Alice não era as ruínas de Roma ou as antiguidades de Pisa. Com a amiga Gertrude ao seu lado, passou pela Bélgica e pela

Alemanha. Parando apenas o tempo suficiente para sentir saudades de Berlim, ela seguiu direto para a distante cidade de Weimar. Lá, ela localizou a casa do compositor Franz Liszt, que havia morrido uma década antes, e entrou valendo-se da lábia.

Ela precisou de duas tentativas. Na primeira, Drake e alguns de seus novos amigos chegaram tarde demais naquela tarde e foram forçados a contentar-se com ficar boquiabertos no conservatório de Liszt. Destemidos, eles começaram cedo de novo na manhã seguinte. Drake rastreou o surpreso zelador, um "querido velhinho", e deslizou-lhe três *pfennigs* para persuadi-lo a destrancar a porta.

Ela tocou os pianos de Liszt! Devorou com os olhos sua coleção de presentes da realeza europeia! Convenceu o zelador a autografar-lhe a parte de trás de um cartão-postal para ela (ele tinha vivido com Liszt por 27 anos!).

Na verdade, passou tanto tempo brincando naquelas salas sagradas que seu pequeno grupo feliz quase perdeu o trem, correndo da casa e pegando-o com apenas alguns minutos de folga. Eles se aglomeraram no compartimento enquanto o trem ribombou para fora da estação, rindo e ofegante, espantados que o zelador tivesse solicitado tão pouco dinheiro para acessar tal tesouro.

"Eu nunca pensei que faria isso!", Drake escreveu naquela noite em seu diário. Conseguir entrar na casa de Wolfgang Amadeus Mozart foi menos satisfatório. Embora tivesse sido a sua prioridade na chegada em Salzburgo, o bairro era de reputação duvidosa, com ruas estreitas e tortuosas e escadas de pedra muito desgastadas. Em um ponto, ela já tinha entrado pela porta da frente e percorrido todo o caminho acima antes de descobrir que estava na casa errada. Sem se preocupar, ela tentou de novo, mas o pequeno apartamento do terceiro andar com o berço e retratos de família de Mozart não conseguiu satisfazer suas expectativas. Mais tarde, ela escreveu: "Eu não me entusiasmo com sua música, então, naturalmente, tudo isso não me interessou tanto..."

Na casa do compositor Wilhelm Richard Wagner, as coisas ainda foram mais difíceis. Pela primeira vez, a governanta relutou em aceitar um suborno, e Drake só foi liberada a caminhar até o pátio da frente. Mais tarde, ela se encolerizou com o fato de, aparentemente, ser este o único lugar na Alemanha onde os funcionários pareciam imunes à gorjeta.

"É uma grande diversão se sentar ao lado de grandes artistas e observá-los", ela escreveu em dezembro. Quando não estava invadindo casas, Alice Drake passava seu tempo na Alemanha assistindo apresentações musicais. As óperas de escolha eram todas de Wagner, mas quando não estava disponível na filarmônica local, ela ficava feliz em se conformar com o que estivesse tocando.

Colou cuidadosamente as lembranças de cada concerto em um caderno de recortes: cartazes, ingressos e trechos de música. Anotou também no caderno de recortes críticas de cada produção ("Que canto fraco. A voz dela se foi, então ela não me encantou de forma nenhuma"); fofocas a respeito dos artistas ("Acho que é estranho que nunca ouvimos falar de Alexander Petchnikoff nos Estados Unidos... Ele recentemente se casou com uma garota americana"); opiniões a respeito dos músicos ("Este é o autógrafo do diretor da orquestra. Ele não é excepcional"); descrições de cada casa de ópera, diagramas de posicionamento orquestral, além de um catálogo de seu estado mental antes e após cada produção. Sua caligrafia descuidada faz com que seja provável que as notas fossem destinadas apenas para seus próprios olhos.

De uma apresentação da ópera de Wagner *Der Ring des Nibelungen*, ela escreveu: "Começou o *Anel dos Nibelungos* esta manhã. Temos ingressos para todas as noites. Estou prendendo minha respiração para ver quem canta Brunhild." Mais tarde: "De todas as coisas neste mundo, Frauline Revil é que fará a Brunhild. Bem, isso me deixa doente. E aumentaram os preços nisso. De qualquer forma, Reno e Libau estão sempre bem e é um prazer ouvir a orquestra, então acho que posso suportar. É uma terrível provação, embora realmente..."

Enquanto estava em Berlim, Drake conseguiu uma audição com o professor renomado Karl Heinrich Barth. Embora a governanta relutasse em deixá-la entrar, Drake conseguiu, e ela logo se encontrou na sala de música de Barth, mãos tremendo, olhando com admiração para os dois pianos de cauda Bechstein. O próprio homem chegou ("Que surpresa! Mas ele parecia grande!"). Depois de tocar alguns movimentos ("Muito musical", ele disse a ela), foi informada de que ela havia conseguido um lugar cobiçado como uma de suas alunas. Ela marchou para longe da casa sorrindo, em suas palavras, "de orelha a orelha".

No entanto, quando chegou o momento de sua primeira aula, um mês depois, ela desistiu, para assistir a uma performance de sua ópera favorita de Wagner, *Siegfried*. O próprio *kaiser* era esperado para ver a apresentação.

Um Diagnóstico Musical

Musicomania, um amor excessivo e incontrolável por música[2], foi um diagnóstico patológico real e sério para os americanos do final do século XIX e início do XX. A jovem Alice Drake não estava sozinha em sua obsessão; todo mundo, desde caixeiros até debutantes da sociedade, a industrialização trouxe uma nova abordagem para experimentar e desfrutar o que anteriormente era um fenômeno relativamente pequeno. À medida que a economia pós-Guerra Civil se instalou, o país experimentou uma enorme mudança social e cultural. Urbanização! Estradas de ferro! Uma economia salarial em que as pessoas podiam gastar seu dinheiro em *qualquer coisa que quisessem*!

No início do século, os amantes da música poderiam ter-se contentado simplesmente em reunir a família[3] em torno do piano após o jantar, mas agora o crescimento das cidades significava novas salas de concertos.[4] Enquanto antes eles podiam participar da igreja local, novas opções de transporte, como bondes e ferrovias, significavam que poderiam participar das igrejas na cidade. Na pré-industrialização, a única opção para o entretenimento eram grupos locais de músicos de bairro, provinciais e familiares. Mas agora uma vasta rede de virtuosos viajantes tinha tornado nomes conhecidos, conquistando audiências para a oferta de talentos de um planeta inteiro, composições exóticas e o drama da cultura da celebridade.

Era uma boa época para se ouvir um pouco de Wagner! Mas muitos entusiastas pensavam: por que parar aí? "Eles disseram que era ótimo, mas queremos mais. Queremos que a experiência dure. Assim, eles começam a fazer as coisas por conta própria, fora daquele quadro estabelecido de 'um ingresso para essa performance'",[5] diz o historiador cultural Daniel Cavicchi. Ouvir um concerto era divertido, mas por que não colecionar suas partituras e programas, cuidadosamente montados em cadernos de recortes? Ou ficar por horas debaixo da varanda de um solista para ver o seu rosto? Ou assistir a todas as apresentações de um show, retornando novamente e novamente, para criticar como a música soou de cada parte da sala de concertos? Ou viajar para Weimar, Alemanha, para invadir a casa de Liszt?

As jovens abandonaram seus cavalheiros pela ópera.[6] Trabalhadores foram à falência para assistir a apenas mais uma apresentação. Professores de música correram para o palco e abraçaram os músicos. Mulheres de meia-idade estavam em seus assentos e gritavam de prazer. Obviamente, algo tinha que ser feito.

A proximidade da Guerra Civil Americana também fomentou uma onda de reformadores sociais com a intenção de fazer o bem. A cruzada que se opunha à musicomania, embora nunca tenha chegado a alcançar o fervor dos movimentos de temperança ou abstinência, ainda era uma força. Não bastasse isso, esses ativistas sentiam que essa nova onda de cultura de imigrantes já havia ameaçado a pureza da música verdadeiramente americana; aquela nova raça de amantes da música também não tinha ideia de como apreciá-la corretamente. A música deveria ser experimentada com autocontenção e uma resposta intelectual cuidadosamente moderada, isto se qualquer resposta fosse necessária.

"A sala de concertos estava lotada de pessoas se agarrando como abelhas", reclamou um escandalizado participante de um concerto vitoriano. "Vimos toucas femininas serem arrancadas", engasgou outro.[7] Para o vitoriano médio, com uma cinta tão apertada que fazia ficar em uma forma tortuosa da letra B, então enfaixado em até cinco camadas de roupa, a insensatez da sala de concertos era abominável. Não era que Mozart ou Wagner fossem necessariamente uma má influência, mas as emoções desenfreadas que inspiravam eram contrárias a todos os ditos das boas maneiras.[8] Na sociedade respeitável, em que mesmo o mais casto contato pele com pele era praticamente uma oferta de engajamento, uma multidão de musicomaníacos suados que atropelavam seus vizinhos em seu entusiasmo soava horrível.

Como Cavicchi nota, em 1833, o termo "musicomania" tinha aparecido no *New Dictionary of Medical Science and Literature* [Novo Dicionário de Ciência Médica e Literatura]. Nos aflitos, "a paixão pela música é levada a tal ponto que perturba as faculdades intelectuais".

No entanto, essa excitação, essa liberdade visceral, pode ser uma razão pela qual tantos vitorianos encontraram o excesso musical como uma saída efetiva para seus desejos reprimidos. A música era rebelde. A música era pura, e boa, e bonita, mesmo se (ou talvez explicitamente porque) estranhos não a compreendessem. A música deu aos companheiros devotos algo para discutir e uma razão para se reunir. A música era algo interessante de se fazer.

E em uma cultura que mal tolerava o conceito, a música — e as pessoas que a faziam, as atividades que a rodeavam e o público que gostava — é "divertido".

Ser Fã É Humano

Humanos sempre experimentaram a urgência em se conectarem, uns com os outros e consigo mesmos. É um instinto enterrado tão profundamente em nossos cérebros que fazemos isso de forma natural, esquadrinhando nosso ambiente, sempre alertas para fragmentos de cultura que podem nos ajudar a nos tornarmos uma versão "melhor" de nós mesmos. Do ponto de vista evolutivo, um grupo de caçadores proto-humanos, que poderia encontrar algo externo para se unir, tinha mais chance de jantar naquela noite, fosse um amor compartilhado pela deusa da lua ou um desdém compartilhado desses adoradores estranhos da deusa do sol no outro lado da colina.

Fandom se refere às estruturas e práticas que se formam em torno de peças de cultura popular. É um fenômeno muito antigo, muito humano; agir como um fã é provavelmente tão antigo quanto a própria cultura. A história é cheia de narrativas de peregrinações, pessoas viajando para um lugar, não por seu valor estético ou econômico, mas simplesmente para se sentir perto de algo importante. Os *Contos da Cantuária,* obra do século XIV, de Chaucer, traz um cavaleiro, um cozinheiro, um frade, um médico e outros companheiros que estão viajando para o santuário de São Thomas Becket. No outro lado do mundo, a península de Kii, no Japão, ainda é entrecruzada com trilhas usadas por peregrinos de mil anos atrás que se dirigiam para os santuários de Kumano.[9]

Margery Kempe é conhecida hoje como autora de uma grande obra dramática: histórias sobre problemas familiares, intriga, trauma e cura[10]. Embora geralmente descritas como autobiográficas, suas aventuras não eram inteiramente de sua própria fabricação. A escrita de Kempe foi baseada em personagens da Bíblia — a obra literária mais conhecida de sua época. No momento em que morreu, em 1438, ela tinha acumulado um tomo do tamanho de romance do que hoje seria considerado *fanfiction,* escrita derivativa que detalha as novas aventuras de Maria, Jesus e outras figuras do Novo Testamento.[11]

Às vezes, ela produzia cenas que faltavam para preencher períodos de tempo não presentes no texto oficial. Às vezes, imaginava incidentes inteiramente originais. Ela se retrata como serva da Virgem Maria; carrega as malas de José e Maria quando eles vão visitar a família; traz um coquetel de vinho, ovo e azeite para a cama de Maria, para confortá-la enquanto ela sente o luto por Jesus. Em outros trabalhos, Kempe incorpora as próprias peregrinações em suas histórias; ela se imagina perguntando a Maria por um paninho para embrulhar o Menino Jesus, baseado em uma viagem que Kempe fez a Assis, onde viu uma relíquia semelhante.

O mundo da Baixa Idade Média estava saturado de imagens religiosas.[12] As canções da Igreja, os tabus alimentares, a arte espiritual e a arquitetura, roupas especiais, festivais e rituais complicados, tudo era um rico estofo para uma mente criativa. Os eruditos modernos interpretam essas histórias como uma maneira de trazer Kempe mais perto de seu livro favorito, ligando-a aos personagens que escreveu e incorporando-se em suas vidas. Esperava ser canonizada pela Igreja por sua devoção; ao tornar-se santa, ela completava sua própria assimilação nas palavras do texto que tanto amava.

Kempe não foi a primeira a explorar esse tipo de ficção literária — freiras franciscanas tinham tentado isso duzentos anos antes, encorajadas por um texto religioso popular da época, *Meditationes vitae Christi*.[13] Mas freiras eram tecnicamente parte da infraestrutura religiosa oficial. Kempe, não.

Apesar de o período da Baixa Idade Média na Inglaterra ter sido caracterizado por uma nova ênfase no fortalecimento pessoal, assim como a antimusicomania dos reformadores vitorianos quinhentos anos mais tarde, com essa nova liberdade surgiu uma oposição significativa tanto da Igreja como da comunidade no entorno. Nem todos estavam felizes com as explorações de Kempe.

Kempe, pelo menos por sua própria conta, enfrentou desprezo e hostilidade pública por seu comportamento. Escrevendo sobre si mesma na terceira pessoa, ela disse na casa dela, em sua vila, "Um homem imprudente... deliberadamente e de propósito jogou uma tigela de água em sua cabeça". Em York, ela alegou que "tinha muitos inimigos que a caluniavam, desprezavam e desdenhavam".[14] Várias vezes foi colocada sob o que a acadêmica Gail McMurray Gibson chama de "prisão domiciliar casual",[15] enquanto as autoridades decidiam o que fazer em relação a suas explosões emocionais bizarras e perturbadoras. Kempe até alegou que seus inimigos na comunidade queriam que ela fosse queimada na estaca, mas isso pode ter sido uma hipérbole. É difícil dizer se seus contemporâneos a viam como uma mulher santa perigosa ou simplesmente excêntrica, uma vez que ela mesma parece ter tomado um bom grau de orgulho em sua própria opressão.

A Democratização do Fandom

A diferença entre Margery Kempe, Alice Drake e um fã dos dias de hoje acampado do lado de fora de uma livraria pela chegada à meia-noite do novo livro de J. K. Rowling não é uma questão de entusiasmo. É de acesso.

É fácil atribuir a explosão moderna no fandom ao aumento da conectividade de uma audiência esclarecida da tecnologia. Em termos de escala, isso é certamente verdade. Mas o fandom é pré-digital. É também pré-fonográfico.[16] É até a pré-alfabetização. Margery Kempe, como uma mulher de classe mercante no século XV, não podia ler nem escrever. Todas as suas histórias eram ditadas a um escriba. Por volta de 1800, uma fã como Alice Drake tinha muito mais oportunidade de interagir com o objeto de seu afeto — ela podia ouvir música regularmente, contanto que tivesse algum trocado para gastar e uma orquestra próxima. Cada sucessivo ganho tecnológico tornou o fandom um tanto mais acessível quanto social, mas fez parte da atividade cultural humana ao longo da história.[17]

Ao longo dos séculos, avanços no transporte, riqueza pessoal, tempo de lazer e autonomia significaram que os fãs ganharam um acesso cada vez mais fácil e mais frequente às coisas que amavam. A internet remove a barreira final, reduzindo o esforço necessário para quase zero. Para os amantes da mídia, a maioria dos textos de áudio, vídeo ou textos literários pode ser convocada com um toque de dedo. Para os fãs de uma marca, a internet permite que os produtos sejam descobertos, comparados e encomendados sem uma visita ao shopping. Para os fãs de uma atividade, encontrar instruções sobre como fazer (e outros para fazer junto) é agora trivial. Para os obcecados por celebridades, a internet fornece todo um universo de acesso à vida privada dos famosos — seu processo criativo, sua rotina diária, suas opiniões e uma ocasional foto sem roupa.

Antes do século XIX, havia um número limitado de "textos", o cânone oficial de trabalho disponível para um público, que encorajou esse tipo de abordagem multicanal. A religião é um dos poucos exemplos — Kempe não podia ler sua Bíblia, mas ela podia visitar os locais mencionados nela, participar de rituais inspirados por ela, cantar canções sobre ela e, é claro, inventar histórias.

As amplas tendências culturais tiveram, por vezes, o mesmo efeito. Um elegante cidadão francês que se sentiu enamorado da cultura americana no final dos anos 1700 poderia viajar para a América e lutar na revolução contra a Grã-Bretanha, mas muitos também escreviam panfletos apoiando a causa; patrocinavam pinturas a respeito da glória dos princípios americanos; comiam peru, milho e outras comidas do Novo Mundo; ou usavam retratos minúsculos de Benjamin Franklin em seus cabelos. Mas essas eram exceções em um mundo que colocava pouca ênfase em tais atividades auxiliares.

O termo moderno *objeto de fã* é o que hoje chamamos de centros de emoção e atividade, pedaços de cultura que inspiram tanto a lealdade e, mais importante, a atividade. Quando encontrar e ficar perto de um objeto de fã requer tanta energia, o resultado é uma gama muito limitada de envolvimento do público. Quase tudo dependia de interações simples: ler um livro significava que os leitores iriam até uma livraria ou biblioteca, adquiri-lo, trazê-lo para casa e, em seguida, lê-lo. Talvez conversar com amigos sobre isso. Eles poderiam lê-lo novamente em algum momento. Mas a menos que tivessem acesso à sua própria imprensa e um monte de tempo livre, poucos tentariam acrescentar algo a ele. A interação costumava ser apenas em uma direção. Não importa o quão bom o livro fosse, as barreiras para se juntar significava que ele inspirava principalmente o consumo, não a participação.

Ler um livro hoje pode ser tão simples quanto apertar o botão "comprar" em um app do Kindle. Como os fãs precisam de menos energia para adquirir e experimentar objetos de fãs, eles têm mais energia para gastar em encontrar novas maneiras de expressar seu amor pelos objetos. Eles têm respondido a esse tempo extra e energia, dobrando as atividades suplementares. Qualquer fã de Red Bull pode facilmente encontrar e comprar a bebida açucarada com cafeína que eles adoram, então os fãs mais sérios podem mostrar seu ardor ao participar de um evento de esportes radicais patrocinado pela Red Bull, usando uma camisa com seu logotipo. Quando os fãs da franquia Star Wars terminam de ver tudo, eles têm dúzias de outros pontos de acesso: livros, brinquedos, histórias em quadrinhos, convenções, desenhos, parques de diversões, videogames e concursos de fantasia. Não é apenas um conjunto de filmes, feito para ser visto e talvez mais tarde visto novamente. É um mundo no qual os membros da audiência podem se tornar totalmente imersos, que eles podem fazer por eles mesmos.

O marketing moderno tropeçou em cima dos benefícios do fandom, não na capacidade dos fãs de criar mundos, mas por seus hábitos de compra previsíveis.[18] "Deixe os fãs animados e talvez eles também lhe darão dinheiro", assim diz a sabedoria. Tanto foi escrito sobre a necessidade de engajamento de público que é raro uma campanha de mídia em grande escala se lançar esses dias sem o alcance correspondente nas mídias sociais, um concurso de vídeo, uma iniciativa colaborativa, um jogo para celular, um livro relacionado, um equipe colando cartazes na rua, um estande na Comic-Con, uma aparição em um jogo de videogame popular e um conjunto inteiro de blogueiros pagos, instagrammers e celebridades do YouTube para emprestar o nome para o produto. E se houver algum orçamento sobrando, talvez haja um comercial de TV ou anúncio de revista. É certamente uma interpretação muito literal da ideia de criar um "mundo" para os fãs imergirem.

É verdade que fãs — isto é, fãs fortalecidos, fãs com tempo livre e energia — querem se envolver em mais níveis e plataformas do que nunca. Porém é um erro pegar o entusiasmo deles como uma licença para empurrar mais produtos. As marcas são usadas para pensar em seus grupos de fãs em termos do que está no seu resultado: o barulho social que será gerado e as compras certas que podem contar. Muito raramente eles consideram o que tem ali para o fã.

O entusiasmo do fã é sempre baseado na marca que serve um conjunto muito específico e muito pessoal de necessidades. Entender essas motivações e paixões é a chave para as interações reais e autênticas de fãs. Esse tipo de interações leva a um maior sucesso, tanto para o objeto de fã *quanto* para o participante. Afinal, ambos têm investimentos significativos no avanço do fandom. Como veremos, as contribuições de um grupo ativo de fãs, empoderado pelo novo acesso, valem muito mais do que o número de seus seguidores no Instagram e o conteúdo de suas carteiras.

Hatsune Miku: Uma Superstar Colaborativa

Hatsune Miku é uma das cantoras mais populares do Japão. Ela lidera paradas de música e faz shows em locais em todo o país e fora dele. Abriu shows para Lady Gaga.[19] Estrelou comerciais para a Toyota, Domino's Pizza e Google Chrome. Uma busca pelo nome dela no YouTube resulta em mais de um milhão e meio de resultados (a título de comparação, "Janet Jackson" só resulta em cerca de meio milhão).[20] Miku tem duas longas marias chiquinhas da cor turquesa, tem 1,58 m de altura, pesa 42 kg e o aniversário dela é dia 31 de agosto.[21] É do signo de Virgem. Tem 16 anos. E tem 16 anos desde 2007.

Miku é um programa de computador, a mascote para um sintetizador vocal que permite que os usuários escrevam canções e as escutem executadas na voz do software. E um software adicional cria videoclipes ao animar formas em 3D que dançam junto com as músicas.[22]

A empresa que detém Miku, a japonesa Crypton Future Media, tem tomado cuidado para não fornecer nenhuma história para sua mascote, além de combinar suas cores para a interface de software que a inspirou. Ocasionalmente, a Crypton lança novas roupas ou novos estilos vocais (mais doce, talvez, ou mais "vívido"), mas toda a sua vida foi criada por fãs.

A Crypton colonizou um espaço que normalmente se situa entre a indústria da música e o que é chamado merchandising de personagem. Ambas as indústrias são conhecidas por proteger vigorosamente suas marcas registradas; controle sobre o acesso a seus meios de comunicação e símbolos de marca, tais como logotipos e outras imagens, é o seu bem mais valioso. No entanto, a Crypton saiu de seu caminho para incentivar sua base de clientes a propagar Miku e sua música o mais longe possível.

O resultado é um objeto de fã criado quase inteiramente por sua base de fãs. Os fãs de Miku fornecem-lhe histórias, desenhos e, é claro, canções, que se somam às centenas de milhares na Amazon e no iTunes. Algumas das músicas de seu repertório criado por fãs são tocadas durante shows ao vivo, para os quais os fãs viajam para vê-la aparecer em vídeos pré-produzidos. Produtos licenciados da Miku, aparições em jogos de videogame e outros meios de comunicação permitem coleções e engajamento, e sites da Miku permitem aos fãs se comunicarem entre si.

Quando a Crypton lançou o software sintetizador de Miku, a empresa tomou uma decisão crucial. "[Eles disseram] para você fazer a música; é sua música", explica Ian Condry, um antropólogo cultural que estuda a cultura pop no Japão. "Teorias adotadas dentro das empresas de entretenimento são de que você precisa de um profissional para criar esses personagens, Miku mostra que não é verdade. As pessoas costumavam dizer que, para ter fãs de filmes, era a história que era importante. Com histórias em quadrinhos, diziam que era preciso grandes personagens. Com videogames, diziam que é preciso de um grande mundo. O que é interessante a respeito de Miku é que ela não tem nada disso."[23]

Miku era originalmente uma jogada de marketing — uma mascote na capa do software de sintetizador Crypton para ajudar a torná-lo mais acessível para um público maior. "Fomos surpreendidos pela velocidade e escala com que Hatsune Miku foi adotada", explica o diretor de marketing da Crypton para a Europa e os Estados Unidos, Guillaume Devigne. "Tivemos que decidir rapidamente como lidar com um grande número de músicas, desenhos e vídeos que apareciam por toda a internet."[24]

Em vez de arriscar a perspectiva desagradável de lutar pelo controle legal contra uma porcentagem significativa da população do Japão, a empresa adotou a política inesperada de "uso irrestrito para propósitos não comerciais", que permitiu que os fãs criassem e distribuíssem suas criações gratuitamente.[25] Em termos americanos, seria o equivalente à Disney dizer ao mundo: vão em frente e façam o que quiserem que o Mickey Mouse faça, contanto que não cobrem por isso. Por coincidência, a decisão da Crypton coincidiu com uma repressão de vídeos protegidos por direitos autorais no site japonês Nico Nico Douga (agora Niconico), uma mistura entre YouTube e os clipes musicais pop do

VH1.[26] As gravadoras e os estúdios de produção estavam exigindo a remoção de seus vídeos protegidos por direitos autorais, e Niconico estava desesperada por material para preencher a lacuna. Miku fez o trabalho muito bem, primeiro com músicas ilustradas por desenhos de fãs e, mais tarde, com vídeos completamente animados.

Niconico tornou-se o 11º site mais visitado no Japão, e os vídeos da Miku dominam.[27] A Crypton Future Media também abriu seu próprio site de compartilhamento, piapro.jp, e abriu uma gravadora, chamada KARENT, para permitir aos fãs distribuírem e venderem seus trabalhos inspirados por Miku (embora ficando com uma parte, é claro).[28] Piapro.jp atualmente lista mais de cinco mil músicas.

Miku é um mapa para o que as interações pareceriam se uma celebridade tivesse tempo e alcance infinitos, e seus fãs tivessem acesso infinito: um objeto de fã é constantemente recriado pelos tributos dos fãs. Que Miku é digital é quase acidental — se uma cantora popular como Taylor Swift tivesse a habilidade de produzir cada *single* escrito para ela por seus próprios fãs adolescentes e torná-los instantaneamente disponíveis para outros fãs, é fácil imaginar a mania que se seguiria. As atividades de seus fãs fizeram Miku uma das celebridades japonesas mais reconhecidas em todo o mundo. E apesar de ser o impulso original por trás de sua criação, as vendas do software Vocaloid, para o qual ela foi criada, são apenas um dos muitos fluxos de receita de Miku.

Na maioria dos shows de Miku, uma grande tela de projeção ocupa grande parte do palco, e ela é mostrada atuando em 2D, em vez de como um holograma completo. Durante o tour pela América do Norte em 2016, 36 mil dos seus fãs[29] mais devotados lotaram arenas para acenar varas de luz verde no palco.[30] Em shows como esses, não há esforço no realismo. A figura dançante tem uma aparência seca, cartunesca e é duas vezes maior que uma pessoa real. Quando Miku canta, não há como confundi-la com um cantor humano; seu tom de voz é mais agudo, e sua pronúncia tem uma sonoridade estranha e metálica. Ainda assim, todos os ornamentos de um show são observados: a banda de fundo ao vivo, closes em mosaicos, uma aparência antiautoritária.[31] Uma de suas músicas mais populares é "Secret Police", sobre uma agência governamental que espia seus cidadãos; frequentemente a multidão fica de pé, gritando e aplaudindo a canção inteira.

Ao fim do show, o aplauso do público parece um pouco como aplaudir no final de um filme; expressa uma apreciação real, mas a celebridade não está no palco para apreciá-la. É tanto para os próprios fãs como para os criadores que tornam o show possível. Um jornalista que foi a uma apresentação menor de Miku no Baile Hammerstein em Nova York, no fim de 2014, escreveu: "Não foi Hatsune Miku que foi impressionante. Foi a vibração, o ambiente — os fãs."[32]

"Parece apenas pitoresco, bobo e ridículo, mas na verdade as pessoas estão usando para explorar questões muito graves e profundas", explica Condry.[33] Uma das músicas mais famosas de Miku envolve uma garota de 16 anos aceitando o fato de estar morrendo de câncer. Outras lidam com temas universais de perda, solidão, autoestima e primeiro amor.

"Ela continua a ser uma figura próxima e familiar com a qual pessoas podem se relacionar, talvez mais do que pop-stars humanos 'normais'. Já que os fãs criam o conteúdo para Hatsune Miku, eles vivem e expressam sua imaginação e sentimentos por meio dela", diz Devigne.[34]

Os fãs parecem apreciar sua natureza imutável, a própria desumanidade que alguém de fora pode achar estranho. Miku é um modelo de conduta seguro. Amy, uma fã de 13 anos, colocou muito bem em uma entrevista em 2012 para a *Wired*: "Ela não vai morrer. Ela não vai se tornar uma Miley Cyrus, se embebedando ou fazendo algo semelhante."[35]

No fim de 2014, Miku se apresentou no programa de entrevistas *The Late Show with David Letterman*. Uma tela foi criada na área geralmente reservada para convidados musicais, e as luzes escureceram para tornar o vídeo projetado mais claro. Ela dançou e chutou seu caminho por "Sharing the World", uma música que é tecnicamente em inglês, embora precise de um esforço para entender. No final da apresentação pré-gravada, Letterman caminhou até onde ela estava dando seu agradecimento pré-gravado. Ela acenou e desapareceu em um sopro de fumaça digital. Letterman levou tudo no tranco. "Hatsune Miku, senhoras e senhores. Ali está ela. Certo, foi divertido. Foi como estar em um dos ônibus do cantor Willie Nelson."[36]*

Ter Fãs Significa Precisar de Fãs

Está na moda angariar as vantagens de entregar a propriedade da marca ao público. Na teoria, é uma ideia maravilhosa: dar a maior influência àqueles que são mais prováveis de pagar se estiverem satisfeitos. Quanto mais eles controlam seu objeto, mais ele vai se assemelhar a seus desejos e necessidades quando chega a hora de eles comprarem.

Na realidade, a interação não é tão direta. A licença de 2012 em Creative Commons** da imagem de Miku inclui a seguinte advertência: "Você não deve distorcer, mutilar, modificar ou tomar outras medidas depreciativas em relação à obra que sejam prejudiciais à honra ou reputação do Autor Original".[37] A empresa torna muito mais claro no site, proibindo diretamente o uso da imagem de Miku "em um contexto excessivamente violento ou em um contexto sexual".[38]

---

* Aviso: ficamos tão intrigados pelo fenômeno de Hatsune Miku que, depois que pesquisamos isso, a nossa empresa, a Squishable, está agora licenciando junto à Crypton Future Media para fazer um Squishable da Hatsune Miku.

** As licenças em Creative Commons são licenças de direitos autorais que abrem alguns direitos e permitem que se possa criar produtos novos em cima de produtos já existentes, observando algumas condições. Há diversos tipos de licenças Creative Commons, cada uma com o nível de liberdade criativa que as pessoas podem ter sobre certa marca, personagem, história, etc. É possível ter mais informações sobre as licenças na página da organização não governamental Creative Commons <https://br.creativecommons.org/>, acesso em 3 de abril de 2017. (N. do T.)

Imagens e vídeos pornográficos de Miku inundaram a internet à medida que sua popularidade cresceu, variando desde o excitante para o francamente sombrio. Uma animação feita por fãs da música de Miku "World Is Mine" traz tantas imagens de pornografia *soft* que bastariam para escandalizar até mesmo o censor mais mente aberta (tem mais de um milhão de visualizações no YouTube).[39] Outras obras são significativamente mais brutais e sangrentas. Sites de *hentai*, especializados em pornografia em estilo mangá, muitas vezes têm seções inteiras dedicadas a histórias sem censura de vocaloides. Tanto o eBay quanto a Amazon tem uma série de almofadas corporais não oficiais mostrando a garota de 16 anos de idade, em vários estágios, despida e desalinhada. A Crypton não gosta, mas é importante notar que, até agora, eles não conseguiram forçar os varejistas a remover os itens.

Como vamos explorar, renunciar às rédeas do controle de marca vem com um ninho de questões ocultas. As expectativas dos fãs tendem a inclinar a uma de duas maneiras: ou eles são profundamente conservadores, tornando os fãs hostis às mudanças necessárias para manter uma marca atual, ou podem exigir as alterações mais extremas para atender aos próprios caprichos, às vezes muito particulares. Este último pode significar atropelar as qualidades que fizeram seu objeto de fã especial em primeiro lugar. Uma marca midiática como Hatsune Miku pode enfrentar uma tempestade de pornografia inesperada ou até mesmo prosperar nela. Uma companhia de seguros não. Um programa de TV para crianças pode ser arruinado.

Não obstante, objetos de fãs e seus fãs podem viver felizes em um estado de codependência amigável se as expectativas forem geridas. Mesmo com o risco de um travesseiro corporal ocasional, as audiências de hoje em dia são encorajadas a experimentar níveis de engajamento cada vez mais próximos com seus objetos de fã, em tantos níveis além do texto básico e linear. E isso causou uma consequência inesperada. Um objeto de fã que se *constrói* em sua audiência *precisa* de sua audiência.

A experiência Star Wars seria em muito diminuída sem a participação dos fãs; poucos de nós iriam para uma convenção de Star Wars vazia. A transmissão do futebol é muito mais divertida quando os membros da audiência usam *hashtags* para discutir o jogo uns com os outros, Miku não existe de nenhuma maneira sem o seu grupo de fãs; ela não teria músicas para cantar, não teria videoclipes para exibir, nenhuma influência publicitária para vender Toyotas, nenhuma história de fundo para ajudar a se conectar com clientes em potencial. A audiência dela está criando *para* si mesma e, ao fazer isso, criam os próprios materiais que atraem mais *dela*.

Em uma história baseada em um mundo, o público é tanto uma parte de cada experiência do outro como o próprio texto do fã. Sem a participação do público na história, pode haver muito pouca história.

Como uma cultura, estamos acostumados a olhar para o fandom. Nossa maior crítica, como a dos reformadores sociais vitorianos, é muitas vezes uma questão de quantidade. Fãs amam demais o que eles amam. Veem muita TV. Jogam muito videogame. Há uma maneira adequada e uma imprópria para desfrutar uma Coca-Cola: beber uma garrafa de Coca-Cola está bem; coletar um milhão de tampas de garrafas de Coca-Cola e usá-las para elaborar dioramas não está.

E, no entanto, os proprietários de marcas estão cada vez mais dependentes dessas mesmas pessoas para apoiar seus negócios.

Atualmente, objetos de fãs e seus fãs ainda ocupam dois papéis distintos dentro do mundo do consumo. Há produtores e há compradores. Os dois raramente se sobrepõem. Mas à medida que a experiência da audiência se afasta do mero consumo de um texto de fãs e em direção à influência, ou mesmo a somar a ele, o espaço entre o público e o objeto de fãs está se estreitando.

O que acontecerá quando estes dois finalmente se encontrarem? Quando os materiais criados por um grupo de fãs começam a retornar suavemente para o objeto de fã, sem as barreiras antiquíssimas de entrada e acesso?

Não teremos que esperar muito tempo para descobrir. Estamos entrando em um período de convergência, de singularidade do fandom, em que a distinção difunde entre fãs e objeto de fãs, entre quem é o criador e quem é o consumidor. É um futuro em que as linhas de comunicação entre produto e comprador vão para ambos os lados.

Este é um futuro em que tudo faz parte do cânone.

CAPÍTULO · I

FANDOM É UM VERBO

Na Presença do Oráculo[1]

Eles vão para Omaha. Viajam sozinhos, com amigos, com a família ou colegas de trabalho. Eles vêm de Nova York, São Francisco, Cidade do Cabo, Dakar e Xangai, com os olhos vermelhos de longas escalas em Londres e em Atlanta. Jatos particulares e grandes voos comerciais, avião após avião, partem para o centro dos Estados Unidos.

Para alguns participantes, é o evento de número 20 ou mais. Os companheiros de viagem podem ser identificados por seus logotipos e sua conversa espontânea. "Você está indo para a convenção? Ei, eu também!" Eles cumprimentam velhos conhecidos através do corredor do avião com um "Bom ver você, filho da mãe!", e acenam uns para os outros quando desembarcam. A maioria dos hotéis na cidade foi reservada meses antes e há ainda bastantes reservas excedentes para encher os quartos que estão a meia hora de distância.

Na manhã seguinte, a fila do lado de fora do CenturyLink Center dava a volta no quarteirão. Pelo menos um casal acampou durante a noite em uma tenda na frente da entrada. As primeiras pessoas começam a chegar às 4 horas da madrugada. As portas se abrem às 7 horas, e a multidão atravessa os detectores de metais e entra no salão principal, um mar de emblemas de plástico azul, empurrando, rindo e tagarelando com ansiedade. "Este é o meu terceiro ano!", "Já vim 14 vezes, e você?", e, acima de tudo: "Para quem você trabalha?".

Às 8h30, com todas as três camadas da arena cheias, e os participantes ainda transbordando em um salão de baile nas proximidades, as telas gigantes mostram um vídeo com celebridades. Uma versão alterada da música "YMCA" explode dos alto-falantes, e a audiência pula nos corredores gritando o refrão: "Nós amamos os gestores da B-R-K-A!"[2] Animadoras de torcida da Universidade de Nebraska correm pelas cadeiras, seus pompons para cima. Acenando e sorrindo sob uma projeção gigante de si mesmo, Warren Buffett sobe no palco.

É chamado de o Woodstock do capitalismo. Todas as empresas de capital aberto nos Estados Unidos são obrigadas por lei a realizar uma reunião anual de acionistas para votar as políticas corporativas, mas poucos adotam a abordagem da Berkshire Hathaway: uma extravagância de três dias que é parte renascimento religioso, parte show de rock e parte evento de negócios. A cada primavera, dezenas de milhares de pessoas viajam para Omaha, Nebraska, para ouvir o "Oráculo".[3]

Warren Buffett é um homem de negócios, filantropo e um ícone para um investimento financeiro lento, mas constante. É conhecido que ele começou vendendo chicletes de porta em porta quando era criança. Passou a maior parte de sua vida convertendo Berkshire Hathaway de uma manufatura têxtil defunta de Rhode Island no conglomerado multinacional que é hoje. A partir de 2016, detinha, completa ou parcialmente, mais de cinquenta subsidiárias, incluindo a GEICO, Dairy Queen, Fruit of the Loom, NetJets, Kraft Heinz Company, Coca-Cola, Wells Fargo, American Express e IBM. E Buffett — conselheiro, presidente e CEO — figura entre os cinco homens mais ricos do mundo.

Ao contrário de muitas corporações, como a Walt Disney Company, que mudou sua reunião de acionistas corporativos para longe do parque Anaheim Disney, em 1998, depois de um encontro particularmente barulhento, Buffett abraça o entusiasmo de seus devotos.[4] Para alguns, esta será a maior viagem de férias do ano. O custo de entrada para a assembleia de acionistas anual é um único certificado de ações da Berkshire Hathaway, mas aqueles sem ações podem facilmente comprar um ingresso, vendido na internet por 5 dólares para evitar explorações.[5]

"Eu sempre soube a respeito. Há uma lenda que está construída em torno disso, mas nunca me ocorreu que eu poderia realmente ir", diz Christian Russo, um banqueiro de uma grande companhia financeira, que viajou de Nova York. *

A namorada dele, executiva de uma grande empresa de investimentos, ficou tão entusiasmada com a ideia que comprou uma ação BRKB para que pudessem participar. "Podíamos apenas ter comprado um ingresso, mas queríamos fazer direito. Foi assim: peguei meus 401 (mil dólares) e investi na Berkshire, agora posso ver Warren Buffett. Eu sei que soa ridículo, mas é realmente muito legal. Você realmente consegue ver o Buffett. Você está na mesma sala com ele e 17 mil de seus amigos por nove horas."[6]

A multidão que está presente neste ano chega perto de quarenta mil — embora nem todos estejam presentes ao mesmo tempo.[7] É um grupo misto: algumas são pais e mães do interior dos Estados Unidos, esperando que Buffett diga algo para torná-los ricos. Alguns são tipos de Wall Street, ali pelos contatos profissionais. Alguns estão ali para divulgar seus próprios empreendimentos comerciais. Alguns podem realmente se preocupar com o negócio corporativo oficial que está sendo conduzido. A maioria deles participará da sessão de perguntas e

---

* Christian Russo é um pseudônimo: seu empregador o proíbe de ser citado oficialmente sobre esses tipos dos eventos.

respostas de uma hora, em que os membros da plateia podem perguntar a Buffett sobre tudo, desde suas escolhas de ações até suas opiniões políticas.

"Imagine se você pudesse perguntar algo ao Homem-Aranha", Russo explica. "Aqui, você pode realmente fazer isso! Apenas tem que ficar na fila! Mas neste caso não é alguém que interpreta Warren Buffett, é Warren Buffett, o indivíduo real!"

A manhã começa na arena com perguntas de um painel de jornalistas. Eles representam as fontes de notícias financeiras habituais — *Fortune*, CNBC, o *New York Times* —, bem como os próprios acionistas.[8] Um a um, passam pelos microfones perto da frente da sala, onde Buffett se senta ao lado de seu parceiro, Charlie Munger, a uma mesa cheia de Coca-Cola e de See's Candies, ambas empresas parte dos holdings da Berkshire. Um acionista pede para Buffett falar sobre a política de gás natural e de energia; outro pede a opinião de Buffett sobre a divulgação de salários para os presidentes das várias subsidiárias da Berkshire Hathaway. Um atrevido acionista diz que sente que os Estados Unidos estão fora de curso, e pergunta se Buffett pode pressionar o presidente para mudar de direção. Buffett responde: "Os Estados Unidos estão indo extraordinariamente bem", provocando aplausos do público.[9] Outra pergunta termina em um discurso explicando por que uma educação universitária não é necessária para o sucesso. A arena explode com aplausos.

As respostas de Buffett são atenciosas, divertidas e podem chegar a meia hora cada. Ocasionalmente, ele pede a opinião de Munger, que normalmente responde alguma variação de "Acho que ele lidou muito bem com isso".[10]

"Vocês podem ver que ele não é pago por palavra", brinca Buffett, conforme o riso rola através da multidão, ecoando até o teto da arena.[11]

A dois assentos de distância, um homem perto dos seus 40 anos está diligentemente digitando cada pergunta em um iPad. Ele é um empregado da empresa de consultoria de investimentos com sede no Kansas. "Eu já sou parte do problema... Tirei, acho, trinta fotos dele quando ele estava no corredor. Aqui, olhe", ele diz ao puxar o telefone e dar um zoom na tela. "Aqui está Warren, você consegue ver?"[12]

"Eu estive no Grammys e no Oscar. Há sempre alguns lugares vazios. Aqui não há lugares vazios", conta outro homem, que está por perto. "Eu já me sinto mais rico só de estar aqui."[13]

"Warren e Charlie, nós te amamos!", grita um homem de meia-idade dos andares superiores.[14]

No salão de convenções ao lado, o outro negócio da reunião dos acionistas da Berkshire Hathaway está bem encaminhado, em um espaço comercial do tamanho de dois campos de futebol. Cuecas da Berkshire Hathaway. Abotoaduras da Berkshire Hathaway. Carteiras da Berkshire Hathaway, tênis, sutiãs, cachecóis, luvas de beisebol, botas de caubói e aventais. Um pingente de diamante com o tema da BRK custa mais de 500 dólares. Há uma bandeja de prata gravada com as palavras de Buffett: "Não é necessário fazer coisas extraordinárias para obter resultados extraordinários". Um bracelete Pandora, um círculo de prata com uma pérola, feito sob encomenda da Berkshire Hathaway, esgotado ontem. Bem como as calças de pijama Berkshire Hathaway impressas com logotipos e cifras de dólar.

Cada uma das marcas mais reconhecidas Berkshire tem seu próprio estande aqui, com sua própria versão de parafernália da Berkshire Hathaway para a venda. A maioria tem uma fila de compradores no corredor. Na Heinz, devotos podem comprar garrafas de ketchup de Warren Buffett – ou de Charlie Munger – e caixas de macarrão instantâneo de Buffett. A Oriental Trading está vendendo patinhos de borracha de Warren e Charlie. Na GEICO, os acionistas podem tirar uma foto com uma mascote de lagarto gigante. Fotos tiradas na Fruit of the Loom são sobrepostas de modo que pareçam que Warren Buffett está na mesma mesa. Os carrinhos de sorvete da Dairy Queen estão circulando vigorosamente.

As prateleiras do estande de sessenta metros da See's Candies são esvaziadas. Acionistas frenéticos estão pegando nas prateleiras pés de moleque o mais rápido que podem. "É sempre assim", diz uma acionista loira, de meia-idade, enquanto abre um novo pacote. Ela joga o vazio para o lado e agarra outro. No momento em que seu conteúdo é aberto, as caixas anteriores já se foram. "As pessoas querem porque é o favorito de Warren Buffett", ela ofega.[15]

"É isso o que ele come? Tem certeza?", pergunta um homem de meia-idade careca, enquanto alcança uma caixa.[16]

Um tatuado de 20 anos com múltiplos piercings nos lábios murmura seu pedido para o caixa. Um monge budista vestido em cores douradas circula pelo estande. Um aposentado em uma cadeira de rodas tem tantas compras penduradas em suas alças de empurrar que parece que pode se inclinar para trás.

Os participantes da convenção estão espalhados ao longo das paredes, sentando-se no chão de concreto em calças cáqui, ternos elegantes, calças de ioga e saltos ou chinelos enquanto mastigam sanduíches borrachudos e pretzels, obstruindo os corredores e comparando suas pilhagens. Uma adolescente tímida com uma camiseta preta em que se lê "A próxima Warren Buffett" fica enrubescida enquanto murmura: "Meu pai comprou para mim no ano passado, então desta vez eu *tinha* que vir."[17]

Em sua carta anual aos acionistas, em fevereiro, Warren Buffett felicitou os participantes pelo seu zelo comercial. "Ano passado, vocês fizeram sua parte, e a maioria dos locais acumulou recordes de vendas."[18] Uma mulher loira tropeça com duas enormes caixas de ketchup. Um homem de negócios asiático puxa para baixo uma prateleira inteira de camisas polo da Berkshire Hathaway. No final da tarde, o estande do See's Candies está vazio, quase completamente esgotado.

Enquanto os eventos no centro de convenções diminuem, alguns participantes frequentam a casa modesta de Buffett no bairro histórico Dundee-Happy Hollow para tirar fotos. Naquela noite, no Mercado de Móveis de Nebraska da Berkshire Hathaway, acontecerá um churrasco completo com duelo de pianos e preços com desconto por causa do "Fim de Semana Berkshire". Este é o fim de semana de maior faturamento do ano, no valor de 40 milhões de dólares. Mais de 1 milhão de dólares apenas em colchões vão sair pela porta.[19]

Enquanto isso, a concorrência é apertada para a Gorat e a Piccolo, duas das churrascarias favoritas de Buffett. Neste fim de semana, elas estão em grande parte cheias de acionistas. Nas semanas que antecederam o evento, o tempo exato em que ele pode ser visto em cada local é um segredo cuidadosamente guardado. O boato é que prometeu que comerá em ambos os restaurantes em algum momento, e a maioria dos comensais está esperando para estarem lá ao mesmo tempo que ele. Reservas para a Gorat abriram um mês antes e, após poucos minutos, as pessoas que ligaram não conseguiam mesas. Para os poucos felizardos que conseguiram uma, muitos pediam o favorito de Buffett: uma bisteca, ao ponto, porção dupla de batatas e uma Cherry Coke, servida no porta-copos do Warren Buffett.[20] Alguns comensais roubam tanto o porta-copos quanto o menu quando terminam.

"Só maricas pedem o pequeno", opina Buffett a respeito da vaca preta da Piccolo.[21]

Na manhã seguinte, acontece a Corrida Divertida Berkshire 5K, em que participantes são encorajados a exibir os seus tênis de edição limitada comemorativa Berkshire Hathaway PureCadence 2. O ponto de partida é uma caricatura gigante de Warren Buffett em moletons de corrida, encimado com as palavras "Invista em si mesmo". O próprio Warren Buffett dá o disparo de partida, e os acionistas correm ao lado da equipe da Berkshire Hathaway. Todos os participantes recebem uma medalha no final, antes de irem embora.

Na joalheria Borsheim's Fine Jewelry and Gifts, de propriedade da Berkshire, uma falange de seguranças vigia a porta. Um emblema de acionista é o único bilhete de entrada e os seguranças teatralmente verificam cada conjunto de credenciais antes de acenar para que o sortudo portador possa entrar. O efeito é de exclusividade e privilégio: esta pessoa é permitida porque é especial.

Em determinado momento, Buffett assumirá como um funcionário e os acionistas poderão pechinchar com o próprio guru. Vinte e seis diamantes soltos estão à venda, cada qual gravado a laser com a assinatura de Warren Buffett, preços variando entre o equivalente a um Toyota Corolla usado até uma Ferrari nova.[22]

O shopping adjacente foi em grande parte fechado. Há um mágico entretendo uma pequena multidão, enquanto perto da loja de móveis Pottery Barn jogadores profissionais de tênis de mesa demonstram as suas proezas com a raquete. Mais tarde, Buffett fará uma parceria com Bill Gates, membro do conselho da Berkshire, para disputar uma partida amistosa contra o jogador de pingue-pongue olímpico dos Estados Unidos, Ariel Hsing.[23] Os aposentados vestindo calça de brim e as famílias com carrinhos de criança se misturam com enxames de garotas das sororidades da faculdade vizinha.

"Viemos sempre nos últimos treze anos. É um evento de família", conta um patriarca de cabelos grisalhos de Chicago, indicando sua esposa e seus três filhos. "É como um show de rock. É o show de rock do capitalismo. É como ir para uma viagem de semana de saco cheio na época da universidade, mas naquela época não tínhamos dinheiro."[24]

"Depois nós vamos para a Pitch Pizza", diz a esposa dele. "Susie vai lá [a filha de Buffett].[25] Se é um lugar que a família Buffett vai, tem que ser bom." Ela examina a multidão, seus lábios enrolados em desdém. "Muitas pessoas acabaram de comprar uma ação para vir aqui. Olhe para essas mulheres, estão aqui só para pegar alguns caras de alta renda."

"Você é rica?", pergunta um homem de quarenta e poucos anos.[26] Seu nome é Tommy e ele está de papo furado enquanto espera pela liberação da segurança. Está aqui com seu pequeno grupo de investimentos. "Somos semelhantes ao que Warren fez, mas não sou tão esperto quanto ele. Fiz minha esposa ler muitos de seus livros. Eu disse a todos os meus amigos: basta seguir isso! Não há nenhuma maneira que você não possa ser rico se apenas seguir isso! Todo mundo queria vir, então nós transformamos em uma grande viagem. Eu estava indo para trazer alguns dos seus livros para autografar, mas sou muito tímido para me levantar na frente dele."

"Não há nenhuma dica que você possa dar a nós, não é?", ele acrescenta.*

Warren Buffett tem 83 anos. "Há certa, não expectativa, mas talvez urgência que está tomando conta das pessoas que vão ao evento. Você está vivenciando algo que não vai acontecer novamente. Em um par de anos, acabará. Este poderia ser o último ano", observa Christian Russo. No caminho para o aeroporto, Russo e sua namorada vão parar em uma loja da rede de *fast-food* Dairy Queen.

Fãs, Consumidores e Saber a Diferença

Na teoria, o encontro Berkshire Hathaway Shareholder é uma trivialidade corporativa legalmente exigida. Nenhum acionista é obrigado a comparecer, com a possível exceção dos poucos peticionários que apresentam resoluções oficiais para tentar dirigir a empresa. E, mesmo eles, chegam sabendo que seus pedidos serão quase certamente negados.[27] Todas as informações financeiras transmitidas durante esses três dias estão incluídas nos relatórios anuais e nas informações financeiras da

* Todos os eventos ocorreram durante o encontro de 2014 Berkshire Hathaway Shareholders, mas algumas citações são do evento de 2016 Berkshire Hathaway Shareholders.

empresa. Quaisquer pérolas de sabedoria que Buffett solta são blogadas ao vivo pelo *New York Times* e o *Wall Street Journal* ou transmitidas pelo quartel-general da Fox News montado na rua à frente. Enquanto ketchup pode ser um pouco menos caro no piso da convenção do que no mercado local, o preço é certamente compensado pelo custo de uma passagem de avião e hospedagem.

Portanto, esses participantes não são consumidores. Ou, pelo menos, não são apenas consumidores.

Um consumidor de detergente de roupa Tide Plus Bleach pode amar a marca. Pode amar o cheiro de sabão fresco e efeito da ação de branqueamento em suas toalhas. E pode comprar Tide lealmente e apenas Tide para todas as suas necessidades de limpeza de toalhas. Mas se Tide mudar sua fórmula para um cheiro que o consumidor não gosta, esse consumidor vai dar de ombros e começar a procurar por uma nova marca. Interação do consumidor desse tipo tem uma única saída: se as pessoas gostam de um produto, compram. Se não, não compram.

Incomodar-se em fazer uma construção de marca de uma corporação multinacional dessas é um pouco incomum. Fazer uma construção de marca nesse nível é completamente estranho. As pessoas que vão ao evento da Berkshire Hathaway não só apreciam a marca pelo que ela faz para elas e suas toalhas metafóricas; elas também reinterpretaram o que significa ter ações da Berkshire. Significa liberdade financeira. Ousada engenhosidade americana. Uma chance de confraternizar com outras como elas. Período de férias. Exclusividade. Se o valor das ações Berkshire diminui, é improvável que comecem a fazer compras de uma melhor. De fato, durante a Grande Recessão em 2008, uma queixa comum entre os acionistas foi que eles não tinham recursos suficientes para comprar ainda mais.[28] O pedaço de papel que diz "ação Berkshire Hathaway" é prova de um investimento, mas também incorpora uma meta ou mesmo um mito. É algo em que se acreditar.

Os consumidores se preocupam com o produto. Os fãs se preocupam com o que esse produto representa. Estes dois grupos de pessoas têm desejos e necessidades muito diferentes. Em 2010, uma colher gigante do Dairy Queen assinada por Warren Buffett foi leiloada aos fãs por 4.500 dólares.[29] É improvável que o vencedor estivesse planejando comer um sundae gigante com ela.

A Batalha do Parque Washington Square[30]

Mais de meio país para lá, os Sith estão com graves problemas. Eles estão reunidos no parque Washington Square, em Manhattan, em uma abafada noite de agosto, para desafiar seus eternos inimigos, os Jedi. As probabilidades não parecem boas.

A página do evento no Facebook para "Batalhas de Sabre de Luz de NY 2014"[31] tem quase cerca de dois mil participantes listados, e uma grande parte dos que confirmaram presença realmente apareceu. Centenas de espectadores estão no topo dos bancos de cimento que tocam a principal fonte do parque, cuidadosamente fora do alcance das armas de plástico brilhante agitadas ao redor pela multidão do lado de dentro. Algumas das espadas são caseiras, feitas de *glow-sticks* e folhas de papel-alumínio, mas a maioria é um modelo de plástico telescópico barato vendido na parte de trás de um caminhão U-Haul no lado norte do parque por 10 dólares cada. Alguns dos participantes prendem duas espadas com fita adesiva para fazer um bastão de sabre de luz. Circulam caoticamente sob a luz das lâmpadas dos postes. Do lado leste do parque há gritos de "Va-der! Va-der!", e do oeste, "O-bi-wan!", enquanto eles esperam o sinal para começar. A multidão é diversa — há meninas vestidas como Leia, e homens altos em quimonos e capacetes de Darth Vader. Um número de mulheres elegantes, com saltos altos bem abertos para se equilibrar, carrega cachorrinhos com roupinhas de Yoda.

Às 21h20, um homem vestido como Han Solo sobe em um banco. Enquanto ambos os lados gritam seus desafios, ele acena com a cabeça no lado Sith e comenta: "Uau, vocês realmente estão em menor número!" Então: "3... 2... 1... vai!"

"Oh, meu Deus, pessoas vão mesmo morrer", murmura uma voz dos bancos.

Os dois grupos se encontram com o som de um milhão de garrafas plásticas saltitantes, as linhas de frente cortando umas às outras com um feliz movimento para cima e para baixo. Não há espaço para sutilezas com corpos apertados tão próximos uns dos outros; a maioria da ação acontece no ar sobre suas cabeças. O objetivo parece ser entrar em contato com tantas espadas quanto possível. "Usem a força!", grita uma mulher. Na distância, a multidão grunhe com uma morte melodramática. Um homem branco idoso sorrindo passa em uma cadeira de rodas, espada apontada. "Acho que já morri dez vezes!" Peças de plástico voam pelo ar.

É fácil classificar um fandom como um efeito colateral da nostalgia. Mas mesmo que isso seja verdade, o impacto econômico do fenômeno permanece surpreendente. Quase todos os dez filmes mais vistos de 2015, classificados por renda global, são franquias fortemente orientadas para fãs: *Star Wars: O despertar da força*, *Jurassic World: O mundo dos dinossauros*, *Velozes & furiosos 7*, *Vingadores: Era de Ultron*, *Minions*, *007 contra Spectre*, *Missão Impossível III* e *Jogos Vorazes: A esperança — O final*. Cada um deles foi baseado em quadrinhos preexistentes, livros de ficção científica e fantasia, ou franquias de mídia que já tinham grandes bases de fãs antes de esses filmes serem lançados.[32]

A aquisição de 4 bilhões de dólares da Disney e subsequente expansão maciça da franquia Star Wars é um resultado direto das atividades apoiadas pelos fãs.[33] Na época da venda, em 2012, havia 17 mil personagens listados no *Holocron*, a bíblia mantida pela Lucasfilm relacionando todos os itens de Star Wars.[34] O valor de tal panteão não é em personagens individuais, mas sim na sua imensa variedade. Robert Iger, CEO da Disney, tem se concentrado na aquisição de produtos que têm um amplo mix de personagens e histórias de fundo que podem ser usados em todos os canais da empresa. Os programas de TV e filmes derivados, os brinquedos (tanto bonecos de crianças quanto figuras de ação), as atrações em parques temáticos que podem fazer, os broches, as roupas. Há diversidade suficiente tanto de personagens quanto de recreação aqui para apelar a todos os membros de uma base de fãs imensa e engajada.

A Disney não ganhará um centavo dos esgrimistas de plástico no evento dessa noite. Muitos dos "sabres de luz" são sem marca, e a maioria das roupas é caseira ou comprada para outras ocasiões. Nenhum dos filmes de Star Wars é exibido. Como os frequentadores dos encontros da Berkshire Hathaway, esses guerreiros do parque Washington Square não estão agindo como consumidores. No entanto, nesta noite quente de verão, a disposição deles é uma das mais valiosas atividades de construção de marca possível, e a Disney está recebendo gratuitamente.

Eu Fã/Tu Fã/Ele, Ela, Eles Fãs

Fandom não descreve o que alguém é — é algo que as pessoas fazem. É um conjunto de empreendimentos não comerciais em que os entusiastas participam. Performances criadas por fãs, como a Batalha de Sabres de Luz, tornam um produto relevante e atraente para um público mais amplo. Seu valor está na experiência de participar. Na verdade, a participação ajuda a diferenciar entre um fã e um consumidor. Os consumidores dão o seu dinheiro a uma marca. Os fãs dão sua energia e tempo.

Embora frequentemente haja sobreposição entre fãs (que se engajam nas atividades) e consumidores (que compram as coisas), a compra nem sempre é uma exigência. Fãs ativos do automóvel DeLorean, que se tornou popular como o carro-máquina do tempo da trilogia *De volta para o futuro*, são muito improváveis de também serem consumidores: há apenas cerca de 6.500 DeLorean DMC-12s ainda remanescentes, e a empresa abriu falência há décadas. Porém, isso não impede milhares de fãs se reunirem em exposições de DeLoreans, conversarem em fóruns sobre DeLoreans e criarem sites sobre DeLoreans.[35] Um número significativo dos mais de um milhão de visitantes anuais ao Guinness Storehouse, em Dublin, são crianças, uma audiência que (pelo menos teoricamente) nunca provou os produtos alcoólicos que estão sendo exibidos.[36]

Há um instinto humano básico para formar comunidades com outros indivíduos em torno das coisas que têm em comum, como localização geográfica, religião, sexo ou classe. Se é para fins de empreendedorismo, autoaperfeiçoamento ou para se divertir, os seres humanos encontram desculpas para se reunir. Hoje, sua semelhança é tão provável que seja um amor compartilhado pelo *O Império contra-ataca*, um prazer compartilhado pelo futebol, ou, para esse assunto, um fascínio compartilhado com vídeos de gatos bonitinhos fazendo coisas engraçadas.

Esses pontos focais comuns são conhecidos como *objetos de fã* — uma celebridade, marca, organização, passatempo ou mídia, como um filme, livro ou música que funciona como um nexo de emoção e atividades. Eles são um núcleo importante, um centro de gravidade que puxa um grupo de pessoas e lhes dá algo compartilhado para se unirem.

Às vezes, esses objetos de fã trazem com eles um *texto de fã* — uma mídia oficial que permite aos fãs experimentarem diretamente o objeto. Às vezes, o objeto de fã *é* o próprio texto de fã, como no caso de um filme ou de um livro amado. Às vezes, o relacionamento é menos direto; fãs de um músico podem ouvir o texto de fã de suas músicas, assistir ao texto de fã dos videoclipes oficiais, ou ler o texto de fã da biografia do músico. Às vezes, não há nenhum texto de fã. Muitas atividades, tais como a natação, não têm muito na forma de mídia disponível para ajudar os fãs a se sentirem diretamente perto de seu objeto de fã. É difícil ser um nadador sem ocasionalmente nadar.

Uma Sith chegando a um deserto parque Washington Square para desafiar os Jedi seria uma fã desapontada. Ela poderia agitar a espada sozinha, mas não seria a mesma coisa. Nossos impulsos naturais para a autoexpressão e interação, para mostrar quem somos, são todos predileções que só podemos explorar plenamente na companhia de outros.[37] Como resultado, o fandom é inerentemente social: uma performance precisa de uma audiência.[38] Mesmo que o fandom muitas vezes se sinta intensamente pessoal, as atividades que o constituem quase sempre existem como parte de uma experiência compartilhada. A imagem de um fã secreto que age sozinho sem influência ou interação externa é em grande parte um mito. É mais frequente os fãs secretos se socializarem e se envolverem com seus companheiros fãs, mas sem envolverem seu grupo social mais descolado. Um fandom solitário de verdade raramente sobrevive por muito tempo.

A maneira mais eficaz de fazer meros consumidores se tornarem fãs é inspirando o público a participar de atividades, preferencialmente as que estão separadas do mero consumo de um produto, em que podem se identificar como parte de um grupo maior. Essas *atividades de fãs* são a espinha dorsal do fandom.

Peregrinações

Frequentadores da reunião anual de acionistas da Berkshire Hathaway em Omaha talvez estejam participando na mais antiga atividade de fã, mais antiga talvez até do que os viajantes do século XIV, de Chaucer, em seu caminho para Canterbury. Uma peregrinação descreve uma viagem a um lugar, não por causa de sua beleza, localização ou qualquer outro valor intrínseco, mas pelo que representa. Sua santidade.

A modesta casa de estuque de cinco quartos de Warren Buffett não é particularmente atraente, apesar de pertencer a um multibilionário. Há algumas câmeras e um carro de segurança não identificado estacionado do lado de fora, mas estes são os únicos sinais de afluência. No entanto, mesmo quando ele está ausente, os fãs podem ser encontrados pela calçada, buscando proximidade com o guru por procuração. A churrascaria Gorat tem três estrelas no site de avaliação Yelp, e muitos dos comentários questionam o gosto culinário de Buffett.[39] É muito possível que, sem a conexão com Buffett, a churrascaria não estivesse fazendo reservas com semanas de antecedência. Muitos participantes das Batalhas de Sabre de Luz viajaram de Nova Jersey e Connecticut, um feito tedioso em uma noite de fim de verão. Ver a Copa do Mundo em uma TV de alta definição sempre vai ser melhor do que a vista das arquibancadas, mas isto não impede o evento de ter um dos ingressos mais procurados no mundo.

Todo o fandom tende para as interações pessoais, seja ir a uma convenção, ficar na fila para pegar uma dedicatória de livro, ver o cantor no concerto, encontrar a cervejaria original ou visitar a casa da infância da celebridade.[40] Queremos provar a nós mesmos que esta coisa que nos interessa é, pelo menos em algum sentido, real.

Criação de Conteúdo

Durante as festas de fim de ano, alguns foliões decoram uma árvore. No Dia de Ação de Graças, perus são assados e, no Dia dos Namorados, cartões são entregues. Nós assamos bolos para aniversários e preparamos a nossa receita de churrasco no Dia da Independência. A criação de obras pessoais de criatividade em torno de temas patrióticos e religiosos é uma atividade tão natural que poucos de nós realmente pensa a respeito disto.

À medida que a cultura popular esculpe um espaço entre as instituições mais tradicionais, vêm os objetos devocionais feitos pelo público.

Fãs podem literalmente "pagar tributo" a um objeto de fã com suas habilidades criativas: o entusiasta ferroviário que recria um sistema de trem inteiro em seu quintal; a artista que desenha um esboço de Taylor Swift como uma personagem de anime japonês; a gênia que tira uma foto de um gato com ambas as patas perto da boca e acrescenta uma legenda que diz "Gaita invisível!".

Trabalhos criativos feitos por amadores — um desenho, uma foto, um texto ou um site — costumavam ser fáceis de identificar.[41] Quanto melhor a qualidade, maior a probabilidade de ser sancionada oficialmente. Mas com o aumento do acesso a ferramentas de nível profissional, essa divisão está diminuindo. Trailers editados por fãs para filmes populares são muitas vezes indistinguíveis em qualidade em relação ao original. A banda inglesa Radiohead encoraja ativamente mixagens feitas por fãs de suas músicas. A sequência de abertura para a oitava temporada do programa televisivo popular *Doctor Who* é baseada quase inteiramente em um vídeo feito por um fã que foi postado no YouTube.[42]

Evangelização

"Meu clube é ótimo. Você deveria se juntar a ele." Quase todos os grupos, sejam eles políticos, religiosos ou sociais, têm algum tipo de sistema de recrutamento formal ou informal. Os grupos de fãs têm o benefício de verdadeiros crentes, esse grupo central de pessoas com uma profunda conexão emocional com o objeto de fã. A evangelização de fãs segue muitos dos mesmos impulsos que movem o recrutamento religioso. O fã que acredita que encontrou a melhor banda de Death Metal islandesa raramente quer manter essa informação para si mesmo. Para alguém que recentemente descobriu o programa de TV mais engraçado de todos os tempos, convencer os outros a vê-lo também vem naturalmente. Muitos dos frequentadores do evento da Berkshire Hathaway trouxeram a esposa, amigos e colegas de trabalho na esperança de infectá-los com a febre Buffett. Parte do prazer de encontrar um novo objeto de fã está no status que concede aos que encontraram aos olhos de seus pares. E, claro, participar de um grupo de fãs é mais divertido com os amigos. Por um lado, cria mais fãs para se discutir.

Ao longo dos anos, várias organizações tentaram automatizar esses impulsos evangelizadores. Páginas antigas do Facebook às vezes "fechavam com curtidas" o seu conteúdo, para que potenciais fãs não pudessem acessar sem primeiro clicar no botão "Curtir". O Facebook proibiu esse tipo de design da página anos atrás, mas ainda lidamos com um legado de botões "Curtir", "Tweet", "Pin" e "Envie por e-mail" hoje em dia, espalhados pela rede como pedaços de doce digital grudento. Jogos como os infames Candy Crush e FarmVille incentivam a evangelização como parte de seu jogo, exigindo a entrada de um amigo para desbloquear vidas extras ou habilidades. E há sempre sites e aplicativos móveis que querem levar o princípio um passo adiante, entrando em nossas redes sociais, com ou sem o nosso conhecimento para evangelizar nossos amigos em nosso nome. "Compartilhe sua compra", sugere a página de confirmação de check-out da Amazon, junto com um tweet e um post no Facebook pré-escrito.

Socialização

Interação em um grupo social pode parecer um tipo de desafio para alguns, e objetos de fã representam um poderoso lubrificante social e meio de autoexpressão.

É provável que um grupo de pessoas com paixão por um objeto de fã específico tenha outros interesses compartilhados. Fãs de um estilo de vida vegetariano também podem ter um amor compartilhado por ioga ou bicicletas. Fãs dos livros de fantasia satírica do autor inglês Terry Pratchett são mais inclinados a gostar dos quadros de humor do grupo Monty Python ou dos filmes dirigidos por Mel Brooks. Associações como essas oferecem pontos para discussões, amizades e construção de uma rede pessoal. Usar um objeto de fã como um veículo para discutir experiências e sentimentos pode difundir situações sociais potencialmente embaraçosas. Com um objeto de fã compartilhado, há sempre um tópico padrão de conversa. Interagir com estranhos pode ser difícil, mas as pessoas usando as mesmas roupas de Star Wars, segurando os mesmos sabres de luz e gritando citações mutuamente reconhecíveis de filmes não são estranhas no sentido tradicional.

Quando uma fã faz um teste on-line sobre *Sex and the City* e posta o resultado na sua linha do tempo no Facebook, está contando ao mundo que é uma "Carrie", a heroína decidida, mas sensível, da série. Em uma conversa normal, essa pessoa pode ter problemas para anunciar que está procurando romance e emoção, mas, ao se identificar publicamente com Carrie, a postagem da fã pede sutilmente comentários e aprovação de seus colegas fãs. É provavelmente apenas uma questão de tempo antes que alguém comente de volta: "Você é mesmo, querida!"

Representação

Nossos corpos são telas que usamos para projetar sinais a respeito de quem somos e de como nos sentimos.[43] Tradicionalmente, exibir um grupo de "cores tribais" revela nossas afiliações culturais. Pintura facial pode fornecer pistas sobre a origem familiar e status social. A forma de um pingente pode sinalizar outros na mesma comunidade religiosa. Em muitas culturas, cores e cortes de joias e roupas contêm informações cuidadosamente codificadas sobre a idade do usuário, sexo, profissão e status de relacionamento. Poucas pessoas iriam dar em cima de uma mulher com um vestido de noiva branco.

À medida que nossas afiliações culturais se tornaram mais amplas, cores tribais expandiram-se a ponto de incluírem novos entusiasmos. A pintura facial pode significar que quem a usa é um torcedor do time Baltimore Ravens ou obcecado com a banda KISS. Usar uma réplica do colar de ouro "vira-tempo" de Hermione, da franquia Harry Potter, identifica quem o usa como um devoto para os outros fãs. E a roupa, através da tela e da impressão da sublimação da tintura, pode identificar as equipes que nós queremos que ganhem, os carros que desejamos dirigir, as bandas que vimos, nossa cerveja preferida e nossa churrascaria favorita. Um fã verdadeiramente distinto pode até mesmo usar o perfume com a assinatura do objeto de fã, enviando o sinal de que admira Kim Kardashian odoriferamente.

Embora alguns fãs levem suas vestimentas ao extremo, incorporando completamente os personagens que amam com *cosplay*, a arte de construir e usar trajes elaborados com base em personagens favoritos não requer virar um Elvis para contar ao mundo sobre o que gostamos. Às vezes, precisa apenas de uma camiseta com a imagem certa. Pouquíssimos frequentadores da Batalha de Sabre de Luz não estavam usando nenhum equipamento de Star Wars, mesmo que fosse apenas um broche colorido. Alguns deles ainda têm tatuagens temáticas de Star Wars.

Ao longo da última década, a representação de personagens tomou conta dos Estados Unidos durante o Halloween. Ainda existem anjos genéricos, policiais e gatinhas sexy, mas uma grande parte dos 2,5 bilhões de dólares[44] gastos em fantasias nos Estados Unidos anualmente vai para propriedades licenciadas.[45] O serviço de monitoramento e busca de fantasias do Google Frightgeist reportou que, para 2016, três dos cinco trajes mais buscados eram oficialmente licenciados: Arlequina, Mulher-Maravilha e Coringa. Há também trajes que retratam mascotes corporativos, como a meninas da vodca Svedka e a lagartixa da Berkshire Hathaway, a GEICO, bem como os próprios produtos, como o giz de cera Crayola ou um cupcake de chocolate da Hostess.[46] A empresa de seguros Progressive Insurance tem um site devotado a vestir as pessoas como sua mascote, Flo, a Garota Progressiva, para o Halloween, completo com links para baixar broches de assinatura e placa de identificação.[47]

Rituais e Tradições

Faça algo uma vez e é inovação; faça de novo e é tradição. Os fãs se destacam no desenvolvimento de suas próprias atividades e práticas para ajudá-los a se sentir próximos do objeto de seu afeto, muitas vezes criando um vocabulário personalizado e regras para a participação no processo.

Fãs do cantor Justin Bieber às vezes organizam "compras massivas" quando acontece o lançamento do novo CD.[48] Membros dos milhões que compõem a armada de Bieber tumultuam lojas e supermercados numa tentativa coordenada de alavancar o disco para o topo da lista de mais vendidos. E há sempre a possibilidade de que o próprio Bieber note e faça uma aparição. Muito poucos jovens do grupo etário de 13 a 18 anos de idade já possuíram um leitor de CD — eles vêm de uma era em que Pandora, iTunes, Spotify e outros serviços digitais são a norma —; sendo assim, no fim de cada farra de compras a maioria dos CDs é coletada e doada para caridade.

Mas rituais e costumes feitos pelos fãs não têm de ser tão extremos. Um clube de leitura que se reúne uma vez por mês; uma festa no estacionamento antes de cada jogo grande; dar um banho no treinador do time vencedor com Gatorade; a exibição semanal de um filme cult clássico específico — todos servem à mesma finalidade. Dão aos membros sentimento de pertencimento e deixam os fãs mais perto de um objeto de fã, ajudando-os a incorporá-lo ao ritmo de suas vidas. Uma vez que algo se torna hábito, é muito mais fácil de manter.

Criando Coleções

Quando os fãs de Bieber organizam uma compra, ou quando os acionistas da Berkshire Hathaway compram garrafas de ketchup com a foto do Warren Buffett nelas, eles estão envolvidos no consumo ritualizado. Estão comprando produtos pelo que significam, em vez do que são. Para um consumidor, o valor de um objeto está no propósito que ele serve. O sabão Tide Plus Bleach vai fazer as toalhas terem um cheiro melhor. Mas para um fã, a coleção de objetos como brinquedos, pôsteres, canhotos de ingressos, autógrafos e outras "provas de participação" são valorizadas por aquilo que simbolizam. Uma coleção completa de garrafas de Tide Plus Bleach provavelmente valerá mais se estiverem lacradas. São talismãs de propriedade. Coleções de fãs não são diferentes de um vudu: um produto que é representativo de um objeto de fã distante pode transmitir um sentimento de propriedade e proximidade com a celebridade amada real, filme, livro ou marca.

Coleções de fãs podem absorver grandes quantidades de tempo e dinheiro e, muitas vezes, são valorizadas por qualidades, como completude, peculiaridade ou a raridade dos objetos. Uma coleção de produtos relacionados a Star Wars é legal, mas uma coleção de caixinhas de balas do tipo PEZ relacionada a Star Wars é mais legal. Uma coleção completa de caixinhas PEZ de edição limitada de Star Wars vendidas durante o lançamento inicial no cinema de *O Retorno de Jedi*, em 1983, pode ser ainda melhor, pelo menos para alguém que está procurando se sentir profundamente envolvido com o seu objeto de fã. Essa é uma das poucas áreas em que o status social em um grupo de fãs pode ser "comprado". Fãs se sentem ainda mais próximos de seus objetos de fã por *rituais de posse* — organizar e manter a coleção, posicionar os objetos para melhor efeito, documentá-los e criar sistemas de exibição. Coleções permitem que os fãs revivam pontos altos em suas próprias histórias de fãs. Um ingresso para um show é apenas um pedaço de papel, mas vê-lo cuidadosamente preservado em um caderno de recortes traz de volta lembranças de como era estar lá muito tempo depois.

Por que Somos Fãs?

Rituais que envolvem diretamente gastar dinheiro, como as compras massivas dos fãs de Bieber, são bem raros. Com a exceção de produtos licenciados, como fantasias e brinquedos, atividades de fãs são praticamente sem valor, pelo menos quando se trata de dinheiro. Pouquíssimas atividades de fãs são especificamente feitas com a intenção de colocar dinheiro nos bolsos do objeto de fã. A interação entre atividades de fãs e rentabilização é muito mais complexa do que a encontrada em um relacionamento comprador/vendedor tradicional, mas é forte.

Um estudo de 2013 com fãs da cerveja Bud Light descobriu que um aumento na atividade do fã leva a um aumento nas vendas, às vezes a um maior do que seria de esperar de uma campanha publicitária padrão.[49] Durante o período de um mês, os fãs viram e foram incentivados a partilhar imagens relacionadas com a cerveja na página do Facebook da Bud Light, atividades de evangelização e socialização. As fotos eram bobagens: uma mostrava uma mão pegando garrafas de cerveja de uma árvore como se fossem frutas, outra mostrava cerveja derramando de uma foto de uma garrafa em um celular. Nenhum tinha um objetivo de marketing aberto no sentido antiquado de destacar as vantagens do produto, preço ou onde comprá-lo. No entanto, a campanha de quatro semanas centrada no fandom levou diretamente a um aumento de 3,3 por cento nas vendas, em comparação com um grupo de controle. É um aumento sensível para uma marca cuja companhia principal gastou 1,56 bilhão de dólares apenas em anúncios em 2013.[50]

Transformar Consumidores em Fãs

Às vezes, a relação entre atividades de fãs e as carteiras dos fãs é ainda mais sutil.

Na teoria, sites de financiamento coletivo, como Kickstarter, Indiegogo e GoFundMe, usam o poder dos grupos de fãs para levantar fundos para projetos futuros. Cada campanha permite aos usuários pedir certa quantia de dinheiro e receber algo em troca. Mas, na prática, muitas vezes funcionam como um sistema de "pré-venda": alguém que faz um projeto de financiamento coletivo de um livro promete ao fã uma cópia do livro quando ele estiver completo. O fã, em essência, comprou o livro, com a ressalva de que provavelmente não vai recebê-lo por meses. Muitas vezes como um agradecimento, fãs receberão um bônus como frete grátis.

Do ponto de vista de um fã agindo por amor, esses tipos de descontos podem ser contraproducentes. Às vezes, eles permitem que os fãs sintam que estão ajudando uma causa com que se preocupam. Mas, em outros casos, em vez de se envolver com o desejo de um fã de participar em atividades de fã, eles só se envolveram com seu instinto antiquado de consumidor.

Escritores, músicos e artistas alternativos e independentes compõem uma indústria que aparentemente tentou todo tipo possível de relação comercial entre criadores e fãs, com níveis variados de sucesso. Micropagamentos, cobrando centavos para cada pedaço de conteúdo, são muito chatos. Bloqueios pagos, requerendo inscrições para ver o conteúdo, evitar que os curiosos descubram material que poderiam torná-los apoiadores sérios. A propaganda — venda de banners e outros espaços patrocinados — tem experimentado um declínio significativo, já que gastos com anúncios são empurrados para longe de plataformas de hospedagem e em direção à mídia social. Camisetas descoladas de marcas, canecas, bichos de pelúcia e bolsas podem ajudar, mas com cada vez menos retorno à medida que os armários se enchem. Uma pessoa só precisa de certo número de bolsas.

Jack Conte, às vezes rotulado nas resenhas de discos como o cara que faz "todos os instrumentos", é um músico radicado em San Francisco, que também trabalha como operador de câmera.[51] Seu estilo pessoal, tanto em seu próprio trabalho quanto como membro da Pomplamoose, uma banda de duas pessoas, é agressivamente *indie*. Mas apesar de ser fortemente seguido no YouTube, ter um podcast semanal e uma boa agenda de shows, no começo de 2013 ele ainda não tinha visto o tipo de suporte financeiro que queria. Então cofundou o Patreon.

Em vez de financiar a criação de conteúdo através da venda de veículos de texto de fã, como CDs, livros, jornais, *swag* ou espaço publicitário, o Patreon adota o modelo de mecenato: eu admiro o que você faz, pegue esse dinheiro e use como bem entender. Não é exatamente uma doação, mas certamente não é uma compra.

"A arte tornou-se fundamentalmente conectada ao comércio porque ela se ligava a coisas físicas que podiam ser vendidas", observa Conte.[52] É um casamento surreal. Um fã de música que quer mostrar a uma banda sua apreciação e amor pode ter apenas uma opção para apoiá-la: clicar no anúncio de roupas da American Apparel, que aparece no site da banda. As frases de efeito "Cale a boca e pegue meu dinheiro!" e "Estou jogando meu dinheiro na tela, mas nada está acontecendo!" são frequentemente repetidas em fóruns de fãs e em plataformas, como o Facebook e o Reddit. Eles representam frustração real: eu quero ajudá-lo, por que você não me dá uma maneira para tal?

"O desejo de querer apoiar um artista porque o trabalho dele fala com você é uma coisa emocional intrínseca", afirma Conte. "Eu assino 120 canais no YouTube e, ocasionalmente, um vídeo irá aparecer e eu vou vê-lo e sentir que é um divisor de águas na minha vida. Se houvesse um botão para dar a esse pessoal mil dólares, eu o apertaria."[53]

Diferentemente do Kickstarter e outros sites de financiamento coletivo, o Patreon majoritariamente financia criadores engajados em trabalhos a longo prazo, às vezes que durarão a vida toda, em vez de um só projeto. Textos de fãs, que são muitas vezes liberados gratuitamente para a população em geral, são financiados enquanto são feitos. Somente os fãs dedicados optarão por apoiar financeiramente algo que de outra forma poderiam obter de graça — portanto, os fãs de relacionamento comercial com seu objeto de fã são, em alguns aspectos, o menos importante. Ainda assim, em 2016, o site do Patreon tinha mais de um milhão de pedidos de apoios ativos de criadores de conteúdos, mais de 6 milhões de dólares por mês em apoios.[54]

A Patreon não é a única organização a tirar proveito da mentalidade de fãs para fins de financiamento. A National Public Radio tem feito isso há décadas. Uma estação de rádio local da NPR sempre é de graça, mas uma parte do seu fluxo de receita vem de "ouvintes como você".[55] Historicamente, isto funciona porque sua audiência central é geograficamente centralizada, o que cria um grupo unido em torno de apoiar a estação local. O orgulho da cidade natal é um forte motivador. Porém, essa é uma audiência fundamentalmente diferente de, digamos, um criador de vídeo com fãs espalhados pelo mundo. Embora possa haver cem mil pessoas visitando o site diariamente, elas geralmente ficam engajadas apenas pelo tempo que se leva para assistir ao videoclipe de hoje. Fãs precisam ser encorajados a pensar em si mesmos como parte de um grupo maior, um grupo que está contando com cada um deles para fazer sua parte.

"As pessoas pedem algo como isso há anos. [Elas dizem] que realmente não usam camisetas porque trabalham em escritórios e não têm espaço no apartamento para bichos de pelúcia.[56] Só querem apoiar." Diz Jon Rosenberg, criador dos populares quadrinhos digitais *Scenes from a Multiverse* and *Goats*, que está usando o Patreon desde 2013.

Antes da mudança, Rosenberg vendeu anúncios em seu site, criou brinquedos e camisetas para vender, imprimiu compilações de seu trabalho e se apresentou em convenções de quadrinhos, todos com retornos decrescentes. Vender aos leitores não estava funcionando, mas apelar para a sua natureza de fãs foi intimidante. "Eu não queria usar isso como alavanca contra o público, e eu não queria culpar as pessoas... não queria tornar isso uma coisa desagradável", ele explica. "É um equilíbrio delicado. Você está pedindo ajuda às pessoas, mas também está exigindo isso porque está dizendo: eu não vou mais fazer isso se não conseguir o apoio." Atualmente ele ganha 3.094 dólares por mês via Patreon — o bastante, com a somatória de suas outras atividades remuneradas, para cuidar de seus três filhos, pagar sua hipoteca e desenhar em tempo integral.[57]

"Eu não seria empregado em tempo integral por meus quadrinhos se não pela generosidade dos meus leitores. Isso muda os quadrinhos de prejuízo para um produto", ele diz.

Vendendo o Intangível

Convencer os leitores de que seus dólares são mais bem gastos como uma promessa do que uma compra não é uma tarefa trivial. Frequentemente, as recompensas são produtos digitais ou acesso exclusivo ao artista, em vez de parafernália.

Produtos como a promessa de vídeos extras, postagens ou *haikus* personalizados são populares. Por 5 dólares por mês, fãs acessam bate-papos em vídeo via Google Hangouts com Rosenberg e para vê-lo desenhar ao vivo. Por 100 dólares por mês, fãs de Rosenberg podem tomar uma cerveja com ele no Pub Peculiar, na rua Bleecker, em Nova York. Um nível de acesso que é normalmente sacrossanto, mas está disponível como uma recompensa do Patreon para aqueles que querem pagar. Cerca de dez dos mais de mil apoiadores de Rosenberg apoiam a esse nível ou mais.

Para os fãs que não estão desejando a oportunidade para uma atividade de fã tradicional, como uma peregrinação ou um encontro ao vivo, as motivações são mais variadas. Por exemplo, algumas campanhas do tipo do Patreon podem oferecer oportunidades de autoaperfeiçoamento. O Corridor Digital, uma equipe de criadores de vídeos do YouTube, oferece aos apoiadores do nível de 20 dólares "Escola de efeitos especiais com orçamento apertado".[58] Eles recebem um tutorial sobre como fazer efeitos de vídeo e uma coleção para download de arquivos relacionados.

Com frequência, as interações assumem significados muito pessoais. A marca de 2 mil dólares do objetivo de Rosenberg era intitulada "Operação Liberdade das Crianças".[59] Era o limite que ele precisava para enviar seus três filhos à creche para que tivesse mais tempo para desenhar para os fãs. No momento, a página pessoal do Patreon de Conte promete: "Quando chegar a 7 mil dólares, vou comprar uma nova câmera DSLR, e meus vídeos vão ser muito mais legais."[60] Patronos não estão só patrocinando arte, estão apoiando a criação de mais do que eles gostam.

"É um grupo autoidentificado de pessoas que querem nos apoiar e nos ajudar. Essas pessoas recebem um lugar especial na minha agenda e minha mente como pessoas que eu realmente quero ter certeza de que estão felizes", diz Conte.[61] Os fãs compram o sentimento de participação em um ato de criação sem terem um papel direto no que está sendo criado. "De certo modo, é como entrar na Ópera de San Francisco e ver um prato na parede em honra de uma pessoa que doou 4 milhões", ele diz.[62]

Assim como o mecenato medieval beneficiava o status social do patrono, patrocinar criadores no Patreon aumenta a posição social do apoiador, como um emblema público, como carregar um guarda-chuva da NPR. É difícil exagerar a importância de se gabar de direitos diante de outros fãs. "Ser um patrono denota algum tipo de relacionamento, um que não existe no caso de uma caixinha de gorjeta", diz Conte.[63] A maioria dos clientes tem páginas publicamente visíveis em que podem mostrar quais os artistas apoiam.

Poucos artistas sortudos da Patreon são apoiados por superfãs, os membros dedicados e sérios de um fandom que estão dispostos a se comprometer em tempo real, energia e atenção para ajudar e melhorar o fandom que eles amam. É ótimo ser apoiado por consumidores que querem comprar os "extras" que o artista está oferecendo, e por fãs, que desejam um sentimento de maior envolvimento, autoaperfeiçoamento ou qualquer outra motivação pessoal. Mas ter o apoio de superfãs é realmente valioso.

Será que os superfãs da Berkshire Hathaway entrariam no modelo de mecenato para apoiar o conglomerado multinacional que adoram? De certa forma, eles já fazem isso. Apesar da grande quantidade de comércio que ocorre no piso da convenção, comprar produtos descolados não é a principal motivação para a maioria dos acionistas presentes. Nem é garantia de que eles se lembram de seus ganhos ou perdas de investimento; qualquer aplicativo ou site financeiro poderia fazer isso.

Como muitos patronos do Patreon, um grande número de presentes no evento da Berkshire Hathaway está procurando pela chance de viver de modo vicário através de uma pessoa que eles apoiam e admiram. Alguns estão lá para o crescimento pessoal. Usam a experiência como uma oportunidade de aprendizagem para melhorar a si mesmos através de uma filosofia e um estilo de vida que esperam alcançar um dia. Outros estão procurando o status social: vangloriar-se do direito de superar os amigos e colegas que ficaram em casa. A camiseta que eles podem usar no evento do *próximo* ano que vai provar que eles não são mais novatos.

Mas em toda parte em Omaha, neste fim de semana de primavera, os fãs se envolvem em uma dúzia de diferentes tipos de atividades destinadas a fortalecer uma conexão emocional com o objeto de fã que eles amam. E é essa busca ativa de proximidade, não o número de vezes que eles sacam seu cartão de crédito, que os torna verdadeiramente valiosos.

CAPÍTULO • 2

A ASCENSÃO DO FANDOM COMERCIAL

Clique

Era começo de 2011 quando Erik Karstan Smith decidiu trazer suas duas crianças pequenas, Luke e Eden, para visitar o cemitério de San Jose.[1] Seus tatara-tataravós estavam enterrados ali, e aquela poderia ser a última chance deles de visitar os seus túmulos por um bom tempo. Smith tinha recentemente perdido o emprego como gerente de projeto em um escritório de arquitetura, e a vida como dono de casa, embora recompensadora, não era tão lucrativa. Em poucas semanas, a família mudaria de casa. Eles iam deixar San Jose, a cidade que cinco gerações chamaram de lar por mais de cem anos.

Aos dois anos de idade, Eden estava vivendo profundamente sua fase de princesa. Para comemorar a ocasião, ela escolheu um vestido leve de mangas curtas e asas de borboleta que prendiam em suas costas. Smith a ajudou a pintar mais duas asas de borboleta grandes em púrpura e azul-petróleo, desenhadas ao redor dos olhos como uma máscara. Uma tiara adicionava mais duas borboletas que se erguiam, semelhantes a antenas, por cima dos cabelos. O tema da borboleta foi escolhido por acaso, mas o simbolismo parecia apropriado. "Eu queria viver essa metáfora de uma ressurreição, porque iríamos passar por esse processo nós mesmos, de ressuscitar nossa família em uma nova vida", Smith se recorda.

Chegaram ao cemitério e se dirigiram para uma grande fonte com quatro estátuas representando Mateus, Marcos, Lucas e João. "Eu não sou um cara religioso necessariamente, mas sempre adorei metáforas. Eu gosto de simbologia. [Eden] foi atraída pela estátua de João, e eu pensei que era muito bonito, porque o nome do meu bisavô era John. Eu realmente amava meus bisavós; eles eram muito especiais para mim. Fiquei arrepiado. Foi um momento realmente emocionante para mim, vendo-a subir e abraçar a estátua."

Sem pensar, Smith pegou sua Polaroid SX-70, uma instantânea de lente única dobrável. Levantou-a para o rosto, apontou para a cena e apertou o botão.

Clique.

Lá estava ela, olhando para o horizonte à esquerda do espectador, as asas estendidas enquanto segurava as dobras de mármore das vestes da estátua. A foto é amarelada e embaçada, mas ainda é possível distinguir as gotas congeladas de água da fonte e a quietude do cemitério que se estende para o vasto espaço atrás dela. Ela está centrada dentro de uma moldura branca quadrada familiar, a parte de baixo é mais grossa do que os outros três lados. A parte superior tem uma aparência escura, sentimental, como se filme estivesse vazando para fora do quadro, distorcendo o quadrado sépia, como se um segundo depois o momento frágil teria se derretido para sempre.

Esta é uma fotografia que não deveria existir. Em fevereiro de 2008, a Polaroid Corporation tinha feito um anúncio grave: iria cessar a produção de filme instantâneo para suas câmeras.[2] A Polaroid, uma empresa tão icônica que seu nome era praticamente sinônimo do ato de tirar fotos instantâneas, tinha sido quase destruída pela ascensão da fotografia digital. Poucos compradores queriam trabalhar com um sistema que era composto por um produto químico que levava noventa segundos para ficar pronto, enquanto a tecnologia digital oferecia tão mais: câmeras com autofoco incorporado e ferramentas de balanceamento de branco, visualizações instantâneas, dezenas de filtros para processar a imagem e a capacidade de carregar fotos para sites de compartilhamento. Quase todo laptop e celular tem uma câmera embutida, e nenhuma delas usa filme.

A produção de câmera da Polaroid já havia sido descontinuada um ano antes, em 2007, de modo que as cinco fábricas que ainda produziam seu filme instantâneo estavam se tornando rapidamente supérfluas.[3] A empresa estava em sérias dificuldades financeiras; não via nenhuma razão para continuar a fabricar um produto indesejado.[4] A Polaroid pretendia encher seus armazéns com cartuchos suficientes para abastecer as câmeras dos consumidores por mais um ano, mas depois disso não haveria mais filme instantâneo. Os fotógrafos já não seriam capazes de inserir um cartucho de filme em sua câmera, pressionar um botão e, segundos depois, segurar um pequeno quadrado colorido de papel e plástico imortalizando o momento. O filme amado por Ansel Adams e Andy Warhol; o filme cantado por Outkast, Blondie, Steely Dan e os Dead Kennedys; o filme que tinha proporcionado um ponto crítico da trama em muitas produções de Hollywood; o filme que havia narrado três gerações de pedidos de casamentos, bodas e nascimentos, não existiria mais.

O anúncio anterior sobre câmeras Polaroid tinha causado preocupação, mas o anúncio sobre o filme desencadeou um pânico completo na comunidade de fãs. Dentro de um mês, os fãs tinham organizado numerosas respostas. Os blogs de fotografia incentivaram os fãs a enviarem fotos da Polaroid para a sede da empresa em protesto. Cartas incentivaram a rival da Polaroid, a Fuji Film, a considerar a fabricação de um filme instantâneo que funcionasse em câmeras Polaroid. O fã da Polaroid, Ali Kellogg, começou uma petição on-line para salvar o filme que coletou 30.513 assinaturas.[5]

Comentaristas na grande mídia lamentaram a perda. "Sempre deve haver um lugar para Polaroides, porque elas criam um sentimento e emoção que é instantaneamente atraente", implorou a fotógrafa Karen Keats.[6] "Câmeras digitais são chatas", reclamou o jornalista britânico Tim Teeman.[7]

A efusão de emoção reflete o lugar quente, quase infantil, que a fotografia instantânea ocupa dentro da paisagem artística, ao mesmo tempo kitsch e intensamente pessoal. "Não há negativos e nenhum arquivo digital, a foto que você faz nesse ponto é única e, portanto, parece preciosa. Se você segurá-la e esmagá-la, amassá-la, ela se foi. Você não pode recuperá-la", diz o jornalista Christopher Bonanos, que passou anos fazendo a crônica da história da Polaroid. "De certa forma, é mais perto de uma pintura do que uma fotografia pelo nosso padrão contemporâneo. Há um custo para cada clique."[8]

Tirar uma foto com filme instantâneo é uma experiência íntima. Quando um botão é pressionado, o obturador na parte frontal da câmera se abre por um momento, permitindo que a luz atinja um pedaço de filme. É absorvido por produtos químicos que são sintonizados com diferentes cores de luz. As bordas brancas icônicas na película detêm mais produtos químicos que cobrem a superfície do filme, colorindo cada camada nas áreas onde absorveu a luz. Um arquivo digital é composto de uns e zeros, e até mesmo a fotografia analógica tradicional envolve a transferência de imagens da câmera para o negativo e depois para o papel fotográfico. Mas o produto final do filme instantâneo é um objeto físico que absorveu a própria luz refletida pelo tema da foto. É uma ligação física de volta ao momento do início: uma lembrança feita sob encomenda.

A fotografia instantânea oferece uma experiência fundamentalmente social: não social no sentido moderno, de afixar a uma parede digital ou de mandar uma imagem em uma mensagem a um amigo, mas social, no sentido de ajudar as pessoas a se conhecerem melhor. Polaroides são para compartilhar o momento. Os rituais de desenvolvimento — balançar a imagem, entregá-la, rotulá-la — são pequenas interações sociais que criam laços interpessoais. É provável que o sujeito possa até ter tocado a imagem, segurando-a, admirando as cores à medida que gradualmente passavam de branco para amarelo e para marrom, e finalmente se diferenciando em cores. E, claro, uma foto picante de Polaroid é muito mais segura do que uma digital.

Conforme os fãs correram às lojas para estocar o que poderia ser o último filme do tipo — na Austrália, filmes de Polaroid foram vendidos a 3,5 vezes o valor da taxa prevista —, a empresa se preparou para a barragem de decepção.[9] "Estamos tentando ajudar os clientes da Polaroid, que têm sido extremamente leais, para fazer nossas categorias de filme durar, enquanto podemos", declarou Tom Beaudoin, o presidente da empresa na época.[10] Ainda assim, eles se mantiveram firmes.

Florian Kaps era um entusiasta de fotografia instantânea e um vendedor on-line de filme Polaroid que se juntou à campanha para salvar o filme instantâneo no início.[11] Se o filme da Polaroid fosse extinto, não só tornaria inútil quase duzentos milhões de câmeras Polaroid em todo o mundo, mas também afetaria seu próprio negócio. Kaps foi persistente o suficiente para chamar a atenção da gestão da Polaroid que, talvez em uma tentativa de moderar a reação, convidou-o para uma festa em junho de 2008, para marcar o fechamento da fábrica da Polaroid em Enschede, na Holanda.[12] Era uma das últimas fábricas produtoras de filme Polaroid.

André Bosman também estava lá. Caberia a ele, como gerente de produção da Polaroid, fechar a fábrica e tornar obsoleto a si próprio após 28 anos de serviço. Durante a festa, Kaps e Bosman lamentaram a perda dos filmes da Polaroid, uma perda que representou uma oportunidade jogada fora; no momento do fechamento da fábrica, a Polaroid ainda vendia 24 milhões de packs de filme por ano.[13] O número era bem menor do que os cem milhões que a fábrica tinha sido projetada para produzir em um ano, mas ainda era um número formidável.

E quanto a uma operação muito menor? Uma organização gigantesca precisa de uma base de consumidores em igual proporção. Mas uma pequena organização tem muito menos burocracia para suportar. Bosman e Kaps, juntamente com alguns investidores, voltaram a arrendar a fábrica agora extinta e começaram a tentar servir o mercado recém-abandonado da Polaroid.[14] Eles chamaram sua aquisição de Impossible Project [Projeto Impossível], com um objetivo igualmente impossível: trazer de volta filmes instantâneos para as câmeras da Polaroid e, no processo, criar toda uma nova geração de fãs de fotografias instantâneas.

No começo, o objetivo parecia tão improvável quanto seu nome. Havia mais de cem componentes químicos e várias dúzias de componentes físicos nos cartuchos de filme. "Era uma cadeia de fornecimento muito doida que eles tinham", explica Oskar Smolokowski, agora diretor executivo do Impossible Project. "Não era só uma fábrica; eram cerca de vinte fábricas alimentando esta fábrica."[15]

Bonanos conta: "Há um pequeno casulo branco armazenando os químicos na parte inferior da imagem. E quando a coisa é cuspida para fora da câmera, ele vai entre dois rolos, que quebra o casulo e esfrega a química sobre o negativo, e assim começa o processo. Para que pudesse funcionar da mesma forma, o casulo tinha que ser fabricado de modo a estourar sempre de modo idêntico todas as vezes, e tinha que ter apenas a quantidade exata de químicos suficiente para cobrir toda a superfície da imagem, porém sem provocar vazamentos. Certamente, não parece tão simples se você vai fazer um monte deles. Se você está vendendo filmes onde as pessoas estão tentando registrar a festa de aniversário do seu filho e elas não querem perder isso, você tem que acertar."[16]

Na época que o time do Impossible Project assumiu, quase todos os fornecedores haviam passado a trabalhar em outros campos, e a maioria das máquinas da fábrica estava pronta para ser desmantelada. Isso fez com que o Impossible Project levasse dois anos para conseguir lançar seu primeiro filme instantâneo, em preto e branco.[17]

O novo filme não era bom. As imagens saíam em um tom sépia e embaçadas. Substâncias químicas frequentemente vazavam do filme, contaminando o interior da câmera no processo. Às vezes, levava dez minutos para a fotografia ficar pronta (filme colorido, lançado mais tarde, chegava a levar muito mais tempo). Qualquer exposição à luz solar poderia arruinar a imagem. E, naturalmente, não havia maneira de compartilhá-la automaticamente no Facebook.

E, no entanto, o filme ruim foi vendido. O Impossible chamou de "Pioneiros" os superfãs de fotografia instantânea que estavam dispostos a apoiá-lo através das dores de trabalho de reconstruir o sistema.[18] Estas foram as almas valentes que compraram as primeiras versões do filme, um produto que até mesmo Smolokowski admitiu que era quase impossível de usar. "A mensagem era de que nós estamos trabalhando para preservar esse material bonito. Ainda não está perfeito. Não há nenhuma maneira de fazer isso sem que vocês realmente comprem esse filme", ele diz. "Nós tínhamos muitas pessoas comprando o produto, conscientes do fato de que era de baixa qualidade, mas sabendo que estavam apoiando a causa de tê-lo de volta."[19]

Lançar um produto que mal funcionava, especialmente quando se destinava a substituir um popular que fora aperfeiçoado ao longo de meio século, era uma jogada ousada. Nenhuma organização tradicional poderia construir uma base de clientes assim. Empresas estabelecidas passam anos, senão décadas, em pesquisa e desenvolvimento, antes de trazer um produto para o mercado; uma empresa pequena e iniciante como o Impossible não poderia se dar a tal luxo. Além das questões de financiamento, sua clientela não iria esperar para sempre. Quanto mais tempo demorasse, menor seria o número de câmeras Polaroid para usar o filme.

Em vez de esconder o trabalho bagunçado do desenvolvimento do filme, o Impossible o abraçou. Cada foto ruim, ineficaz e em sépia era uma marca do progresso. Os fãs encararam o desafio, e clicaram e clicaram, e enviaram seus comentários de volta à sede. "O fato de que era realmente um pouco mais difícil de usar quase se tornou um teste de sua habilidade", afirma Smolokowski.[20]

O Impossible Project contava com cerca de três mil Pioneiros iniciais.[21] À medida que a qualidade aumentou, o público se expandiu para incluir os fãs mais jovens em busca de novidade e nostalgia; acabou que *hipsters* amam câmeras instantâneas. Dentro de três anos, a pequena equipe de químicos do Impossible tinha usado o feedback dos fãs para criar um tipo inteiramente novo de filme instantâneo enquanto ainda ficava tão perto da experiência original quanto possível. As fotos eram mais nítidas e mais rápidas, com uma cor melhor. "Não eram mais fotografias da Polaroid", diz Smolokowski. "Eram fotografias do Impossible Project."[22]

Dr. Frankenroid

No dia em que Erik Smith visitou o cemitério de San Jose, ele estava fotografando com um filme da fase inicial do Impossible, uma operação imprevisível em virtude do clima ensolarado e da umidade. Mas a foto resultante é uma imagem melhor por causa disso, as imperfeições adicionadas à quietude assombrosa da cena.

Hoje em dia, Smith prefere atender pelo nome de "Dr. Frankenroid" quando on-line. O apelido nasceu no final dos anos 2000. Durante uma viagem para visitar seus avós, a avó de Smith havia pegado sua velha câmera Polaroid Impulse e tirou algumas fotos com seu último pacote remanescente de filme Polaroid.

"Eu tinha praticamente perdido tudo", ele se recorda. "Estávamos apenas comentando sobre isso, como foi terrível o que aconteceu com a economia. Algumas pessoas estavam arruinando tudo. As pessoas fugiam com todo o dinheiro; a Polaroid estava afundando. Era tão triste, porque era a câmera que eu usava para todas as minhas fotos. Minha infância e minhas memórias estavam lá. Como alguém ousa não apenas arruinar nossas vidas, mas arruinar também uma forma de arte?"[23]

Com o tempo livre nas mãos e um novo sentido de propósito, Smith enfrentou o desafio. "Eu ia, assim como o grande Dr. Frankenstein, costurar minha besta e combater essa coisa. Usá-la como uma ferramenta para informar as pessoas sobre o valor dessas câmeras, o valor da história da Polaroid."[24]

Ele começou a pesquisar e coletar os modelos antigos. Logo teve bastante para criar um museu virtual da Polaroid. Dentro de dois anos, ele tinha se tornado um perito autointitulado, um superfã para recorrer a quando alguém na comunidade precisava de informações sobre uma velha câmera Polaroid.

Nessa época, o Impossible Project começava a dar os primeiros passos, e como parte do seu programa de Pioneiros, criou um concurso. A primeira pessoa que conseguisse alcançar o "Impossible Status" seria convidada a visitar a fábrica de Enschede.[25] "Era a minha oportunidade", Smith relembra. "Eu tinha sido diminuído em minha vida. Tinha perdido minha carreira. Vou mostrar que sou uma pessoa que vale a pena. Vou ganhar esse concurso."[26]

As regras envolviam completar um número de atividades de fã, incluindo dar *upload* de fotos, recrutar outros fãs para comprar filme e visitar algumas das lojas físicas do Impossible Project. Smith estava quebrado, então começou a vender sua coleção de câmeras para financiar sua tentativa. Em março de 2011, tinha completado todas as tarefas, exceto uma: ainda precisava visitar a loja da Impossible em Tóquio. Com a maior parte de suas economias restantes, ele comprou sua passagem.

Poucos dias antes de sua partida, os noticiários de repente ficaram cheios de imagens de ondas enormes e pessoas fugindo, incêndios e edifícios esmagados no Japão. O terremoto da região de Tōhoku e o tsunami são hoje mais conhecidos por terem causado o colapso da usina nuclear de Fukushima Daiichi. As manchetes eram sombrias: mais de 15 mil mortos, 250 mil desabrigados. O Japão parecia o último lugar do mundo que alguém gostaria de ir.

Smith pressionou. Sua esposa comprou-lhe pílulas de iodeto de potássio para protegê-lo contra a radiação, e ele embarcou em um avião quase vazio para o Japão. "Aqui estou", ele se lembra, "o bobo da Polaroid no fundo do avião, fazendo desenhos e tentando se manter ocupado. Eu tenho dois bebês em casa e minha esposa, e aqui estou, me atirando nessa aventura, sem dinheiro."[27]

Uma foto do aeroporto após sua chegada ao Japão, a sala repleta de japoneses se dirigindo para o outro lado. Uma foto de seu motorista de táxi enquanto rumavam para a loja. Um retrato do confuso concierge no hotel onde ele parou no seu caminho de volta da loja, depois de completar sua tarefa. O concierge está sorrindo e segurando um folheto da loja em que se lê "Impossible".

Hoje, Smith e sua família vivem em Sierra Nevada Mountains, na Califórnia, em uma área com muitas fazendas, árvores e ar fresco. Smith está estudando arquitetura.

"Fotografia é sobre a captura de memória. É pessoal, mas então se torna essa coisa objetiva que você pode falar ou lembrar mais tarde. A memória é meio como isso, esse tipo de fantasma que vive em nossa mente. Não é tão clara como você consegue com a fotografia digital. É essa coisa desbotada e é difícil de entender, e você tem que olhar mais de perto. Há algo interessante nisso, eu acho."[28]

Smith não venceu o concurso dos Pioneiros — ele o perdeu por uma simples questão técnica. Mas acredita que o filme instantâneo Impossible o ajudou a passar por um período difícil. "Eu precisava de algo na minha vida", ele diz. "Eles me proporcionaram isso."[29]

O Futuro da Polaroid

Descontinuar a fabricação de filmes instantâneos não foi o bastante para salvar a Polaroid. Após uma série de mudanças de propriedade e má gestão, a empresa entrou em falência no final de 2008.[30] Quando finalmente se livrou dos tribunais, não era a mesma empresa de antes. A tecnologia de ponta e conhecimentos que fizeram dela um nome familiar não existiam mais. Após o fechamento das suas fábricas, os cientistas tinham encontrado novos empregos, e sua rede de distribuição tinha desmoronado. Tudo o que restava era a mística do nome e a boa vontade residual por parte dos fãs.

A nova Polaroid é, em grande parte, uma holding para os direitos de propriedade intelectual desenvolvidos ao longo de um período de oitenta anos.[31] A marca, o logotipo e a borda branca icônica são as maiores forças da empresa. Óculos de sol, camisetas, câmeras e serviços de impressão de fotos exibem o logotipo Polaroid.

O Impossible Project está ligado à organização Polaroid apenas no espírito e por mimetismo; não faz parte da organização, tampouco tem uma relação contratual oficial com a Polaroid. Mas a Polaroid tem sorte de ter o Impossible Project por perto, porque permite que a marca Polaroid continue a ser relevante para os novos consumidores. Permanecer ativo dentro da consciência pública é seu estratagema mais valioso.

"O espectro atrai as pessoas — o diamante, o nome Polaroid, a borda icônica. Não há dúvida de que isso ressoa na mente das pessoas. Acho que elas não conseguem acreditar que o reconhecem. Elas dizem: 'Oh, isso é uma Polaroid.' As pessoas sabem disso e são atraídas por isso", diz Dov Quint, que trabalhou longamente com produtos Polaroid.[32]

Câmeras Polaroid modernas são fabricadas por uma série de empresas menores que pagam à Polaroid pelo direito de usar o nome em seus produtos.[33] Chamar uma câmera de Polaroid dá-lhe um verniz histórico, uma ideia de que também faz parte de uma linha do tempo de fotografia clássica, mesmo que o relacionamento seja apenas monetário.

A Polaroid Pic-300 Instant Printcamera se tornou uma queridinha pré-adolescente. A Polaroid Socialmatic é uma câmera digital que imprime imagens em papel, em vez de usar filme instantâneo, o que significa que a sua relação com as câmeras Polaroid clássicas não é nem sequer tecnológica. Na verdade, poucos fãs se preocupam com ligação puramente contratual dessas câmeras com as Polaroids antigas. "Você tem jovens que nunca tiveram uma dessas, mas ouviram histórias de seus pais ou avós, e eles dizem: 'Oh, nossa, preciso de uma dessas. Isso é tão retrô e *vintage*'", diz Quint.[34]

Em 2011, três anos depois de a Polaroid ter declarado falência pela segunda vez, ela ainda se manteve na 82ª posição no CoreBrand Brand Power Rankings (um índice de classificação de marcas), acima da Samsung, da Verizon, da Marriott e do eBay.[35] A Polaroid de hoje tem uma das marcas mais poderosas do mundo, e seu nome é tudo o que precisa para ficar lá.

O fandom não salvou a Polaroid. O entusiasmo não pode substituir os fundamentos necessários para administrar uma empresa — experiência, conhecimento do produto e um sólido modelo de negócios. Se o núcleo de uma empresa foi interrompido, o entusiasmo dos fãs por si só não pode mantê-la viva. Mas se existe a possibilidade de sobreviver em uma nova forma, os fãs podem ajudar a descobrir o que será. "Já não é um produto de mercado de massa", explica Kaps pouco depois de começar o Impossible Project. "É algo que você tem para celebrar."[36]

Fandom É uma Atividade Comercial

No núcleo de quase todos os fandons está algo que pode ser trocado por dinheiro: um produto comercial. Pode ser um filme, um livro, uma interação, uma experiência, acesso a algo privilegiado ou um pacote de filme instantâneo, mas, no mais básico, objetos de fã são quase sempre projetos para gerar dinheiro. Costumeiramente, o proprietário do objeto de fã toma uma decisão para esconder ou obscurecer as implicações comerciais de suas próprias atividades, os sórdidos efeitos monetários que eles esperam alcançar com a boa vontade que gastam tanta energia gerando.

Em março de 2013, a Coca-Cola implantou as "Small World Machines": máquinas de vendas que permitiam aos usuários interagir com um colega que bebe refrigerante a centenas de quilômetros de distância — para shopping centers na Índia e no Paquistão.[37] A empresa afirmou que incentivaria a comunicação entre os dois vizinhos complicados. Participantes que "apertassem as mãos" através de uma tela interativa eram recompensados com uma Coca-Cola grátis. Paz mundial e boa vontade entre as nações à parte, todos nós entendemos que o departamento de marketing da empresa mediu o sucesso real da campanha em termos de aumento da consciência da marca, reconhecimento social e, eventualmente, unidades de Coca-Cola vendidas.[38]

Isso é verdade mesmo quando (talvez especialmente quando) o objeto de fã é um trabalho autêntico e confirmado de amor. Os criadores do Impossible Project amam — amam de verdade — o filme instantâneo. É óbvio em sua atenção aos detalhes, seu apoio à comunidade e o risco financeiro que eles estavam dispostos a assumir. Isso não diminui em nada a seriedade de sua missão admitir que, se o Impossible Project for bem-sucedido, eles também devem ganhar dinheiro.

O fandom engloba muitas definições, e escolher apenas aqueles que descrevem os aspectos comerciais sem alma tira a graça da diversão. Definitivamente, elimina a paixão pessoal, os benefícios muito reais que existem para os próprios fãs. No entanto, se abstrairmos a boa vontade e as recompensas intrínsecas, obteremos uma fórmula para o fandom que é essencialmente científica:

**FANDOM DE SUCESSO = MASSA CRÍTICA +
RESPOSTA EMOCIONAL + PLATAFORMA**

Um fandom bem-sucedido envolve um número de pessoas que têm o suficiente de uma resposta emocional positiva para um objeto de fã e acesso a uma plataforma de comunicação para expressá-la. Ou, explicando de outra forma: fandom é a saída natural de pessoas para encontrar um lugar para expressar umas às outras o quanto elas gostam de um objeto de fã.

Os fãs de filmes instantâneos podem participar de uma atividade comercial básica: comprar filme, tirar fotos e então comprar mais filmes. Porém, quando decidem que querem uma conexão mais pessoal com o objeto que amam, eles têm uma grande variedade de atividades de fã para escolher. Podem falar sobre suas fotografias em fóruns, como o photo.net. Podem fazer suas próprias experiências com novos filmes. Podem convencer seus amigos a experimentá-los também. Podem exibir suas coleções de câmeras *vintage* entre si.

Quando uma população decide que a interação original, pretendida com um objeto de fã, não é suficiente para explorar inteiramente as profundidades e a variedade de sua afeição, o fandom é criado.

Qual é o objetivo de todas essas atividades de fã? É tentador chamá-las de auxiliares para a atividade comercial primária, divertida, mas supérflua, uma diversão para todos aqueles loucos que tendem a se envolver demais com as coisas.[39] Mas atividades de fãs não são hobbies.

Criando um Contexto de Fã

A Polaroid é um objeto de fã de sucesso: existe um grande número de pessoas que se sentem apaixonadas por ela e que têm encontrado plataformas para mostrar essa paixão. Os fóruns, críticas, experiências, museus e mercados de revenda criados por fãs deram à marca uma segunda chance. Os fãs não a salvaram ao entrar na sede da Polaroid e oferecer seus serviços como gerentes de negócios. Eles criaram um novo contexto no qual a marca teve a possibilidade de continuar a existir.

Contexto é todo o resto de "coisas" extras que cercam um objeto de fã e o transforma em algo mais do que uma simples entidade comercial. Os rumores sobre ele. Os debates internos a respeito dele. Os posts de mídia social sobre ele. O conteúdo criado com e para ele. Os rituais e vocabulário especializados desenvolvidos em torno dele. As peregrinações feitas, e as conversas e documentação sobre cada uma delas depois. O contexto é a cola que mantém o fandom unido. Como seres humanos, todos nós temos apenas a capacidade de uma única pessoa para se engajar no comércio; nós somente precisamos de um certo número de camisetas, férias, mp3s ou refrigerantes. O contexto, porém, torna esses produtos comerciais relevantes, mesmo quando não estamos ativamente envolvidos no ato de fazer compras.[40] Mesmo que cada centavo da renda de um fã vá para a compra de produtos Polaroid, toda pessoa tem apenas uma quantidade limitada de dinheiro para se gastar, enquanto o valor de um contexto de fã de sucesso é imensurável.

Tirar uma foto de um cachorrinho só leva um instante. É agradável sentir a sensação física do "clique" quando o botão é pressionado, e é satisfatório ver a imagem final ficar pronta. Mas, exceção feita às poucas pessoas fisicamente presentes no momento da tomada da foto, ninguém mais jamais participará desse prazer (o cachorrinho não conta). Postar essa foto em um fórum Polaroid expande enormemente o seu alcance, contudo, ainda mais importante: cada postagem constitui uma tentação para os outros falarem sobre isso, para oferecerem sugestões e compartilhar suas próprias fotos de filhote bonitinho de cachorro. Para o fotógrafo, a satisfação decorre não somente da atenção recebida por uma experiência agradável que ele gostaria de repetir, mas também pelo prazer de inspirar outros a fazer o mesmo.[41]

Em certos casos, um contexto pode ser mais poderoso que o objeto de fã que ele circunda. Por exemplo: celebridades são pessoas?

Algumas seguramente são, mas muitas celebridades são apenas o que o historiador Daniel J. Boorstin chama de "pseudoacontecimentos humanos" que direcionam grande parte das próprias vidas com o objetivo de capturar a atenção e reprodução da mídia.[42] Seu verdadeiro poder não reside em habilidades, como canto, atletismo ou modelagem, pois, em uma população suficientemente grande, tais habilidades são relativamente comuns, mesmo em nível de especialistas. O poder da celebridade reside em seu contexto: história pessoal, talento, como elas fazem as pessoas se sentirem. A maioria das celebridades consiste em uma coleção complicada de rumores, dicas de moda, opiniões sociais e políticas, e acordos de licenciamento.

É realmente necessário ter um ser humano nadando em torno de todo esse contexto em algum lugar? Possivelmente não! O grafiteiro Banksy desenvolveu toda a sua carreira no anonimato. Ele pode ser um ser humano individual, mas bem poderia ser o produto de um coletivo de arte, de uma equipe ou de um comitê. Sabe-se que mais de uma dúzia de escritores foi responsável pela criação das obras de Carolyn Keene, a única autora creditada na série de romances de mistério da personagem Nancy Drew. E os criadores de *boy bands* há muito tempo aprenderam a definir o contexto em torno de seu grupo de música — o estilo de dança, marcas atreladas e as personalidades que seus artistas vão interpretar — muito antes de selecionar os próprios cantores.

A Corrida Armamentista do Marketing

No pós-morte da queda da Polaroid como fabricante (e sua ressurreição como uma marca licenciadora), a crítica recai sobre o fato de que a empresa nunca teve tempo para desenvolver um contexto sólido. "O problema da Polaroid era que eles continuavam a pensar em si mesmos como uma câmera, mas o processo da 'visão [de marca]' nos ensinou algo: a Polaroid não é uma câmera, é um lubrificante social", observou sir John Hegarty, um executivo de marketing da Bartle Bogle Hegarty, uma das agências de publicidade da Polaroid. [43] E enquanto a Polaroid se concentrava no único produto pelo qual era mais conhecida, um público cada vez mais sofisticado migrava para novos empreendimentos.

"Old Spice significa qualidade!", diz um narrador de um comercial televisivo de 1957 para a tradicional marca de cosméticos masculinos.[44] Um homem caucasiano bem-arrumado está diante da pia do banheiro, aplicando loção pós-barba no rosto, demonstrando estar muito feliz com isso. Em seguida, vemos uma foto do frasco da loção pós-barba diante de um fundo de ondas enquanto o narrador nos assegura: "Você vai gostar muito da fragrância picante da Old Spice!" As ondas tornam-se escuras quando ele pergunta: "O que todo esse luxo custa? Apenas 1 dólar! E nunca 1 dólar te trouxe tanto!" Vemos um zoom até o logotipo do frasco enquanto nosso narrador finaliza: "Acrescente pimenta na sua vida. Use loção pós-barba Old Spice."

Os dias desses anúncios diretos, propagandas que dizem "Temos um bom produto e você deveria comprá-lo", ficaram no passado. A campanha de 2010 *"Smell Like a Man, Man"* [Cheire como um homem, cara] da Old Spice foi iniciada com um anúncio de TV, lançado simultaneamente no canal oficial da Old Spice no YouTube, apresentando o ex-jogador de futebol americano Isaiah Mustafa sem camisa.[45] O comercial começa em um banheiro. "Olá, moças, olhem para o seu homem; agora de volta para mim, agora de volta para o seu homem, agora de volta para mim. Infelizmente, ele não sou eu." Mustafa subitamente está em um iate. "Você está em um barco com o homem que seu homem poderia ter o mesmo cheiro." Ele levanta a mão. Há uma ostra nela. "É uma ostra com dois ingressos para aquela coisa que você ama. Olhe novamente, os ingressos agora são diamantes." Ao final do comercial, ele está montado um cavalo branco em uma praia, segurando uma garrafa de sabonete corporal Old Spice. "Eu estou em um cavalo", ele ressalta. Ali está a logomarca.

Como uma campanha publicitária, *"Smell Like a Man, Man"* foi um tremendo sucesso. O primeiro comercial venceu o Grand Prix para comercial em vídeo no Festival de Publicidade de Cannes e no Melhor Comercial no prêmio televisivo Emmy, além de ter recebido mais de cinquenta milhões de visualizações no YouTube. E conseguiu modernizar uma marca que muitos associam aos avôs. Mas, como um crítico colocou, "E quanto ao ano *seguinte*?".[46]

Uma base de consumidores cada vez mais conectada e sofisticada exige publicidade tão envolvente, divertida, complexa e inteligente quanto eles. Sem isso, a atenção diminui. Cada vez que os anunciantes desenvolvem uma nova técnica, plataforma ou tática, os consumidores são rápidos em assimilá-la. Métodos menos invasivos, como publicidade em banner na web ou a presença em mídias sociais, são frequentemente ignorados. Outros sistemas invasivos, como anúncios em vídeo, podem ser omitidos, e anúncios na TV estão condenados ao esquecimento juntamente com os programas gravados. Somente as mensagens que verdadeiramente encantam e emocionam têm possibilidade de serem ouvidas acima do ruído, e, ainda assim, a mesma estratégia raramente funciona mais do que algumas poucas vezes.

O resultado é um tipo de corrida armamentista do marketing. Algumas mensagens comerciais misturam ironia e seriedade de tal forma que às vezes fica difícil dizer o que o anúncio é e como devemos reagir a ele. O que um vídeo de Will Ferrell andando lentamente através de um campo por trinta segundos quer de nós? É difícil de saber (resposta: era um comercial de cerveja). É certamente muito longe de "Old Spice cheira bem e é barato, então você deveria comprar". E mesmo que a mensagem seja perfeitamente elaborada para romper a armadura de ironia do público, é difícil identificar o melhor sistema de entrega. Os leitores de versões em papel de jornais e revistas continuam a diminuir e o afastamento do público das emissoras de radiodifusão para os serviços sob demanda transformou drasticamente os padrões de envolvimento.[47]

Claro que ninguém irá parar de comprar produtos para o banheiro… ou cerveja. Mas os consumidores mudaram a forma como decidem. A Geração Y e outros nativos digitais são muito mais propensos a procurar informações antes de fazer uma compra do que as gerações passadas.[48] Essas informações geralmente chegam por intermédio de sites de resenhas, menções de mídia social, amigos, artigos de notícias, rumores e o que "aquele cara naquela festa disse no outro dia". Trinta e quatro por cento dos membros da Geração Y preferem marcas que compartilham informações nas redes sociais, em oposição a apenas 16% dos seus colegas mais velhos que fazem o mesmo.[49] Em outras palavras, enquanto a eficácia da publicidade tradicional diminui, os consumidores olham para o contexto da marca antes de decidir qual produto irão aplicar em suas axilas.

Posicionamento de marca tradicional é um esforço de cima para baixo que é gerado, possuído e regulado pela própria equipe de marketing da marca. Ele pode ser cuidadosamente elaborado para transmitir a sutileza exata e *timing* necessário, e quando um anúncio julga mal seu público, ele pode ser retirado.

Contexto, pelo contrário, é gerado por qualquer pessoa com uma opinião e pode ser muito mais difícil de controlar. Seu alcance é mais amplo e mais consistente, porém, para o proprietário de um objeto de fã, não há maneira de orientar o contexto, exceto em um sentido muito genérico, como: "Vamos experimentar esta ideia e rezar para que as pessoas se relacionem com ela da maneira que queremos." Ainda assim, contexto pega um produto e anexa uma narrativa a ele, e, assim sendo, faz frequentemente o trabalho de anunciar com mais eficácia do que todo o esforço interno gerado de construção de marca.[50]

O fandom é uma construção de marca gerada *externamente*. Ele permite aos fãs canalizar seus impulsos naturais em direção à expressão própria e comunicação ao serviço de criar este contexto tão importante. De certa forma, o propósito do fandom é projetar um significado pessoal para o que, de outra forma, seria uma mercadoria comercial sem alma.

O Movimento Surge

Em 1996, a Polaroid lançou sua primeira câmera digital, a PDC-2000.[51] Tinha a forma de uma espécie de avião militar: retangular e achatada, com protuberâncias futuristas e lentes que saíam da frente e da parte de trás. A cerca de 2 mil dólares cada, suas características não eram únicas o suficiente para reverter a receita em baixa da corporação, que tinha atingido o pico cinco anos antes.

No mesmo ano, a Coca-Cola lançou a marca de refrigerante Surge nos Estados Unidos. Com sua lata verde-limão, coberta com explosões vermelhas e um logotipo em estilo graffiti, Surge veio como um competidor direto do refrigerante popular da PepsiCo, o Mountain Dew. O líquido era verde como grama, ácido e com gosto de limão. O conteúdo de açúcar excepcionalmente elevado levou ao slogan "Uma soda cítrica totalmente carregada... com carboidratos! Alimente a energia!"[52]

Numa era pré-energéticos, aquela foi a oportunidade perfeita por um estilo "extremo" de marketing (no meio dos anos 1990, quase tudo era *Extremo!*, desde salgadinhos de milho a técnicas de programação de computadores). Os anúncios do Surge mostravam carros de corrida, skates, manobras militares e outras atividades que consomem energia, atividades que iriam encontrar outra casa no mercado de bebidas energéticas com cafeína uma década mais tarde.

Para Sean Sheridan, Surge era o sabor do ensino médio. "Meus amigos e eu sempre enchíamos dois ou três carros e íamos em caravana para onde quer que fôssemos. Íamos pela mesma rota, todo o caminho em torno da cidade, pendurados para fora da janela, gritando uns com os outros. Parávamos em um dos postos de gasolina nas proximidades, enchíamos os tanques e pegávamos um Surge."[53]

Como muitos objetos de fã descobertos no período de crescimento, é fácil associar bebidas, como café, álcool ou refrigerante, com as histórias de amadurecimento, amizades do início da vida. Para Sheridan e muitos outros adolescente na época, Surge era parte de novos sentimentos inebriantes de independência, liberdade e aceitação. "Eu vejo isso como esticar seus limites, um tipo de cultura aventureira de parceria, amizade e lealdade aos amigos. Uma das coisas que você sempre teve quando tinha um grupo de amigos era uma lata ou uma garrafa, ou dois litros ou dez garrafas de dois litros de Surge", diz Sheridan.[54]

Os próprios anúncios radicais do Surge tiveram uma consequência não desejada: muitos grupos de pais e mestres logo se articularam para proibi-lo em escolas e outros locais para crianças. Relatórios de crianças chegando hiperativas e ligadas à classe eram ótimos para o marketing, mas terríveis para relações públicas. "Voltada para jovens em busca de emoção", alerta um artigo de 1997 da Associated Press sobre a bebida, "ela faz com que estudantes falem mais e se comportem mal".[55] A Coca--Cola protestou que o Surge, na verdade, tinha menos cafeína do que muitos outros refrigerantes no mercado, e estudos tinham provado que o açúcar não tinha relação com a hiperatividade. Ainda assim, o efeito placebo do produto era muito poderoso.

Em 2002, o Surge estava em declínio. Embora não houvesse anúncio oficial, os fãs logo notaram que o estoque havia desaparecido das prateleiras locais e das geladeiras de bebidas. O pânico se instaurou. "Eu coloquei todo o meu esforço em tentar mantê-lo, tornando-o tão rentável quanto possível, basicamente comprando-o em todos os lugares que eu ia, e avisando que era por isso que eu estava naquela loja", conta Sheridan.[56] Ele não estava sozinho — à medida que o estoque diminuiu, acumulação se tornou comum. E então o refrigerante Surge acabou.

A Coca-Cola lançou outras marcas, e Sheridan se voltou para a marca Dr Pepper e seu novo refrigerante, Vault, lançado em 2005 com um sabor similar, para preencher o vácuo. Mas ele não esqueceu seu primeiro amor por um refrigerante e, uma década depois, ele encontrou pesquisando on-line outros que sentiam o mesmo.

A página do Facebook "Surge Movement" foi fundada em 2011 por Evan Carr, um californiano de vinte e poucos anos.[57] O Vault tinha acabado de ser descontinuado e a época parecia madura para revisitar seu antecessor. O objetivo era simples: fazer a Coca-Cola trazer de volta o Surge. Quando Sheridan a descobriu, a página já havia recebido uma atenção significativa de seus fãs de cultura dos anos 1990. Logo Sheridan, junto com um terceiro fã, chamado Matt Winans, começou a servir como administrador da página.

Esta comunidade do Surge Movement parecia diferente de outras páginas que tinham o Surge como tema, bem como fóruns que salpicavam a internet. Sheridan se recorda: "Outras páginas não transmitiam a sensação de liderança.[58] Era algo do tipo 'Aqui está a minha página, dê uma olhada, quero que o Surge volte'. Não gerava um monte de engajamento de ida e volta. Um de nossos objetivos é manter a individualidade. Não pode ser algo do tipo 'Ei, somos os caras que gostam de Surge, nos empreste sua energia'; tem mais a ver com algo assim: 'Ei, é a sua luta também. Vamos todos trabalhar juntos e colaborar.' Nós vemos todas as pessoas que gostam de nossa página, nossa base, como membros, então a opinião delas é tão importante quanto a nossa. Se você se mostrar aberto para as individualidades das pessoas, elas vão adiante e além, farão coisas incríveis."

Um dos primeiros lugares em que sua abordagem teve um efeito tangível foi por meio do que só pode ser chamado de serviço de atendimento ao cliente gerado por fãs. Quando os fãs faziam perguntas sobre como se envolverem ou expressavam confusão sobre uma política, outros fãs acalmavam os ânimos antes que os administradores oficiais chegassem ao local. Quando alguém de fora tentava causar problemas com uma postagem dizendo aos membros da comunidade para ir fazer algo de útil, eram esses mesmos fãs que advertiam uns aos outros para não serem atraídos, com respostas como "Para de mimimi" e "Sai da página, se acha que isso é perda de tempo!".[59] Esses superfãs passaram bastante tempo na comunidade para saberem as respostas e também haviam internalizado o suficiente da identidade do grupo para representá-lo com precisão. O resultado foi que a mensagem da solidariedade de Surge se espalhou rápida e completamente.

Esses mesmos frequentadores regulares foram instrumentais para espalhar a Palavra para outros fóruns relacionados ao Surge e aos anos 1990, convencendo os fãs ali a se juntarem ao Surge Movement. Alguns criaram conteúdo possível de ser compartilhado: fotos de mãos segurando latas antigas de Surge, desenhos do logotipo, fantasias de Halloween com o tema Surge, recomendações de comida para harmonizar e, claro, imagens de gatos. Eles também mandavam sugestões. "Um dia havia alguém dizendo: 'Deveríamos fazer um outdoor dizendo: EI, COCA-COLA, TRAGA O SURGE DE VOLTA'", Sheridan se recorda. "E eu pensei: 'Isso até que é interessante', então deixamos pra lá. Depois, alguém, sem qualquer conhecimento prévio do primeiro comentário, falou: 'Ei, deveríamos fazer um outdoor', e depois de mais alguns desses, nós pensamos: 'Talvez nós devêssemos fazer isso mesmo.'"[60]

Com apenas treze mil membros na comunidade na época, a ideia do outdoor era ambiciosa, mas, no começo de 2013, uma campanha criada pela comunidade no site de financiamento coletivo Indiegogo estava em curso.[61] Os apoiadores vieram da página da comunidade. Fãs disseram para seus amigos. Um apoiador doou 500 dólares. Ao fim de janeiro, a campanha tinha juntados os 3.745 dólares necessários e, no mês seguinte, um novo outdoor estava na estrada da sede da Coca-Cola em Atlanta, no estado da Geórgia. Dizia: "Querida Coca-Cola, nós não podíamos comprar Surge, então em vez disso compramos esse outdoor."[62]

Outra sugestão de um fã culminou nos "Dias de Surge".[63] Os fãs sempre se sentiam encorajados a ligar para as linhas de atendimento ao consumidor da Coca-Cola para solicitar o retorno do Surge. Os esforços coordenados significavam que uma vez por mês, a cada mês, vinha um tsunami de pedidos. "Depois de um tempo que tínhamos começado a fazer isso, comecei a encontrar alguns representantes da Coca-Cola que diziam 'Oh, já é a última sexta-feira do mês?'."[64] Centenas de horas pessoais foram gastas implorando, encurralando e, ocasionalmente, ameaçando, embora este último fosse geralmente desencorajado.

"De vez em quando, recebíamos algum *troll* que falava: 'Vocês estão desperdiçando seu tempo com isso. Se colocassem todo esse esforço na paz mundial, todos estariam felizes.' Isso realmente vem para mim como uma desculpa para nunca fazer nada. Se não concentrar sua energia no que é importante para você, então não vai concentrar sua energia em nada", diz Sheridan.[65]

Em setembro de 2014, o Surge retornou.[66] De repente, estava disponível na Amazon, a lata verde brilhante, o sabor vagamente cítrico, a doçura borbulhante com cor de grama. O lançamento foi sutil, se baseando exclusivamente no boca a boca, em textos e mensagens privadas, com nenhum dos anúncios de TV e bravatas que tinham sido vistos em seu lançamento uma década e meia antes. Graças a um e-mail pessoal do presidente da Coca-Cola da América do Norte, Carr, como fundador da página do Facebook com 150 mil pessoas, o Surge Movement, foi o primeiro a saber.[67] Ele e seus dois líderes da comunidade foram convidados a assistir ao relançamento oficial na sede da Coca-Cola.

A comunidade ficou louca. "Tínhamos um monte de gente falando 'Não me provoque, isso não pode ser uma piada. Nós vamos atrás de vocês'", lembra Sheridan.[68] Capturas de tela mostrando cestas de compra da Amazon cheias de Surge inundaram a comunidade. O lote inicial rapidamente se esgotou. E, dentro de dias, havia fotos dos fãs de Surge no mundo orgulhosamente exibindo suas compras. Apesar da relativa escassez de refrigerantes, muitas fotos mostravam que os fãs abriam uma bebida na companhia de amigos, cônjuges, crianças e animais de estimação. Era o tipo de compartilhamento amigável e agradável do qual Sheridan se lembrava dos dias de ensino médio. Um artigo exultou: "Aqueles muito apegados à nostalgia terão o maior *throwback Thursday* (ou qualquer outro dia) de toda a sua vida."[69]

Revivendo o Passado

Tanto o Surge quanto a Polaroid se beneficiaram de memórias sonhadoras e fortes associações de ciclo de vida que impressionaram seus fãs no início de suas vidas. Não é segredo que os anos 1980 e 1990 são uma fonte rica de nostalgia para os adultos de hoje. Quando a geração pós-guerra nos Estados Unidos finalmente se acalmou para começar a se reproduzir no começo dos anos 1980, causou um aumento na população jovem. Essa geração totaliza uma enorme parte de 27% da população atual dos Estados Unidos.[70] Uma geração inquiridora, independente, no final de uma onda de prosperidade econômica, era um novo tipo demográfico. Para os comerciantes, era uma mina de ouro com uma série de oportunidades interessantes.

Por exemplo, os desenhos animados eram exibidos nas manhãs de sábado nos Estados Unidos, desde 1960, como uma forma de consolidar o tempo de visualização das crianças para os anunciantes, mas foi preciso a chegada desta nova geração para os marqueteiros perceberem todo o seu potencial. O resultado foi um nível sem paralelo de exposição ao produto, dividido em diferentes categorias: cereais matinais açucarados e outros alimentos para lanches, redes de fast-food e brinquedos para crianças. Muitíssimos brinquedos.

Em 1983, o assessor do então presidente Ronald Reagan, Mark Fowler, um defensor da desregulamentação e um forte crente na santidade das forças de mercado, foi nomeado presidente da Comissão Federal de Comunicações. A época de Fowler no escritório coincidiu com uma ascensão de programas de TV comercialmente orientados para crianças: *He-Man, My Little Pony, Comandos em Ação, Transformers, Ursinhos Gummi.*[71] Subitamente, muitos programas infantis tinham algum tipo de vínculo comercial. Em um documentário recente, os criadores do fenômeno *Tartarugas Ninja* lembram que eles foram incentivados a criar bonecos simultaneamente com o programa de TV para lhes dar uma exposição máxima. Não era exatamente um conluio — não havia nada de ilegal nessa estreita colaboração entre as produtoras de TV e os fabricantes de brinquedos, mas criou-se uma mensagem psicológica extremamente poderosa. Quando as crianças podiam assistir ao *Tartaruga Ninja* Donatello salvar Nova York em um episódio, e logo descobriam que Donatello precisava de sua ajuda para fazer isto novamente na forma de uma estatueta de plástico, a linha entre o programa de TV e a propaganda tinha ficado de fato borrada.[72]

Desenhos das manhãs de sábado não são mais a instituição cultural que foram no passado. O aumento da regulamentação, o aumento dos serviços de mídia sob demanda, as iniciativas contra a obesidade infantil e uma redução voluntária da indústria de marketing para crianças anunciaram a morte deles.[73] Entretanto, toda uma geração — a Geração X e os primeiros da Geração Y — cresceu em um intenso ambiente comercializado. As lembranças de infância de muitos contemporâneos de 20 a quarenta e poucos anos estão inusitadamente saturadas de brinquedos de brinde que vinham no McLanche Feliz e na caixa de Sucrilhos, e salvar o universo com figuras de ação de plástico.

Essas lembranças são tão legítimas quanto as de gerações anteriores, menos comercializadas — o núcleo orientado para o mercado no coração de todos os fandons não invalida o importante trabalho cultural que eles fazem. Mas cria um espaço próspero para a nostalgia e mídia retrô que não poderiam ter existido de outra forma. À medida que a geração que assistia aos desenhos nos sábados de manhã amadureceu para o princípio da meia-idade e começou a atingir o pico da sua capacidade de gastar, não é de admirar que a cultura convencional tenha ficado saturada com ecos do que antes eram "coisas para crianças". Um número de figurinhas carimbadas dos sábados de manhã reapareceu na forma de filme para pais nostálgicos e sua nova prole: *Scooby Doo, Alvin e os Esquilos, os Smurfs, Speed Racer, Jem e as Hologramas.* Outros são baseados diretamente em brinquedos da infância: *LEGO, Battleship: A Batalha dos Mares* (inspirado no jogo Batalha Naval), *G. I. Joe* (baseado nos Comandos em Ação) e *Transformers,* que tiveram nada menos que quatro novas versões. O desenho animado *My Little Pony* foi relançado com glória e sucesso; uma das suas bases de fãs mais vocais é de homens adultos (autoidentificados como "Bronies").

Naturalmente, a comercialização pesada não é o único fator que alimenta os fandoms baseados na nostalgia. A adolescência moderna se estende muito além do que a de um século atrás, quando a idade adulta poderia começar assim que a família precisasse de dinheiro. A mudança para a educação obrigatória até os 16 anos, e até os 18 anos, destinada a transformar os norte-americanos em trabalhadores industriosos e pontuais, teve o efeito secundário de encorajar um período mais longo de experimentação e autodescoberta antes que as exigências do mundo do trabalho começassem.

Hoje em dia, o aumento dos estudos universitários, aliado aos cursos de pós-graduação, ao trabalho temporário, viagens, ano sabático e outras atividades pré-carreira, aumentaram a rede de segurança. O resultado é uma geração mais lúdica, mais sociável, mais ousada e, sem dúvida, mais criativa do que nunca. É também uma população cujas responsabilidades familiares atrasadas lhes dão mais dinheiro para gastar em entretenimento e coisas que não são essenciais. Enquanto isso, o ciclo recente de recessão econômica e recuperação mantém recém-formados em casa mais tempo do que gerações anteriores. Voltar aos quartos e às rotinas de infância não pode deixar de ajudar a lançar jovens adultos de volta em suas relações e hábitos de infância.

A Internet Resolve Tudo, Mais ou Menos

Na ascensão das retomadas de marcas lideradas pelos fãs, a internet não é uma causa, mas um catalisador. A conectividade digital não pode criar entusiasmo a partir do nada, mas pode permitir que os fãs canalizem seu entusiasmo com muito mais facilidade, assim como também dá a essas atividades formas e consequências inesperadas.

O Surge ter voltado por causa da internet mudou a forma como grupos convergem e se coordenam. As redes digitais reduzem o custo de descoberta para os fãs que desejam aderir a um grupo: alguns cliques de um mouse podem informar qualquer pessoa, em qualquer lugar, sobre oportunidades de associação a qualquer momento, em vez de confiar no boca a boca ou campanhas de publicidade tradicionais.[74] Se os humanos têm uma urgência natural de se juntar a outros que compartilham interesses similares, a internet diminui a energia necessária para se tornar um membro.

Mas a internet também permite uma definição mais ampla do que ser um membro pode significar. Um membro do Surge Movement pode se sentir como parte do grupo que policia comentários, viajando para tirar fotos de outdoors e enviar conteúdo. Mas membros também podem simplesmente clicar no botão "curtir" no Facebook e se sentem bem sabendo que eles aumentaram o número de membros da página em um, trazendo-a a um ponto mais perto de um número que pode convencer a Coca-Cola a ressuscitar a marca. Essas opções de baixa fricção para aproveitar a energia dos fãs eram difíceis de encontrar no mundo pré-digital, especialmente quando localizar colegas entusiastas era bastante difícil.

A conectividade também remove a barreira da geografia. Apesar de trabalharem juntos há anos em um empreendimento compartilhado, os três administradores da comunidade do Surge nunca tinham se reunido pessoalmente antes de apertarem as mãos no evento de relançamento. Antes da internet, as comunidades muitas vezes foram forçadas a contrariar a difusão geográfica coordenando convenções de grande escala para reunir fãs ou organizando seções locais que pudessem apoiar o entusiasmo em cada cidade natal. De todo jeito, tais esforços exigiam uma hierarquia e uma liderança significativas, enquanto que um espaço virtual requer muito pouco de ambas.

Sem a necessidade de um corpo de governo forte e hierárquico para coordenar uma comunidade geograficamente dispersa, a internet também reduz o número mínimo de pessoas necessárias para tornar um grupo viável e autossustentável. Esse número pode ser tão alto quanto centenas ou tão baixo quanto dois, mas, no entanto, por maior que seja, é menos do que costumava ser. Quanto menos esforço é necessário para manter um grupo, menos pessoas são obrigadas a participar antes que as recompensas cresçam o suficiente para manter os fãs voltando por si sós.

Estigma e Nerdice

Poucos refrigerantes têm um estigma específico ligado a eles. Assim como o maior número de formas de fotografia. Mas esse não é o caso para muitos grupos de fãs — ser rotulado como um fã de romances, death metal, ou do desenho *My Little Pony: A amizade é mágica* pode ter uma conotação bem específica. Dependendo do seu grupo social, um fã de quadrinhos que ainda está no armário pode preferir não ser visto indo a uma loja de quadrinhos local. É certamente verdadeiro para grupos com uma reputação mais picante, como fãs de práticas sexuais incomuns ou fandoms que são considerados incomuns para o gênero ou a idade de uma pessoa. Enquanto os próprios fãs podem não sentir nenhuma vergonha pessoal sobre seu entusiasmo, eles ainda podem sentir pressão para escondê-lo do mundo.

O anonimato da internet tem tido um grande papel para fazer com que esses fandons se sintam seguros. Permite uma menor interseção entre a vida pessoal e profissional, o que significa mais liberdade para explorar e experimentar. Um colega do trabalho pode nos ver indo até uma loja de quadrinhos, mas vai precisar de muito mais esforço para descobrir minha visita regular no site Comixology.com. O anonimato também ajuda a desmantelar as categorizações fáceis que causam estigma em primeiro lugar; permite uma gama maior de membros, e quanto mais diversificada a adesão se torna, mais difícil é colocar rótulos em cada membro. Mas além de fornecer um refúgio seguro contra o estigma, a internet tem outro efeito, de alcance muito mais amplo da aceitação do tradicional fandom.

O nerd do computador dos anos 1980 nos Estados Unidos era um tipo comum na cultura pop. Ele — já que era quase sempre um homem jovem — era uma figura estranha com calça xadrez puxada até o peito, camisa de colarinho branco, gravata-borboleta e um protetor de bolso para evitar que suas muitas canetas vazassem. Às vezes, havia suspensórios. O cabelo era ensebado e repartido no meio, o rosto era cheio de espinhas e ornado com grandes óculos grossos, e sua voz, esganiçada e gaguejante. Muitos dos seriados anteriores à internet tinham uma figura emblemática de um "nerd", de Screech de *Galera do barulho* até Steve Urkel, de *Family Matters*. Eles gostavam de quadrinhos (eca!) e videogames (argh!). Filmes chegaram a ser feitos em cima dessa premissa — a comédia de 1984 *A vingança dos nerds* é o conto reconfortante de um grupo infeliz de perdedores que tentam entender a vida social da faculdade e procuram fazer sexo.

O personagem nerd era realmente um estereótipo de jovens de vinte e poucos anos de idade, remanescente de uma época em que ser um técnico era frequentemente sinônimo de ser um professor ou trabalhar para um laboratório de ciência financiado pelo governo. No início dos anos 1990, muitas empresas haviam criado um departamento técnico para manter seus novos computadores em funcionamento, mas o status social de seus técnicos era muitas vezes mais próximo de um zelador glorificado: técnicos integravam uma equipe de suporte. Toda empresa precisava de alguns deles, mas, com exceção de algumas poucas indústrias especializadas, como engenharia aeroespacial, eles certamente não eram centrais para a missão de uma empresa. O departamento técnico frequentemente ficava no porão, em uma salinha ou um velho e desativado abrigo antibomba nas entranhas da sede, cheirando a fios derretidos e batatas fritas rançosas. Muito poucas crianças da escola primária passavam as férias fingindo ser programadores.

Então, com a adoção da internet pelo grande público no final dos anos 1990, centenas de milhares de trabalhos técnicos excitantes e altamente remunerados inundaram o mercado. Eram empregos centrais para as empresas que representavam, firmas que haviam sido fundadas por programadores, cujas primeiras contratações e posições mais importantes ainda eram mais programadores e técnicos. Em geral, novas empresas cujos empregos eram relativamente de alto risco. Há sites e mais sites, como o Fuckedcompany.com, para manter um registro de empresas startups que surgiram e se foram.

Empregos de alto risco são perfeitos para os trabalhadores mais jovens que não têm medo de ocupar uma posição que pode sumir amanhã. A idade média do estereótipo do nerd de computador despencou mais rapidamente do que suas opções de ações crescentes, que também mudaram. Ele — ainda era considerado como um ele — certamente não era um acadêmico. Provavelmente abandonou a faculdade para ganhar seu primeiro milhão. Mas tinha cultura, se vestia bem e tinha um corte de cabelos picotado. Uma associação precoce com centros de tecnologia em San Francisco e Seattle significava que ele também era provavelmente politicamente liberal e urbano, com a dose saudável de autoestima decorrente do sucesso precoce. Ele provavelmente gosta de escalar montanhas ou de andar de skate em seu tempo livre.

Com a ascensão da internet e a explosão das tecnologias relacionadas, ser um nerd de tecnologia de repente se tornou uma posição confortavelmente de classe média alta, sinônimo de empregos altamente remunerados de colarinho branco.[75] Trabalhar com tecnologia tornou-se uma carreira muito desejável para si próprio ou para um parceiro em potencial.

Não é surpreendente que muitos dos passatempos tradicionalmente associados à condição de nerd experimentaram um aumento repentino de respeitabilidade. Isso decorreu em parte dessa população em particular, que tinha conquistado sucesso financeiro recentemente e sua capacidade de gastá-lo em seus hobbies, mas principalmente refletiu uma nova normalização do status social do nerd. Nerds foram de zeladores a astros do rock; ser um nerd de tecnologia agora era socialmente aceito, assim como os seus fandoms tradicionais como videogames, quadrinhos e ficção científica.

É interessante notar que fandoms tradicionais nerds que *não* eram geralmente associados com esse grupo demográfico em particular experimentaram pouca melhora de status. Fandoms como de animações japonesas, que tende a ter um público mais jovem, e a criação de textos de fãs (os chamados fanfics), que atrai principalmente escritoras, beneficiaram-se da internet, que diminuiu a barreira à entrada nesses meios, e eles viram um aumento na adesão durante este mesmo período, mas não registraram grandes mudanças em sua aceitação social. Admitir escrever uma fanfic baseada em séries como *Supernatural* ou *Doctor Who* ainda pode causar risadas em boa parte da sociedade. É uma reação que se tornou muito mais difícil de obter caso você admita que passou a noite passada assistindo ao último filme dos Vingadores.

O entusiasmo dos fãs fez da Polaroid uma marca popular, mas agora que a Polaroid não é mais relevante como fabricante, a empresa ganhou nova vida graças à nostalgia de uma geração rica, de bem com a vida e socialmente conectada. O Surge também se beneficiou desse fenômeno. Recebeu o impacto da nostalgia da infância, um aumento na agência econômica, conectividade melhorada e anonimato, e a ascensão da cultura nerd — o grupo com o qual os refrigerantes "energéticos" ultra-açucarados têm sido historicamente mais estreitamente associados.

Em setembro de 2015, a Coca-Cola anunciou que o Surge estava mais uma vez de volta às lojas. Prateleiras ao redor do país estavam lotadas com as latas verdes. Uma engarrafadora em St. Cloud, Minnesota, reportou que tinha esgotado o estoque do ano inteiro em duas semanas. Seu diretor de vendas se desculpou. "Eu sou o cara que deve ser culpado por ter deixado esgotar", ele disse em uma entrevista. "Eu fiz a previsão. Imaginei que quatro mil caixas nos levariam até o resto do ano. Eu não percebi o tamanho ou o escopo da base de fãs do Surge."[76]

CAPÍTULO 3

DA CONVENÇÃO AO CONVENCIONAL

"Temos um Lugar para Você Aqui"[1]

Naquele primeiro dia, eu estava muito tímida.[2] Eu tinha uma bolsa de moedas no meu corpete e cantava minha canção. "Maçãs, maçãs frescas, venham comprar uma comigo! Experimentem minhas frutas suculentas e frias colhidas de minha própria árvore! Maçãs!" E um homem se aproximou de mim, mas eu não olhava para ele. Lembre-se de que eu era tímida. E ele me deu uma moeda. Eu a vi. Peguei a moeda, coloquei-a na bolsinha e a guardei de volta em meu decote, peguei uma maçã, dei-lhe sem olhar para ele e o ouvi dizer: "Eu não quero uma maçã." E então eu encarei. "O quê?" Ele disse: "Não, só quero ver você juntar uns trocados." Eu coloquei a maçã de volta, e depois daquilo eu olhava para todos nos olhos. Isso meio que me despertou para que eu me divertisse.

Judy Kory, sobre interpretar a esposa do Lorde Prefeito no documentário *Faire, An American Renaissance*

No verão de 1963, os moradores do bairro Hollywood Hills, em Los Angeles, muitas vezes podiam ser vistos com frequência nas colinas circundantes, pregando tábuas de madeira e costurando peças coloridas de tecido. Vans de acampamento estilo hippie pontilhavam a paisagem. Um vasto canteiro de obras estava emergindo no rancho de Oliver Haskell, a algumas milhas ao norte da cidade, aparentemente todo ocupado por boêmios coloridos.

Esses jovens talentosos normalmente estariam trabalhando duro na indústria cinematográfica vizinha, mas o país ainda estava cambaleando do medo da Ameaça Comunista dos anos 1950. Os políticos conservadores haviam aproveitado ao máximo a histeria da era da Guerra Fria, a respeito do comunismo, e a inscrição em uma lista negra dos nomes de suspeitos simpatizantes tinha abruptamente terminado ou comprometido as carreiras de parte considerável da indústria cinematográfica. De repente, era o início dos anos 1960 e um enorme grupo de atores, fabricantes de cenários, figurinistas e outros criativos se encontrava desempregado em Los Angeles.

Muitos deles não viram nenhuma razão para não emprestar seus talentos a um novo e animado projeto dirigido pela professora local de teatro para crianças, Phyllis Patterson.[3] Patterson era conhecida por um currículo incomum, baseado em improvisação de grupo, comédia pastelão e peças de cenário móvel.[4] A vizinhança de Laurel Canyon, uma comunidade de pensões de West Hollywood, havia sido atingida pela última rodada de demissões anticomunistas, e como as oficinas de seus filhos se tornaram mais populares, a ideia de usar sua aula para fazer uma declaração política começou a tomar forma.

Na primavera, Patterson tinha desenvolvido o conceito de "Feira Medieval" usando os adereços e habilidades que seus alunos desenvolveram em sala de aula. Ela e seu marido procuraram a estação de rádio radical local, a KPFK, para levantar fundos.[5] Os advogados da estação fizeram uma ponderação crítica: o período medieval não era conhecido pela defesa dos direitos humanos. Assim, o conceito foi imediatamente alterado para um festival da Renascença, para refletir um "renascimento" dos valores liberais.

Um chamado partiu pelas ondas de rádio da KPFK. Quinhentos voluntários foram recrutados das vizinhanças, os pais dos alunos de Patterson e seus colegas sem trabalho, para criar sessenta tendas e centenas de trajes. Artesãos da comunidade de artistas locais foram mobilizados para vender a sua cerâmica e cobertores feitos a mão. Centenas de cartazes de estilo psicodélico foram impressos. "Traga o seu jeito alegre e profundo à feira de entretenimento e mercado renascentista!"

Malabaristas! Dançarinas do ventre! Consortes! Cavaleiros! Bobos! Rainha Elizabeth! No seu primeiro fim de semana, três mil pessoas visitaram a feira. No seu segundo ano, ela havia dobrado de tamanho. Um espaço maior foi encontrado. A KPFK mudou o slogan não oficial para "Uma Renascença no Rádio" e, em breve, outras cidades em todo o país estavam criando seus próprios eventos.

A feira da Renascença é um fenômeno exclusivamente americano, que tem pouco em comum com sua inspiração europeia do século XV.[6] Os torneios de justa, vendedores de artesanato, música de harpa e alaúde e localização em bosques poderia evocar um dia de festa da aldeia em uma Inglaterra antiga e idílica, mas as semelhanças acabam aí. A linguagem é totalmente americana, embora, às vezes, com um sotaque dos Beatles. O fraseio é uma espécie de inglês no estilo do rei Jaime, falso e preenchido com *thous* [vós] e *prithees* [vossa mercê]. Animadores e improvisadores errantes, em vez de trajes historicamente fidedignos, vestem "fantasias" que têm mais a ver com características sensuais ou simbólicas daquilo que pretendem retratar do que com aquilo que as pessoas da era renascentista efetivamente usaram em público. Vale lembrar que as coxas de peru defumado que se tornaram sinônimo de meio século de feiras da Renascença nunca foram consumidas na Europa daquele tempo, pois são de um pássaro oriundo do Novo Mundo.[7]

O objetivo das primeiras feiras da Renascença não era a exata recriação histórica, já que os Patterson começaram a expandir o conceito muito além de suas raízes politicamente inspiradas. Mesmo porque o público a quem os festivais mais tinham apelo não era de acadêmicos. Era de rebeldes.

Seria ir longe demais afirmar que as feiras da Renascença inventaram os anos 1960, mas elas certamente deram um impulso gigantesco ao que esses anos significaram. Para as comunidades alternativas locais, a feira ofereceu a oportunidade de se afastar momentaneamente de um mundo que as fazia se sentirem indesejadas. Dentro daqueles limites, poderiam se misturar com outras como elas, trajes libertadores e divertidos, e provar novas formas de experimentação sexual, realização profissional e drogas. As cores brilhantes e música alta, dançarinos sexy e as subsequentes festas alucinadas representaram um refúgio para a contracultura. Do lado de fora, cabelos longos e barba poderiam significar desconfiança ou até mesmo prisão. Do lado de dentro, eles poderiam fazer alguém ser Robin Hood.

Foi na feira que os homens hippies tentaram primeiramente usar leggings apertadas de veludo e camisas soltas com remendos brilhantemente coloridos. Logo artistas como Jimi Hendrix estavam vestindo casacas de brocado de ouro e seda vermelha, faixas e arcos. Para as moças, as versões das roupas da feira da Renascença com frequência permitiam que andassem sem sutiã, expressassem sua sexualidade e experimentassem um nível sem precedentes de liberdade física.[8] Os corseletes e o tecido flutuante da vestimenta da Renascença também acomodavam uma gama muito maior de tipos de corpo do que era encontrado nas páginas das revistas *Vogue* dos anos 1960. Como Jenna Dawn colocou em uma entrevista com a cronista da feira, Rachel Lee Rubin: "Foi uma experiência inebriante: a primeira vez que eu recebi qualquer atenção dos homens!... Foi um grande despertar. Ajudou a me salvar."[9] Um artigo de 1996 na revista *Spin* (pela autora popular Elizabeth Gilbert) coloca ainda mais sucintamente. Uma patrona explica: "Sou gorda. Tenho muitos problemas com a autoestima na vida.

Mas, quando coloco esse traje, eu sou linda."[10] Nos primeiros anos, a nudez não era incomum.

A sexualidade nas primeiras feiras em geral parecia muito mais livre e fácil.[11] Trajes e outros ornamentos inocentes permitiram formas de experimentação que eram tabus de outra situação. Em uma década em que a homossexualidade ainda era um delito punível, muitas primeiras experiências homossexuais ocorreram na feira sob o disfarce seguro de retratar um personagem. Uma forte comunidade sadomasoquista ascendeu, usando as punições corporais de brincadeira da feira e os muitos vendedores de couro.

Profissionalmente, a feira fortalecia carreiras.[12] Os papéis para os atores sem trabalho eram apenas o começo. Os mágicos famosos Penn e Teller fizeram o primeiro show juntos no Festival de Renascença de Minnesota.[13] Os Flying Karamazov Brothers começaram na Feira de Renascença do norte da Califórnia, chegando até a Broadway.[14] Muitos ex-alunos atuais do circo Big Apple, Cirque du Soleil e outros membros do *vaudeville* moderno têm suas raízes em feiras da Renascença.

À medida que a feira cresceu, se expandiu para novos locais e evoluiu, fomentando uma comunidade de artistas com um pensamento semelhante. Se eles estavam vendendo cerâmica, sandálias ou bugigangas de madeira, aqueles artesãos reviveram um movimento decrescente de artesanato americano. O clássico jornal de contracultura *Los Angeles Free Press* [Imprensa Livre de Los Angeles] começou como *Faire Free Press* [Imprensa Livre da Feira], quando o fundador, Art Kunkin, vestiu suas duas filhas com fantasias e entrou no recinto de feiras armado com sua primeira impressão.[15] Notícias da feira do lado de fora ("Shakespeare preso por obscenidade") foram somadas às do mundo real na forma de artigos sobre cineastas alternativos e grupos radicais no interior.

Como os fãs lembram aqueles primeiros dias, eles sugerem temas de autodescoberta e alívio — e de pertencimento, às vezes pela primeira vez na vida. "Para nós, chega domingo à noite, e percebemos que vamos ter que sair da aldeia novamente e ir para o mundo exterior para poder ganhar o dinheiro para voltar para a aldeia", lembra o frequentador de feiras Sean Laughlin, em um documentário recente a respeito do começo da vida nas feiras.[16]

Para muitos, a feira oferecia uma espécie de família, unida pela rejeição do mundo fora das gaiolas. Os membros abandonaram seus empregos e começaram novas vidas lá dentro, casaram-se com colegas trabalhadores e tiveram bebês que se tornaram trabalhadores da feira. William Barrett, da trupe de performance Cock and Feathers, se recorda: "Você podia ser algo que não era possível, que você estava com medo de ser lá fora."[17]

O cineasta Doug Jacobson, que tem documentado a feira por anos, observa: "O lema da Feira da Renascença era: você é desajustado; você é um pária; você é esquisito. Você foi descartado pela sociedade. Nós aceitamos você. Temos um lugar para você aqui."[18]

Fandom como Utopia

Os acadêmicos são conhecidos pelo fato de reavaliarem periodicamente suas interpretações de fenômenos sociais. É o que os mantém empregados. Desde a década de 1950, novas interpretações do que o fenômeno do fandom significa surgiram a cada década, inflamando novas ondas de interesse em estudos de fãs, e como os fãs devem ser tratados e apoiados como resultado.

Desde o começo, os estudiosos do fandom dividiram o estudo da cultura de fã em três fases históricas, baseadas no pensamento do período e os comportamentos observados de fandoms na época. Chamam de interpretações de primeira, segunda e terceira ondas.[19] Ou, para dar a elas nossos próprios nomes, vamos chamá-las de "fandom como utopia", "fandom como recriação da sociedade" e "fandom como identidade".

"Fandom como utopia", uma das primeiras tentativas de compreender comportamentos de fãs, é a tendência de atribuir motivações idealistas a um grupo de fãs e seus membros, para retratar o fandom como um lugar onde os membros marginalizados da sociedade podem vivenciar amor e amizade longe de quem os recriminaria.[20] É um mantra comum: esse grupo de fãs é diferente dos outros. Criam um espaço seguro, onde nos tratamos melhor. Os membros desse grupo são mais gentis, mais agradáveis, mais tolerantes, mais interessantes, mais inteligentes, mais criativos do que os do mundo exterior. Os membros desse grupo de fãs podem ter sido mal entendidos pela sociedade dominante, mas aqui nós construímos uma muito melhor.

Em 1973, mais de seis mil pessoas se reuniram no hotel Commodore, em Nova York, para a Star Trek Lives!, uma das primeiras convenções de fãs para o programa de TV.[21] Durante uma entrevista, uma mulher explicou a filosofia do seu grupo: "Tentamos medir o nosso comportamento de acordo com os ideais vulcanos de tolerância.[22] A ideia de que podemos coexistir uns com os outros, não apenas passivamente, mas que as interações de pessoas que vivem de forma diferente podem produzir algo maior do que os dois poderiam ter produzido por si mesmos."

Os fãs de ficção científica mais ampla apontam frequentemente para o otimismo e esperança do gênero sobre o que o futuro poderia ser... Se apenas o resto do mundo os ouvisse. É um conceito aplicável a qualquer variedade de subculturas.[23] Fãs da cantora pop Lady Gaga são encorajados a se verem como defensores dos direitos civis, assim como os fãs da marca de roupas de ioga Lululemon têm uma ampla gama de crenças que incluem a positividade, o equilíbrio entre trabalho e vida, a amizade, a simplicidade, as crianças e também o ioga.

Pensando Diferente

Quando a Apple, a empresa multinacional de tecnologia, lançou o tocador de mídia portátil iPod, em 2001, seus fones de ouvido brancos rapidamente se tornaram um símbolo distintivo de um grupo seleto. Como um blogueiro colocou na época: "Quando você começar a notá-los, percebe que eles estão em toda parte, usados como emblemas de orgulho.[24] Donos de iPods dão uns aos outros olhares de reconhecimento no ônibus ou na fila do correio: 'Ah, outro convertido.'" O branco característico dos fones de ouvido da Apple funcionava como um aperto de mãos secreto, um marcador visual que dizia: "Somos parecidos. O mundo exterior pode não nos entender, mas somos ambos especiais e diferentes."

"Pense" era o lema oficial da IBM há quase um século, quando, em 1997, a Apple encarregou seu novo CEO, Steve Jobs, de mudar a direção da empresa, que estava falindo. O resultado é a agora lendária campanha de marketing chamada "Pense diferente".[25] Foi uma maneira de colocar a Apple em oposição direta às principais empresas de informática.

Em vez de destacar a superioridade tecnológica da marca, "Pense diferente" destacava sua superioridade idealística. Em anúncios impressos, em outdoors e em propagandas de TV, a peça central era um conjunto de fotografias simples em preto e branco de heróis progressistas, como Albert Einstein, Jim Henson, Mahatma Gandhi, Martin Luther King Jr. e Jackie Robinson.[26] Para deixar de parecer como se estivessem explorando as pessoas em destaque, doações de equipamentos e dinheiro foram dadas à caridade de cada participante de escolha. Em um anúncio, as imagens aparecem enquanto um narrador diz: "Os desajustados. Os rebeldes. Os perturbadores."[27] Essas são as pessoas que "vêm as coisas de forma diferente", continua o anúncio. Que não podem ser ignorados, "porque eles mudam as coisas. Eles empurram a raça humana para frente".

A campanha "Pense diferente" é creditada por dar um novo impulso para a Apple, assim como muitos usuários principais estavam contemplando uma mudança para sistemas baseados no Windows ou Linux. Mas a campanha fez mais do que isto — estabeleceu o conceito de que os usuários da Apple eram melhores que os outros usuários de computador. Mais criativos. Mais inteligentes. Uma minoria incompreendida cujo incrível gênio logo seria apreciado pelo mundo. E, mais importante ainda, era possível se autosselecionar para essa aristocracia brilhante com uma compra.

Muito tempo depois do fim da campanha, *nossos usuários são especiais* ainda permanece como um tema importante para a Apple.

Os teóricos utópicos têm um argumento. Um sentimento de refúgio do mundo exterior é parte integrante de muitos fandoms. Quanto mais alternativo for o objeto do fã, mais difícil pode ser de ser aceito longe dos fãs, e é mais necessária a segurança de um grupo com ideias semelhantes.

Rennies (como os fãs das feiras com frequência se referem a si mesmos) certamente sentiram sua cota de estigma e reação em relação à cultura tradicional. Tão cedo quanto 1967, Phyllis Patterson enfrentou grandes desafios políticos.[28] Seus vizinhos tradicionais tinham começado a protestar contra a feira como um antro de consumo de drogas e promiscuidade. Autoridades locais anunciaram que iam registrar as impressões digitais obrigatórias para todos os artesãos da feira. Uma recém-criada "licença de uso especial", para o espaço da feira foi revogada por um grupo de pastores fundamentalistas locais. Discursos apaixonados imploraram à Câmara de Comércio local para proteger os cidadãos cumpridores da lei contra os "esquisitos" e "indesejáveis" que certamente ameaçariam casas e propriedades. As taxas de detenção dos participantes foram tão altas que até os juízes locais expressaram preocupação. Helicópteros policiais sobrevoando a feira tornaram-se tão comuns que os atores aprenderam a improvisá-los em seus roteiros apontando e gritando: "Dragão!"[29]

Embora Rennies pudessem alegar que o desprezo e a condenação eram um julgamento contra seu idealismo e tendências contraculturais, provavelmente se reduziu a algo muito mais simples: a sua classe social.

Fandons Sofisticados para Fãs Elegantes

O gosto da classe alta é frequentemente um eufemismo para os gostos que transmitem acesso ao dinheiro ou ao capital social.[30] Os filmes franceses de vanguarda têm mais sofisticação do que as comédias para chapados, porque exigem uma educação cara, ou pelo menos o tempo de lazer para se educar no tema, para apreciar o que está acontecendo. A referência sutil a um mês passado em uma vila toscana tem mais classe do que uma menção de um fim de semana na Disney. Comida cantonesa naquela pequena preciosidade escondida em Hong Kong, onde você precisa usar smoking para poder se sentar. Eles realmente não aceitam estrangeiros, mas o meu assistente consegue incluí-lo na lista... tem mais classe do que comida chinesa para viagem que foi comprada na praça de alimentação local, mesmo que — e isso é importante — a versão da praça de alimentação seja mais gostosa.

Estigmas contra um objeto de fã frequentemente têm menos a ver com o valor do objeto em si, e tudo a ver com o status social percebido de seus fãs. Quanto mais os fãs forem da classe trabalhadora, menos valor a sociedade de fora atribui ao objeto de fã.

Do ponto de vista estritamente comercial, o duo de música de horrorcore Insane Clown Posse pode trazer mais receita do que o famoso conjunto de cordas do quarteto Takács, mas o primeiro recebe significativamente menos credibilidade cultural.[31] Ter sucesso como lutador profissional com a WWE requer habilidade e treinamento, assim como se tornar um ator shakespeariano, mas apenas um deles seria provavelmente bem-vindo em um coquetel da alta sociedade, exceto, talvez, como uma novidade.

Em uma visão de mundo do fandom como uma utopia, abraçar a cultura popular barata é escandaloso, mas fortalecedor.[32] Uma vez excluídos da cultura formal[33] por falta de capital social, cultural ou financeiro, esses marginais oprimidos captam o valor da única saída que lhes resta.[34] Isso é fandom como uma forma de rebelião,[35] fãs que dizem: "A sociedade diz que eu não sou digno de assistir a sua ópera elegante, mas posso ter a mesma diversão ao ver o clássico de ficção científica transgênero *Rocky Horror Picture Show* na sala de cinema local. Posso criar minha própria utopia aqui, usando as ferramentas para as quais vocês não ligam."[36]

Quão precisa é esta visão de mundo? É difícil dizer. Certamente questões de classe desse tipo estão bem em evidência nas feiras da Renascença. Até hoje, é ainda comum que nas feiras equipes compostas por trabalhadores itinerantes e artistas sigam o ciclo sazonal de norte a sul e vice-versa. Como empregados modernos de parques de diversões itinerantes, há poucos recursos financeiros; alguns sequer têm uma residência permanente para a baixa temporada. Muitos são trabalhadores não assalariados sem uma segurança econômica, o que significa que as cores tribais da classe alta — uma educação sofisticada, símbolos físicos de status e manutenção em longo prazo de saúde e estética — podem estar fora do alcance.

Em um exemplo revelador, durante a Feira da Renascença de Nova York, fãs mulheres acima do peso às vezes eram chamadas de "Sloats".[37] Não é apenas uma brincadeira para ridicularizar seus trajes escassos e espartilhos transbordantes; é também uma astuta cutucada à aldeia local de Sloatsburg. Como um pequeno assentamento de classe média, construído à sombra da rica comunidade fechada de Tuxedo Park, Sloatsburg é um alvo primordial para o mal-estar baseado em classe.

Sair da sociedade convencional tem um preço. Steven Gillian coloca no documentário *Faire: An American Renaissance*: "[Você] sai da faculdade, corta as solas de seus sapatos e se junta ao circo. E você só faria isso por seis meses, e eis que agora você se encontra [trabalhando] na equipe de bebidas. Você está entregando gelo. Você tem 67 anos de idade. Não tem seguro-saúde. Mas, então, também seja um caso de 'que diabos, estou me divertindo e não ligo'."[38] Claro que "que diabos" pode ser uma filosofia razoável quando o resto do mundo já rotulou sua subcultura, como um crítico define: "Pessoas de meia-idade gordas em roupas estranhas agindo de forma estranha."[39]

Fandom como Recriação da Sociedade

No fim dos anos 1970 e nos 1980, as feiras da Renascença começaram a contemplar maneiras de ampliar seu apelo. Nessa época, centenas de festivais haviam brotado em todo o país, desde shows de um fim de semana em feiras locais até gigantes, com muitas tendas em terras demarcadas e estruturas permanentes. Mas, apesar de sua onipresença, muitas feiras privadas estavam lutando com dificuldades financeiras. Cada vez mais começaram a se consolidar sob a propriedade das empresas, e holdings logo operavam várias feiras em todo o país. Adicione à mistura uma população de festival envelhecendo e um influxo de drogas mais fortes; o momento pareceu oportuno para a padronização e a comercialização.

Arregimentadas, estruturadas, seguradas e rentáveis, as feiras recém-reformuladas rapidamente se expandiram para um público mais amplo. Embora muitos ainda usassem artesãos locais, algumas operações se abriram a um fluxo de produtos chineses baratos.[41] Alguns vendedores de longa data foram expulsos, substituídos por barracas vendendo tubos de plástico ao estilo de Las Vegas e camisetas impressas com anúncios de vodca com tema medieval. Patrocínios corporativos de empresas como PepsiCo e Delta Airlines se tornaram comuns. Descontos para a família e fins de semana temáticos atraíram uma clientela mais convencional, consciente de orçamento, que não tinha interesse em pagar valores maiores para objetos únicos.[42] Como o ator Billy Scudder colocou: "A cena das feiras era de amor; agora é um negócio."[43]

A rede de voluntários de espírito livre tinha tornado as primeiras feiras tão bem-sucedidas, assim como a política que concedia acesso livre para atores, músicos e artistas, contanto que estivessem dispostos a contribuir com o seu tempo. Jacobson diz: "Essas pessoas começaram a falar: 'Bem, ei, sabe, eu faço isso por pouco ou nenhum dinheiro, apenas para ser parte disso, e agora vocês estão dizendo que eu não tenho mais valor.' Se você cria algo que faz parte da identidade de alguém, então, quando se torna mais popular e outras pessoas começam a aparecer, que não são autênticas e não se preocupam com todo o doutrinamento passado, essas pessoas vão começar a se rebelar e ficar realmente chateadas."[44]

Fandoms de estilo utópico muitas vezes tomam antiautoritarismo como uma inclinação. Em 2004, a Renaissance Entertainment Corporation, então a dona da Feira de Renascença do norte da Califórnia, anunciou que estava fechando por causa da preocupação com os lucros.[45] Vendo uma oportunidade de pôr o poder de volta nas mãos dos artesãos e da equipe de funcionários, a participante da comunidade Lisa Stehl salvou a feira, transformando-a em um evento de propriedade de seus participantes. No entanto, ela logo se viu lutando contra a mesma raiva que tinha sido dirigida aos proprietários anteriores. "Essas pessoas querem matar o seu salvador", diz Jacobson. "Elas são pessoas muito opinativas, e são muito dramáticas, e elas vão ficar chateadas, e vão tentar apenas atacar a pessoa que estiver liderando."[46] Não importava que fossem agora elas mesmas figuras de autoridade; o ressentimento havia se tornado uma norma cultural. Não importa o quão não comercial sejam suas origens, muitos fandoms seguem uma trajetória semelhante.

O Deserto Não É o que Costumava Ser

Burning Man, o infame evento de acampamento criativo realizado a cada ano no deserto de Black Rock, é em parte exposição artística, em parte retiro de sobrevivência na natureza. A cada ano, cerca de setenta mil pessoas comparecem a esse empoeirado reduto de areia no norte de Nevada por uma semana de socialização e festas com seus companheiros "Burners" e para exibir projetos de arte monumentais que são muitas vezes o resultado de todo um ano de trabalho.[47]

As origens do evento são humildes: uma fogueira de solstício entre amigos, que lentamente se transformou em uma cidade temporária de pensamento livre. Além de uma advertência contra armas no acampamento, a única regra oficial é "não interfira com a experiência imediata de ninguém".[48] Bondade, abertura, partilha, estas eram as atitudes a aspirar. Na verdade, todas as marcas do início do período da feira da Renascença podem ser encontradas em abundância: comportamentos sexuais flexíveis, nudez, uso de drogas, criatividade pessoal e pessoas que se divertem muito, livres do comportamento padrão da sociedade.

Para evitar que siga o caminho de festivais de tamanho semelhante, como o Comic-Con, que muitos têm acusado de ter se transformado em uma terra de ninguém da cultura pop, o acampamento da cidade de Black Rock é ostensivamente um espaço destituído de comércio, onde apenas café e água — indispensáveis após uma noite de festa — são vendidos.[49] Muitos participantes trazem comida e artesanato para dar ou trocar, mas nenhum dinheiro pode mudar de mãos.[50] Aqueles encontrados vendendo coisas são expulsos do evento. Os participantes cobrem até mesmo os menores logotipos no equipamento e, apesar do forte envolvimento do Vale do Silício, pouco patrocínio aberto está em evidência, exceto alguma troca de contatos e recrutamento. No entanto, mesmo aqui, onde a anticomercialização é a única regra inquebrável, as coisas estão mudando.

"No Burning Man, a elite tecnológica se supera!", grita o subtítulo de um artigo do *New York Times* no verão de 2014.[51] Nos últimos anos, observamos o crescimento de campos pré-fabricados, acampamentos de luxo criados por pessoal pago antes da chegada de seus ricos proprietários. Esses oásis privados de conforto muitas vezes incluem ar-condicionado privativo, chuveiros e banheiros particulares, e centros de entretenimento. Os hóspedes podem chegar de avião particular, às vezes acompanhados por seus mordomos pessoais, chefs, massagistas e entretenimento pago. Alguns negócios até mesmo incluem peças de arte pré-prontas para eles exibirem. O custo de uma experiência realmente exclusiva e de luxo no Burning Man sai por 25 mil dólares por pessoa, ou mais.

Tais acampamentos têm sido acusados de violar o espírito do Burning Man, proporcionando toda a diversão de uma viagem de acampamento sem envolvimento com os princípios subjacentes do evento de autossuficiência, compromisso ecológico e compartilhamento. Às vezes, os trailers são dispostos em círculos para impedir a passagem de transeuntes de algum acampamento. Alguns participantes mantêm seguranças para lidar com alguém que aparentemente não pertença ao seu camping. Vários acampamentos foram acusados de condições draconianas de trabalho, embora seja difícil saber se os trabalhadores estão honestamente enfrentando a exploração ou se simplesmente se sentem explorados em relação ao espírito original do evento.

Burning Man acontece no deserto. Um deserto árido, implacável, onde as temperaturas atingem rotineiramente 40°C e as perigosas tempestades de areia são comuns. Chegar ali não é barato e sobreviver por uma semana requer planejamento, resistência e uma quantidade substancial de dinheiro.[52] O aluguel de bons trailers próximos de Reno ultrapassa os 8 mil dólares durante o festival.[53] Mesmo no mais simples dos campos, esse é um evento realmente caro, do tipo que costuma requerer um planejamento cuidadoso, disponibilidade de tempo e o acesso ao equipamento especializado e aos materiais necessários para sobreviver em um ambiente remoto e implacável. A entrada padrão custa 390 dólares cada.

A capacidade financeira de abandonar ou terceirizar a responsabilidade social e familiar por um período de tempo prolongado restringe ainda mais o público-alvo. Uma semana de férias nos Estados Unidos (além do tempo da viagem) é um luxo geralmente disponível apenas para os funcionários com férias remuneradas ou aqueles qualificados o suficiente para que possam se dar ao luxo de deixar seus empregos uma vez por ano. Poucas mães solteiras com três filhos que fazem turnos noturnos de trabalho, como garçonete, para ganhar a vida terão a possibilidade de ver um dia as tendas do Burning Man. É uma experiência restrita apenas para quem tem estabilidade financeira, ou aqueles com acesso a um grupo social abastado, passível de bancar sua estadia.

O censo do Burning Man de 2014 determinou que mais de 35% dos Burners faturam mais de 100 mil dólares por ano; em comparação, apenas 8,5% dos americanos ganham o mesmo.[54] Um número consideravelmente elevado de participantes era milionário.

"Os técnicos das *startups* agora vão ao Burning Man e tomam drogas em busca do próximo grande aplicativo", diz Tyler Hanson, um "guia" pago no acampamento financiado pelos ricos. "Burning Man não é mais uma revolução da contracultura. Agora se tornou um espelho da sociedade."[55] No verão de 2016, um dos acampamentos milionários foi vandalizado por Burners descontentes, que cortaram cabos de energia, desperdiçaram água potável e fecharam as portas dos campistas enquanto os donos de saltos altos se esbaldavam em uma festa dançante.[56]

Isso é porque fandom não é utopia. Ou, talvez, não é apenas utopia, certamente não para todos, e mesmo quando é, nunca é por muito tempo. Todo mundo está sujeito aos perigos de seu próprio sucesso. Há sempre uma gentrificação inevitável que vem com ocupação bem-sucedida de um espaço cultural anteriormente limítrofe.

À medida que o pensamento acadêmico sobre o fenômeno dos fãs mudou nos anos 1980 e 1990, uma "segunda onda" de estudos emergiu para repensar a criação de grupos de fãs. Ficou claro que as motivações dos fãs eram mais variadas e complicadas do que a simples devoção altruísta aos ideais utópicos. Era necessária uma explicação mais maquiavélica.

Isso é "fandom como recriação da sociedade".[57] Na nova interpretação, grupos de fãs já não representavam um refúgio para pessoas rejeitadas por um mundo indiferente. Em vez disto, constituíam uma chance de recriar o sistema a partir de um critério diferente: uma nova hierarquia, onde os criadores podem, desta vez, ter a chance de ficar no topo.[58] Um aluno do ensino médio que se sentia perseguido e rejeitado, social ou romanticamente, por valorizar o cérebro em detrimento dos músculos poderia se juntar ao clube de xadrez. "No clube do xadrez", nosso estereótipo de nerd poderia pensar: "*Eu* posso ser quem persegue os novatos que ainda não aprenderam o jogo. E talvez *nesse* cenário, alguém vai decidir que eu sou impressionante o bastante para sair comigo."

Poucas subculturas de qualquer tipo oferecem a oportunidade de se dividirem em uma hierarquia baseada no status e influência percebidos. Mesmo no Burning Man, bastião do igualitarismo social, os recém-chegados despreparados para o ambiente hostil às vezes são rotulados "pôneis brilhantes".[59] Não é um elogio. Em jogos e tecnologia, novatos são "newbies". Na feira da Renascença, ai dos participantes que tentam seu caminho para o topo da hierarquia comprando um conjunto inteiro de roupas sem primeiro fazer a pesquisa correta.

É difícil não detectar o elitismo na tendência em rotular quais fãs são mais experientes, mais reais, mais autênticos ou "melhores" do que os outros. Para cada fã que se une a um movimento por motivos utópicos, há outros com motivações mais baixas. E, às vezes, as razões para se tornar um fã se encostam um pouco em ambos os mundos.

Enquanto os usuários dos computadores da Apple podem ou não ser parte de uma nova aristocracia criativa, os benefícios sociais de exibir uma das marcas de tecnologia mais reconhecíveis e caras não podem ser ignorados. Computadores da Apple com frequência custam centenas de dólares a mais do que os modelos de seus competidores mais próximos com especificações similares. Dell, HP, Lenovo e Asus, todas oferecem laptops mais baratos com processadores mais rápidos. As interfaces de software da Apple têm a reputação de serem mais fáceis de usar, mas o fanatismo que inspiram pode parecer desproporcional em relação às suas vantagens tecnológicas. Entretanto, diferentemente das máquinas da Dell ou da Lenovo, os exteriores dos produtos da Apple são identificáveis de uma maneira que grita sua identidade de preço caro para o mundo de forma imediata. Aqueles fones de ouvido brancos, aquela caixa incandescente, as cores icônicas e logotipos de um telefone ou laptop da Apple os tornam mais do que um equipamento; é também um símbolo de status. Poucas outras marcas de tecnologia adotam o mesmo nível de marca visual, mas esse é um componente central do design de produtos da Apple. É difícil avaliar inteiramente o prestígio econômico sinalizado por uma compra de algum produto da Apple.

No caso das primeiras feiras da Renascença, as motivações de alguns fãs podem ter sido ainda mais simples. Na vida normal, fora dos portões do festival, conquistar uma posição social, e, com ela, um membro do seu sexo preferido, pode ser difícil. Do lado de dentro, a concorrência era significativamente menor. Como Jess Winfield, da Reduced Shakespeare Company, explica: "Era um lugar onde geeks, desajustados e pessoas que não se encaixam em sua vida cotidiana poderiam ir e pegar alguém."[60]

Esta é certamente uma interpretação diferente do "renascimento" do idealismo que fez a diferença para a cultura americana nos anos 1960 e 1970.

A Revolução Vem com Cabelo Roxo

"Em determinada época, se você usasse uma minissaia, supunham que você era uma garota de programa. Você não conseguia encontrar sapatos de saltos agulha ou sapatos de saltos com pontas. Você teria que ir a um brechó. Ou fazer o que fizemos e cavar em porões de lojas de sapatos antigos que tinham coisas que se esqueceram de jogar fora dos anos 1960."[61] Tish Bellomo aparenta ter cerca de 50 anos, mas é difícil de dizer. Existem poucos retratos dos seus últimos quarenta anos ou de sua irmã Eileen, que atende pelo apelido "Snooky", sem que ambas ostentem um cabelo selvagem de cor fluorescente. Fotos da década de 1980 os mostram em camadas, emplumados e com laquê em uma juba de fogo. No momento, é rosa brilhante com uma raia verde na frente.

"Nós costumávamos ir a lojas de strippers", conta Snooky.[62] "Encontramos esses grandes esconderijos com um monte de botas pontiagudas dos Beatles que ninguém mais tinha. Encontramos um depósito de jeans pretos. Todo mundo iria ouvir a respeito e vir atrás deles. Em seguida, encontramos um grande estoque de sapatos de saltos agulha."

"E um porão cheio de botas altas de salto. Nós realmente descobrimos um filão ali", recorda-se Tish.[63]

No meio dos anos 1970, logo quando as feiras da Renascença estavam chegando à beira de se tornarem populares, Tish e Snooky viviam no bairro nova-iorquino de East Village. A cena do punk americano estava em pleno andamento, graças a artistas como os Ramones e Patti Smith, e o clube musical CBGB tinha se tornado o (discutível) epicentro do movimento. Localizado nas esquinas das ruas Bowery e Bleecker, apresentava bandas como os Talking Heads, até os Misfits e The Police. E começando em 1974, Tish e Snooky passaram as noites lá como cantoras de apoio para a banda Blondie.

O movimento punk tinha muito em comum com os hippies da década anterior: a mesma rebeldia juvenil, as roupas provocativas e os penteados espalhafatosos, uma abordagem "faça você mesmo" para a criação de música, uma atitude complacente em relação à cultura da droga e um gosto pela parafernália no estilo da dominação e do sadomasoquismo.

Com bandas se formando mais rápido do que podiam ser nomeadas, o oferecimento de música não era um problema. Mas o fornecimento de artefatos urbanos e enérgicos de um estilo de vida punk foi um pouco mais difícil. Couro, saltos — todos tinham poucos fabricantes nos Estados Unidos na época. Quando os companheiros de cena começaram a perguntar às irmãs onde comprar as coisas do seu estilo, Tish e Snooky decidiram comercializá-las. Elas pediram emprestado 250 dólares a um membro da família,[64] pegaram a mesma quantia das economias de Snooky, e — como a amiga Gina Franklyn — alugaram uma pequena loja em St. Marks Place e abriram uma butique de vestuário punk, provavelmente a primeira nos Estados Unidos. Por sugestão da mãe, elas chamaram a loja de Manic Panic.[65]

O fato de não terem experiência em negócios ajudou-as a confiar no próprio gosto. "As pessoas tentavam vender coisas que nos diziam que realmente venderiam bem. Talvez pudessem, mas se não gostássemos, não as venderíamos. Nós vendemos somente o material que usaríamos", Snooky se lembra.[66] "Johnny Thunders [entrou], tentou vender para nós uma sela porque queria dinheiro. Não aceitávamos, porque não queríamos vender uma sela. Eu queria ter essa sela agora."[67]

Um dos primeiros itens que escolheram para vender foi uma linha inglesa de tintura de cabelo brilhante e semipermanente.[68] O East Village notou. E então a imprensa. Em pouco tempo, os compradores vinham em peregrinação de outros bairros, em seguida, de Nova Jersey, e depois do Japão e da Holanda.[69] "Todas essas pessoas começaram a aparecer, e naquela época não tínhamos quase nada para vender, porque mal tínhamos dinheiro", diz Snooky. "E eu pensava: minha nossa, o que está acontecendo? Por que essas pessoas estão vindo?"[70]

No começo dos anos 1980, Manic Panic era sinônimo de cores loucas de cabelo. Era um verbo: *manicpanicar* o cabelo de alguém era pintá-lo de vermelho-incêndio ou turquesa-atômica, do mesmo jeito que "googlar" significa procurar algo on-line. A fachada da loja da Manic Panic se tornou tão icônica que foi usada na abertura dos anos 1980-1981 do seriado *Saturday Night Live*. Quando a MTV surgiu alguns anos mais tarde, havia apenas um lugar para visitar para aqueles que queriam parecer ter saído de um videoclipe.

Nesse meio-tempo, a própria St. Marks tinha se tornado um centro da cultura punk. Membros da banda B-52's lembram-se de fazer incursões regulares. Assim como Cyndi Lauper e os Ramones.[71] Tinha uma sensação familiar. Tish diz: "Nossa loja não era apenas uma loja. Era como um clube, um lugar para as pessoas, como uma cena social aonde as pessoas vinham porque era legal. Foi esse lugar de encontro para bandas e fãs."[72] Na véspera de Natal, ela ficava aberta até tarde, e os amigos e os músicos chegavam com ponche natalino e bolinhos. "Todos ficavam emotivos e chorões", recorda-se a irmã dela.[73]

Como um conceito, evoca certamente o que as suas contrapartes hippies teriam chamado de uma vibração boa, ou como Tish coloca: "É a sensação boa de tintura de cabelo."[74] Ao longo dos anos, ambas as irmãs continuaram a tocar com a sua banda, Sic Fucks, e a marca continua fortemente envolvida no trabalho de caridade.

Hoje em dia, a Tish & Snooky's N.Y.C. Inc., a empresa das irmãs por trás da Manic Panic, concentra-se principalmente em tintura de cabelo e opera em um escritório em Long Island.[75] A loja na cidade de Nova York já se foi há muito tempo, uma vítima dos aluguéis crescentes de Manhattan e da necessidade da marca de maior espaço de armazenamento, mas ainda há uma pequena área de varejo para os peregrinos dispostos a fazer a viagem para o bairro do Queens. Do lado de dentro, uma parede é coberta com tributos e presentes de fãs agradecidos. Um cliente esculpiu um tubo gigante de Manic Panic.

Alguns fãs fazem joias, outros fazem pinturas, muitos deles retratos. "Eles são um pouco assustadores", admite Tish, mas ela e a irmã os penduraram mesmo assim.[76]

Há também muitas notas sobre experiências pessoais. "Houve uma garota que nos escreveu e disse que era suicida. Ela tingiu o cabelo, e isto a deixou tão feliz que tirou os problemas de sua mente.[77] Apenas a fez se sentir bem", conta Tish. Ela lembra uma idosa canadense que relatou ter se sentido invisível e solitária antes de tingir o cabelo de roxo: "Ela disse que mudou sua vida. De repente, as pessoas conversavam com ela e quiseram tirar uma foto junto. Todos eram amigáveis. Ela se divertia tanto. Foi a coisa mais doce."[78]

"Realmente muda a maneira como você se sente quando muda a cor do seu cabelo. Eu amo o meu cabelo rosa. Eu simplesmente amo isso. Quando entro no trabalho aqui, olho ao redor. Pelo menos 50% das pessoas que trabalham aqui têm um cabelo lindamente colorido. Faz eu me faz sentir tão bem todas as manhãs. Coloca um sorriso no meu rosto. Quando eu vejo todas as cores bonitas, isto só me faz feliz e orgulhosa", diz Snooky.[79]

Fandom como uma Expressão Pessoal

A história da Manic Panic certamente parece um fandom utópico, mas não é. Não exatamente. Apesar da ideologia precoce do movimento, as histórias pessoais de pertencimento e refúgio, pelas drogas dos anos 1980, a epidemia de AIDS e problemas de saúde mental haviam cobrado um pesado tributo à população punk da primeira geração. Não era um cenário idílico.

Possivelmente, como resultado, o significado dos produtos da Manic Panic começou a mudar dramaticamente nos anos 1990 à medida que modelos e figuras dos esportes tornaram o cabelo brilhantemente colorido algo aceitável para a população em geral. As memórias dos primeiros dias do punk podem permanecer, mas há uma diferença fundamental na interpretação dos fãs contemporâneos da Manic Panic sobre a experiência de tingir o cabelo. Por um lado, o significado de tranças loucas coloridas se tornou muito mais diversificado. Hoje em dia, seria impossível rotular alguém com um cabelo verde brilhante. Ele pode estar mostrando solidariedade à juventude urbana ou pode ser Dia de São Patrício.* Uma integrante de uma banda pode pintar seu cabelo de laranja e azul para mostrar sua fidelidade às normas sociais alternativas, mas ela pode muito bem ser uma torcedora da equipe de futebol da Universidade da Flórida.

E ainda assim, isso não é exatamente recriar a sociedade. Certamente há elementos presentes — o punk popularizou o termo *"poser"* na língua inglesa (do francês *poseur*, fingindo ser algo que você não é). Acusar alguém de ser *poser* é um desafio para a boa-fé do fã; acusá-lo de atravessar os movimentos, de não ser como um verdadeiro fã. É um método clássico de se colocar em um patamar superior àqueles que estão "em posição inferior", especialmente aqueles de orientação sexual diferente, raça ou classe. No entanto, quando se trata de penteado, a incorporação de tintura incomum tem sido amplamente aceita, mesmo por muitos que fizeram parte de sua gênese punk original.

Hoje em dia, a Manic Panic parece livre de grande parte da bagagem habitual que acompanha um fenômeno que se desdobra por muitas décadas. Sobreviveu com sucesso até mesmo quando perdeu sua reivindicação física à autenticidade — o aluguel da sua loja original — com muito pouca rejeição dos fãs contra seus produtos.

---

* Dia de São Patrício, ou St. Patrick's Day em inglês, é a data que celebra a morte de São Patrício, padroeiro da Irlanda, e é normalmente comemorado no dia 17 de março. A celebração envolve colocar trajes verdes e ir a festas ou a paradas comemorativas. É feriado em alguns países, e uma festa tradicional comum nos países de língua inglesa. É celebrado no Brasil em lugares onde há colônias britânicas, como em São Paulo, mas tem se tornado cada vez mais comum em bares e pubs de inspiração britânica por todo o país. (N. do E.)

Também sobreviveu à comercialização extensiva. Manhattan quase não tem shoppings tradicionais, assim, quando lojas de massa, como a rede de bijuterias Spencer's Gifts e a loja de roupas para adolescentes Hot Topic, começaram a pedir Manic Panic, inicialmente não havia indícios de que a marca tivesse entrado no mercado convencional. Manic Panic estava repentinamente disponível em quase todo shopping suburbano nos Estados Unidos. Houve mesmo ocasionais acordos de licenciamento — uma linha de salões de cabeleireiros no Japão, alguns cosméticos, uma marca de vinho, uma camiseta ocasional. Ainda assim, no geral, o nome Manic Panic ainda é sinônimo da tintura de cabelo que Tish e Snooky tornaram famosa.

Manic Panic é menos uma história de cooptação em massa e mais uma história de personalização intensa. Fãs modernos usam o produto pelo mesmo motivo que seus predecessores punks: para mostrar seu senso de exclusividade no estilo. Mas expandiu a definição de quem é permitido ser único e o que isso significa.

Essa é a terceira onda de fandom — fandom como forma de expressão.[80] Essa teoria mais moderna rejeita as definições das décadas anteriores — a visão colorida de uma utopia perfeita, um oásis para as classes mais baixas, ou do mundo de autopromoção, obcecado por hierarquia do mundo recriado. Na verdade, muitos fãs modernos ficariam surpresos ao saberem que seus hobbies e entusiasmo são descritos como classe – ou inspirados por desejo de status. Isso não quer dizer que alguns fãs modernos não se sintam excluídos, ou que não ganham confiança vitimando outros. Mas as definições atuais de fandom — o que os acadêmicos chamam de "terceira onda" — dependem mais da finalidade que o fandom tem para cada participante. O anseio por um espaço seguro longe do mundo convencional cedeu terreno a uma preocupação muito maior com a expressão pessoal do que pela forma com que essa expressão aparece para os outros.

Dividir fãs em qualquer estilo de vida, classe ou conjunto de motivações não é tão simples como se acreditava. Agora nós entendemos que *todo mundo* participa de uma ou mais subculturas, muitas vezes ao mesmo tempo. Um conjunto específico de cores tribais não pode mais ser atribuído a um único grupo de membros.[81] Ou, para colocar de outra forma: classe continua a ser uma força social poderosa, mas definir *quais* símbolos representam *quais* classes é difícil.[82] Um jeans rasgado pode ser uma crítica vigorosa contra as tendências modernas em direção a bens descartáveis, ou pode ser um jeans Gucci Genius artificialmente envelhecido (o preço de revenda chegou a 3.134 dólares), sinalizando uma atração a itens de luxo.[83]

Um estudo recente, graciosamente intitulado "Preferências dependentes da frequência negativa e variação no aspecto facial masculino", aponta para um grande exemplo disso: quanto menor o número de membros da sociedade com barba, mais atraentes se tornam os seus portadores para potenciais companheiros.[84] A barba indica que seu possuidor está fora da norma. Estar em oposição ao estilo da maioria o transforma em um símbolo da filosofia e do estilo alternativos. Quando muitas pessoas têm barba, o inverso se torna verdadeiro, e rostos bem barbeados se tornam um símbolo da rebelião. Pode até haver um ponto sobre o qual a sociedade anda de um lado para outro — chamado "pico da barba" — quando usar uma barba muda de rebelião para conformidade e volta novamente. Isso certamente turva a água para qualquer homem usando barba como uma pista para decidir se um sujeito é verdadeiramente alternativo ou não.

Para tornar a situação mais complicada, numa sociedade onde todos escolhem se rebelar de alguma forma e se conformarem de outra, é difícil saber o que conta como o que é corrente e o que não é. Poucos fandoms cabem em uma estrita filosofia "nós versus eles" porque, apesar de a internet ter tornado muito mais fácil definir quem somos "nós", tornou-se cada vez mais difícil determinar quem faz parte dos "eles". No vernáculo dos anos 1960, a luta contra o sistema se tornou mais complicada do que era quando os limites podiam ser traçados entre "hippies" e "caretas". E hoje em dia é raro encontrarmos um indivíduo que queira ser classificado de forma inequívoca na definição geral do que seja o *mainstream*.

Todo Mundo contra o Sistema

Os livros da série *Harry Potter*, de J. K. Rowling, narram a história de um jovem órfão que não é amado e subitamente descobre que é um bruxo popular e poderoso, destinado a salvar o mundo. A trilogia *Jogos vorazes*, de Suzanne Collins, conta a história de uma adolescente pobre que de repente descobre que suas habilidades naturais fazem dela a figura perfeita para liderar uma rebelião e salvar o mundo, ou pelo menos sua nação. Na série de livros *Crepúsculo*, de Stephenie Meyer, uma jovem tímida que subitamente descobre que sua maravilhosa essência permite que se torne amiga e influencie uma poderosa gama de vampiros e lobisomens, e salve o mundo (pelo menos sua parte do mundo). A série de TV *Hannah Montana* relata a história de uma jovem aluna desajeitada do ensino médio, que é secretamente uma gigantesca pop star, amada por milhões. Ela não salva o mundo, mas provavelmente poderia.

Excepcionalismo descreve a ascensão de linhas narrativas que retratam fantasias precoces do desejo de realização adolescente. O enredo costuma ser o seguinte: um jovem excluído e mal amado, ou vítima de perseguição, descobre que é, na verdade, um príncipe ou princesa, um bruxo ou bruxa, uma celebridade, o salvador, uma divindade, um super-herói ou um alienígena, ou então possui algum poder inusitado que o torna muito especial. Esses personagens são lançados em um mundo novo e excitante, no qual são amados e admirados. Há frequentemente um triângulo amoroso. No final, eles salvam o universo e encontram aceitação em seus próprios termos, com um novo grupo de amigos que realmente os entende.

Excepcionalismo carrega uma valiosa mensagem de controle, aceitação e poder durante um período de desenvolvimento quando todos nos sentimos impotentes: sobre a nossa vida social, o nosso futuro, até o nosso próprio corpo. A maioria dos enredos excepcionalistas também contém um anseio de vingança contra todos aqueles que ousaram nos subestimar. Tais enredos têm sido parte importante da ficção científica e da fantasia desde a série *A rebelião das trevas*, de Susan Cooper, e *O jogo do exterminador*, de Orson Scott Card, mas sua repentina e esmagadora popularidade na ficção juvenil surpreendeu muitos observadores. O fenômeno tem sido atribuído, de modo geral, a um novo fascínio cultural com as celebridades, o surgimento da realidade televisiva, efeitos das mídias sociais levando as pessoas a olharem mais para o próprio umbigo ou a uma combinação de tudo isto.

Não importa qual seja a causa, rebeldia — com histórias de pessoas que conseguem sucesso, apesar de serem contraculturais — agora é um grande negócio. Observe, por exemplo, a evolução dos filmes da Disney: todos os seus primeiros desenhos animados de longa-metragem, como *Cinderela*, *Branca de Neve* e *Pinóquio*, enfatizavam os benefícios da bondade, paciência, bravura e lealdade. Mas o período da Renascença da Disney no fim dos anos 1980 e nos anos 1990, filmes como *A pequena sereia*, *Aladdin*, *A Bela e a Fera* e *Mulan* privilegiam heróis com um conjunto diferente de valores: independência, autossuficiência e fidelidade aos próprios sonhos, mesmo quando isso implicava em desafiar símbolos de autoridade. A peça central do grande sucesso, *Frozen*, é agora a controvertida música "Let It Go", um tributo exaltado aos benefícios de mandar todo mundo para o inferno (ainda é Disney, afinal). É uma mensagem de empoderamento, bastante lucrativa. Até 2016, *Frozen* permenceu na posição de filme de animação de maior bilheteria de todos os tempos.[85] Poucos pais de qualquer criança de idade entre 2 e 12 anos não foram submetidos pelo menos uma vez ao filme.

Quando os cidadãos de Hollywood Hills peticionaram à Câmara do Comércio local para salvá-los dos hippies em 1967, é pouco provável que pudessem ter imaginado um futuro no qual a própria rebelião se tornaria segura para a classe média. Talvez mais do que seguro — até mesmo saudável.[86] Testar os limites da autoridade é parte importante das narrativas modernas de passagem da adolescência para a idade adulta. O próprio termo "alternativo" não significa mais "perigoso e subversivo". É uma palavra que frequentemente tem sido considerada como sinônimo de "forte e independente".

Por outro lado, comercializar os símbolos de rebelião tornou-se um excelente negócio. Um corpete de estilo renascentista pode ser comprado em qualquer loja de lingerie da Victoria's Secret. Sapatos de saltos agulha e couro preto cravejado regularmente aparecem nas passarelas de Milão. Tinturas de cabelo azul, roxa e rosa dividem as prateleiras com loiro platinado e castanho-claro nas farmácias locais.

Estigmatizamos os fandons por nossa conta e risco. Quem sabe qual movimento que atualmente é oprimido será considerado um setor importante da economia?

Em sua luta para preservar sua criação, Phyllis Patterson acabou por romper os bloqueios políticos. A feira da Renascença prosperou, mas levou muito mais tempo para os moradores locais admitirem que o impacto sobre a indústria do turismo, valores dos imóveis, performances teatrais, o movimento de artesanato e a cultura moderna em geral eram um esforço comercial que valia a pena.

Em apenas algumas poucas décadas, a paisagem econômica havia mudado completamente. Em 2007, no outro lado do país, chegou a seguinte carta à sede da Manic Panic:

> Queridos amigos,
>
> Parabéns pelo trigésimo aniversário da Manic Panic! Nova York é a cidade mais excitante do mundo. Nós somos o berço

americano do punk rock, lar de um elenco muito colorido de personagens, e (como qualquer um que tenha visto nossas agitadas ruas na hora do rush sabe) um lugar onde a vida às vezes é maníaca e entra em pânico. Portanto, não é nenhuma surpresa que os nossos habitantes tenham se tornado tão afeiçoados às suas tinturas de cabelo, roupas e cosméticos, para não mencionar o enorme impulso que vocês proporcionaram à economia local!... Eu sei que vocês vão deixar a nossa grande cidade ainda mais orgulhosa nos próximos anos. Em nome da cidade de Nova York, aceitem, por favor, meus melhores votos para o sucesso contínuo.

Sinceramente,
Prefeito Michael R. Bloomberg.[87]

CAPÍTULO 4

USANDO NOSSOS FANDONS EM NOSSAS MANGAS

As Margaritas de Frida

Frida Kahlo está distribuindo *margaritas*.[1] Elas estão sendo produzidas em uma máquina pegajosa, uma mistura congelada verde-limão que esguicha contra as laterais de plástico do recipiente. Tem um sabor... muito bom, na verdade. Elas estariam em casa em um bar de faculdade no Cinco de Mayo:* limpas e cítricas. Frida Kahlo Tequila: "100% Agave Azul. Ultrapremium tequila em Blanco, Reposado e Añejo captura a paixão de Frida pela vida e satisfaz seu paladar com a essência da cultura mexicana." O site correspondente concorda. "Você já curtiu as pinturas icônicas de Frida. Agora desfrute sua paixão pela vida. Tequila!"[2]

A artista, icônica e iconoclasta, brilha em um cartaz com seu vestido colorido e sua monocelha preta inconfundível. Projetores industriais

* Cinco de Mayo é uma celebração do aniversário da vitória do exército mexicano sobre as forças francesas na Batalha de Puebla, em 5 de maio de 1862. A festa é uma comemoração regional no México, principalmente no estado de Puebla. Contudo, é uma data muito popular em outros lugares do mundo, especialmente nos Estados Unidos, como uma celebração da herança e da origem mexicana. (N. do T.)

iluminam acima. Num pedestal, há uma boneca de plástico de Frida Kahlo. Há sua assinatura, impressa em um par de tênis Converse. Há também em um par de botas de caubói. Folhetos brilhantes mostram a cerveja Frida Kahlo, os imãs de Frida Kahlo, os mouse pads de Frida Kahlo e calendários. Um espartilho de Frida Kahlo, da La Perla. Uma obra de Frida Kahlo reproduzida no Mastercard. Seu rosto em uma blusa da popular Zara. O slogan oficial, impresso em toda parte, onde se lê: *"Frida Kahlo: Pasión por la vida!"*

A verdadeira Frida Kahlo era uma figura complicada: feminista, ativista política, patriota mexicana e, claro, artista brilhante que sofreu muito.[3] A pólio, seguida por um acidente de trânsito que lhe partiu o corpo, deixou-a com fortes dores durante grande parte da sua vida. Um casamento tumultuado com o colega superartista Diego Rivera foi recheado de intrigas em ambos os lados — teve casos com muitos homens e mulheres; ele teve um caso, entre outros, com a irmã dela. Ela era uma comunista devotada e uma apoiadora ativa de Joseph Stalin; ainda assim, também foi amante do seu maior rival, o revolucionário marxista Leon Trotsky. Além de tudo isto, ela pintou, principalmente autorretratos das tragédias e solidão de sua vida: Frida Kahlo como uma menina com uma caveira sorrindo, em vez de uma cabeça normal; Frida Kahlo sangrando de feridas abertas na perna e no pé; Frida Kahlo usando um colar de espinhos; Frida Kahlo coberta de sangue em uma cama de hospital depois de um aborto espontâneo. Ao falecer, aos 47 anos de idade — se de uma embolia pulmonar, que é a versão oficial, ou de uma overdose ainda é debatido —, ela deixou dezenas desses retratos de dor.

"Ela gostava muito de aromaterapia", declara o release oficial do cosmético Frida Kahlo 100% Natural Skin Care.[4] Produtos como os cremes faciais de Ômega-3 antienvelhecimento e antirrugas que são a assinatura da empresa contêm ingredientes como óleo de alecrim e chá-verde japonês. Em 2007, a Naturals Skin Care, Inc. licenciou o uso do nome de Kahlo de seus proprietários oficiais de marca, a Frida Kahlo Corporation, junto com o slogan da empresa *"Pasión por la vida"*.

É o segundo dia da Licensing Expo* aqui no centro de convenções de Mandalay Bay, em Las Vegas, Nevada, e hoje a Frida Kahlo Corporation está esperando atrair outros fabricantes para seguir nos passos do Natural Skin Care. Instalado em um dos lados da área de "Personagens e Entretenimento", o estande da Frida Kahlo é brilhante, com cores e imagens diretamente do contexto mexicano de Kahlo. Os representantes de vendas distribuem folhetos e bebida à multidão que vagueia por ali a caminho do estande dos Power Rangers ou para a plataforma elevada do Sea World. "Já ouviu falar de Frida Kahlo? Ela ficou muito famosa com a nova geração. Na verdade, ela é tendência agora mesmo no Twitter. Estamos tendo muita sorte com a faixa etária de 18 a 25 anos", diz um dos representantes.

Fandons à Venda

A Licensing Expo de Las Vegas preenche todo o centro de convenções, posicionado próximo ao Shark Reef, a vitrine do casino que é um aquário de seis milhões de litros. No lado de fora, na região hoteleira, o calor faz o ar ter uma luz difusa, e a entrada está cheia de crianças caminhando em direção ao ar-condicionado e até a escada rolante para se maravilhar com os peixes. Caminhando na outra direção, milhares de fabricantes, proprietários de marcas e analistas de mídia estão descendo, passando pelos cartazes e estátuas de Thomas Amigos e Bon Jovi, e para o espaço cavernoso do salão de convenções sul. O seu interior parece um mercado de pulgas de bom gosto, mas o comércio aqui não requer inventário. Apesar da semelhança visual com as convenções

* A maioria dos eventos descritos da Licensing Expo é da conferência de 2014, mas algumas das citações e alguns dos eventos específicos ocorreram durante a Expo de 2013.

sobre cultura pop, como a San Diego Comic-Con, a mercadoria à venda aqui é muito diferente.

Aqui é onde fandons são comprados e vendidos.

Licenciamento é a comercialização do fandom. Para muitas marcas, celebridades e propriedades da mídia, o bem mais valioso muitas vezes não é o seu produto, mas sim a sua audiência. Quando uma audiência fica grande o bastante, passa a valer muito dinheiro para os fabricantes e os demais proprietários da marca. Licenciamento oferece a outras empresas os direitos de compra e uso de uma marca registrada para uma nova finalidade.

Licenciamento se tornou tão comum que muitas vezes nem sequer é notado. Colocar a logomarca da equipe de futebol americano Chicago Bears ou um rosto do Mickey Mouse em uma camiseta ou em um boné é uma situação boa para todos os envolvidos. O licenciador da propriedade recebe dinheiro, em um acerto geralmente na faixa de 3% a 22% do preço de atacado do produto, com quase nenhum trabalho adicional em seu nome. Em troca, o fabricante obtém um artigo em demanda de roupas para vender e uma base de fãs embutida para vendê-lo. Os consumidores obtêm algo na moda.

Para um filme, um grande grupo de fãs entusiasmados, com dinheiro para gastar, pode valer muito mais do que a venda de ingressos. O desenho animado de longa-metragem *Meu malvado favorito* foi um sucesso de bilheteria, faturando 543 milhões de dólares ao redor do mundo.[5] Mas na Licensing Expo, ele adquire uma segunda existência como uma propriedade de licenciamento. Dois itens destacados dentro do filme foram sucessos com os consumidores: um unicórnio de pelúcia (que inspirava a jovem personagem Agnes a exclamar: "É tão fofinho!") e um grupo de capangas amarelos, chamados Minions, que falam um bla-bla-blá próprio, o *minionês*. Ambos têm visto novas versões em uma grande variedade de mercadorias, inclusive fantasias de Halloween, fita adesiva, cadeiras dobráveis, mochilas, Tic-Tacs e, claro, camisetas.

"Parece que todo mundo tem uma camiseta do Homem-Aranha. No ensino médio, você não ia querer usar de jeito nenhum uma camiseta [com tema de quadrinhos ou desenhos animados], era como uma marca da morte. Mas não há esse nível de vergonha em qualquer um nascido de 1990 em diante. Não é uma vergonha para eles. Eles adoram isso. Acho que você pode ser quase excluído por *não* ter uma camiseta do Capitão América. Tornou-se tão universalmente amado e aceito que você é quase esquisito se usar uma polo sem nada sobre ela. Ou um blazer — que Deus impeça que você coloque um blazer", assim diz Jesse DeStasio, da Striker Entertainment.[6] Como vice-presidente de desenvolvimento de negócios, é seu trabalho conectar licenciantes, isto é, donos de objetos de fãs, com potenciais licenciadores procurando propriedades com as quais marcar seus produtos.

"No começo da minha carreira, uma das maiores marcas com as quais eu trabalhei foram os filmes *Crepúsculo*. Ninguém viu isso acontecer. A sabedoria convencional dizia: 'Garotas não compram produtos; garotas vão ao shopping para conhecer garotos. Elas não vão lá para comprar camisetas.' Então se tornou um enorme fenômeno global que acabou sendo altamente comercializável. O que [a autora da série *Crepúsculo*] Stephenie Meyer fez foi capturar um sentimento universal: *Crepúsculo* comenta a respeito da primeira vez que você tem uma queda por alguém. Aquele sentimento abrangente de novidade e desejo — geralmente quando você está chegando na puberdade. E é confuso, deprimente e obsessivo. O jeito como Bella anseia por Edward ao mesmo tempo que se sente confusa a respeito de Jacob, todos nós temos isso, homem ou mulher", afirma ele.

"Em última análise, as meninas se identificam com Bella. Eu acho que queriam ter uma pequena peça de como se sentiram quando leram o livro ou viram o filme no seu dia a dia. Se você pensa na ideia de um 'totem', isto é o que é um produto de consumo cult. É um pequeno totem para as marcas ou os personagens que você ama, do qual você precisa ser lembrado."

Em termos de licenciamento, um filme como *A saga Crepúsculo: Lua nova* (ou *Meu malvado favorito*) é um comercial, a isca que atrai consumidores em direção a uma enorme máquina de fazer dinheiro: bens de consumo relacionados. O que pode ter começado com camisetas e pôsteres agora engloba quase todo tipo de produto. Há chaveiros de *Crepúsculo*, anéis, colares, lancheiras, caixas de joias, quebra-cabeças, garrafas de água, bolsas, carteiras, bonecos, velas, cintos, *cards* colecionáveis, almofadas, guarda-chuvas, relógios, bolsas, edredons, secadores de cabelo, maquiagem e um vestido de casamento oficial da saga *Crepúsculo*.

Na época em que *Minions*, o terceiro filme da franquia Meu Malvado Favorito, foi lançado, em julho de 2015, a Universal já tinha faturado mais de 2,5 bilhões de dólares em vendas de produtos relacionados.[7] A Universal em si vê apenas uma parte dessas vendas como royalties, mas ainda é um número formidável.

Claro que o Santo Graal, tanto dos licenciantes quanto dos licenciadores, é a propriedade duradoura — uma marca que não precisa de apresentação. "Quando penso em coisas duradouras, obviamente *Star Wars* vem à mente. Hello Kitty, LEGO, acho que é muito valioso, tudo o que eles tocam é grandioso. É sempre amado, estará sempre em prateleiras de lojas. Não depende de tendências. Vai sempre sobreviver. A marca pode seguir um fluxo, mas em última análise você sempre pode contar com o interesse dos compradores", explica DeStasio.

Quatrocentos e setenta licenciadores estão presentes, representando os direitos de mais de cinco mil marcas, celebridades, franquias de mídia, obras de arte e qualquer outra coisa que um produtor possa transformar em uma lancheira. Cada estande — alguns deles montados com o custo de centenas de milhares de dólares — demostra as vantagens de licenciar uma propriedade em particular. Paredes exibem obras de arte, estatísticas sobre o tamanho e o entusiasmo de seu grupo de fãs e os planos para a expansão e publicidade futuras. O estande da Kahlo é mais acessível do que a maioria; muitos exibem apenas um logotipo de bom gosto, paredes brancas e um segurança na porta. A entrada no estande de uma propriedade procurada, como Cartoon Network, BBC Worldwide, Grumpy Cat ou Pokémon, geralmente requer um agendamento.

A área de Personagens e Entretenimento tem um número gigantesco de outras celebridades, propriedades de mídia e personalidades. O estande de licenciamento da Endemol representa os programas de TV *Big Brother, Deal or No Deal* [exibido no Brasil como *Topa ou Não Topa*], *Fear Factor* [que virou *Hipertensão* no Brasil], e o apresentador televisivo e personalidade Steve Harvey. A Core Media Group tenta licenciar Elvis e Graceland, *So You Think You Can Dance* e a lenda do boxe Muhammad Ali. Dobrando a esquina, a Live Nation Merchandise oferece os direitos do Nirvana, Coldplay, Lynyrd Skynyrd e do Wu-Tang Clan.

Um enorme estande de dois andares do fabricante de brinquedos Hasbro é decorado com lustres de cristal e pisos de madeira personalizados. Imagens gigantes de *My Little Pony* salpicam as paredes. Na frente, duas moças em vestidos em tons pastel demonstram maquiagens e acessórios de *My Little Pony*. Meia dúzia de mulheres de meia-idade em trajes corporativos faz fila para obter um aplique de cabelo rosado e roxo em seus cachos sóbrios e bem aparados.

A Stonyfield Organic está oferecendo a licença de seu nome a outros produtos alimentícios que precisam de aceitação entre o público demográfico das "mães". Seu agente de licenciamento, Brandgenuity ("Onde podemos levar sua marca hoje?"), também está oferecendo os direitos para os produtos femininos da Playtex, do History Channel e da escola de arte Juilliard. A Coca-Cola, com 1,3 bilhão de dólares em vendas de produtos licenciados anualmente, normalmente reserva uma ilha inteira para si.[8] Os visitantes da convenção se amontoam em torno dela, segurando telefones celulares para tirar fotos de um coral a capela cantando jingles corporativos. O videogame Tetris mostra suas licenças de sucesso para roupas íntimas, canecas, bolas antiestresse e bilhetes de raspadinhas. A organização dos escoteiros quer novos clientes para se juntar aos seus 150 licenciamentos existentes, que já incluem produtos como granola, panelas e bengalas. O enorme estande da Trademarketing Resources (Jeep, HillBilly Beverages e National Rifle Association) apresenta duas garotas de umbigo de fora. Elas posam para fotos em frente a uma exibição de produtos de estimação com tema de armas de fogo, óculos de sol, isqueiros e um cofre para armas chamado Gordinho NRA Junior.

Atravessar os carpetes macios entre os corredores de uma ponta a outra da Expo pode levar trinta minutos. Como um show da indústria, a multidão é calma, com aparência de empreendedores, e de meia-idade. O participante padrão tem uma cintura alentada e óculos da moda, olhando para baixo em portfólios ou catálogos enquanto caminha apressado de reunião para reunião. Outros se agacham sobre os tapetes ao redor das tomadas, amarrotando os ternos na tentativa de recarregar tablets e smartphones. Trechos de conversas emanam dos grupos que murmuram: "Tente dizer algo que não é uma ameaça, mas parece uma ameaça, como 'Vamos considerar caminhos fora dos Estados Unidos' ou algo do tipo" e "Vamos atrás da Urban Outfitters de novo".

Para descobrir o que está realmente acontecendo nas salas privadas de reunião próximas, é necessário ler o boletim informativo diário da convenção. A Peanuts [Turma do Minduim] e a marca esportiva Umbro vão fazer um uniforme de futebol com o tema do Snoopy. A Sega Europa deposita suas esperanças para o apelo retrô do Sonic. 1928 Jewelry fechou negócio para a criação de uma linha de colares e brincos baseados em *Downton Abbey*. Os ativistas do bem-estar animal da ASPCA estão esperando para colocar o seu logotipo em uma grande variedade de brinquedos, eletrodomésticos e joias. A atriz Gwyneth Paltrow fez um discurso sobre a importância das marcas globais. "Minha esperança é que nós continuemos a alcançar mais pessoas em mais lugares com coisas que amamos e queremos compartilhar", diz a citação em destaque.[9]

"Um produto licenciado é provavelmente uma garantia de que você vai vender dez vezes mais, apenas em virtude do reconhecimento, apenas pelo fato de ser capaz de chegar à frente dos compradores de lojas de varejo", observa DeStasio. "Cada produto único e cada pacote único e cada item que é colocado em uma prateleira é um pequeno outdoor para sua marca. Basta ter alguém andando em meio às gôndolas de uma loja e ver seu logotipo, essa interação cara a cara é extremamente valiosa. Especialmente num mundo cada vez mais digital."

Os vencedores aqui dificilmente são inesperados. Em 2015, o principal licenciador foi a Disney, com 45 bilhões de dólares em vendas, e a lista dos *top ten* é repleta de marcas, como Mattel, Sanrio, Warner Brothers e Major League Baseball.[10] Fábricas de carros, como a General Motors e a Ferrari, vão bem, assim como o guru da saúde, Dr. Andrew Weil, da Weil Lifestyle, da ordem de centenas de milhões cada.

Para licenciadores, a Expo é a melhor oportunidade para adquirir uma nova personalidade para si. Eles devem escolher com cuidado os produtos com os quais irão se associar; são as tendências em que sua marca surfará no ano seguinte. Enquanto cada contrato é uma tentativa de capturar os fãs da marca do licenciador, também muda o que a marca significa. As balinhas Nerds vêm em uma caixa. São cristais de açúcar cobertos com ácidos doces, mas com um contrato assinado de roupas, Nerds também é uma tendência de moda.

Ao dobrar uma esquina no lado norte do centro de convenções, chega-se a um estande branco e espaçoso. É ornamentado com uma foto em tamanho natural do papa Francisco e o slogan "Papa do fim do mundo".[11] Algumas senhoras italianas atraentes vestindo saia e blusa combinando estão ansiosas para serem úteis. "Esta é a nossa grande revelação. Eu penso que está trazendo pessoas que não ligariam para isso", diz uma. O papa está listado no diretório "Personagens e Entretenimento". Ele está licenciando seu nome, assinatura, foto e slogan oficial ("Reze por mim"), já que ela se refere ao — e como um benefício para — time do qual é torcedor, San Lorenzo. Sua Santidade abençoa mochilas, camisetas, blusas, cadernos e pulseiras de borracha.

Pode parecer um pouco inquietante ver um preço em dólar etiquetado em nossos entusiasmos, memórias, lealdades e até mesmo espiritualidade. Esses produtos, e o que eles representam, são profundamente pessoais para muitos. É a nossa primeira vez assistindo *Star Wars* ou em uma viagem para um parque temático como a Disney World. É a lembrança de fazer biscoitos com a vovó. É nossa comunidade ou nossa religião. Pode parecer a alguém distópico pensar em todas essas associações em termos de valor comercial, como algo que pode ser vendido pelo maior lance. É fácil imaginar figuras sombrias conspirando em uma sala de reuniões para decidir o que vamos amar e apreciar no próximo ano. Mas esse não é exatamente o caso.

"Eu acabei de comprar chinelos do Instagram. São os melhores calçados que eu já tive. Eu teria ficado mais inclinado a comprá-los se fossem chinelos do Metal Gear Solid? Com certeza absoluta. Eu não poderia ter clicado nesse botão mais rápido", diz DeStasio.

"Vivemos em um mundo caótico onde estamos à mercê de um grande número de variáveis. Não podemos controlar se vivemos ou morremos. Essa compulsão coletiva, a ideia de ostentar e remediar as coisas, é uma forma de se obter um pouco de ordem em um universo onde não há ordem", ele medita. "É um lembrete do que essa marca provoca em você."

Em certo sentido, é verdade que um dos principais propósitos de nossos amados fandons é fornecer associações emocionais positivas para outros produtos para os quais, de outra forma, não olharíamos duas vezes. Ainda assim, experiências de fãs, sentimentos de identidade e associação são bastante reais. O fato de que essas mesmas experiências são por vezes o resultado de um aperto de mãos entre as pessoas de negócios raramente tem qualquer impacto sobre a forma com a qual elas fazem os fãs se sentirem. Fãs são especialistas em tomar o que querem de uma propriedade e utilizá-lo para seus próprios fins. O que um fandom significa para as pessoas, e o papel importante que desempenha em ajudá-las a se expressar, é profundamente pessoal e autêntico, mesmo que a origem possa ser mais artificial.

Salvando a Grã-Bretanha

Multidões passam pelos fandons dependendo do que precisam em vários momentos de seu próprio desenvolvimento pessoal. O estudioso Matt Hills chega a propor a elaboração de uma autobiografia fandom — um gráfico mostrando como os fandons mais profundos de alguém se alinham com períodos de mudança pessoal, conflitos e crescimento.[12] Podemos nos tornar fãs de heavy metal em reação à primeira onda de hormônios na nossa adolescência, fãs da marca de brinquedos de bebês Skip Hop quando procuramos orientação como pai de primeira viagem, e fãs de rosas amarelas do Texas quando passamos nosso tempo em retiros de idosos.

Fandons podem ser temporários ou permanentes, mas são sempre oportunos. Neste contexto, tornam-se quase uma forma de autoajuda, uma forma de trabalhar através de ou vivenciar novos períodos na vida. Uma forma de "se tornar a melhor versão de si mesmo".

O relacionamento da Grã-Bretanha com a memória da Segunda Guerra Mundial é complicado. Embora o conflito não tenha acabado com a Grã-Bretanha, acrescentou um toque de humilhação a uma situação já trágica. Um país com um forte sentimento de superioridade cultural mal sobreviveu à aniquilação de um inimigo inegavelmente melhor equipado, treinado e organizado. E seu resgate ocorreu graças a uma ex-colônia arrogante e inculta naquela época. A Grã-Bretanha era uma nação traumatizada, seus habitantes despojados de suas terras ensolaradas, esquadrinhando os escombros de suas casas, dependentes de ajuda externa para a própria comida que comiam.

E então algo maravilhoso aconteceu: sobre a amargura cinzenta da literatura britânica dos anos 1950 chegou James Bond. Bond, o superespião arquetípico. Bond, o viajante internacional. Bond, o mestre do armamento letal ultra-avançado. Bond, o bem-vestido, o conhecedor da boa comida e de bebida, o sedutor das mulheres, o estrategista poderoso e bem treinado, o vencedor contra todas as probabilidades. A maior parte de *Cassino Royale*, o primeiro livro da série de Bond, se passa na França — uma viagem financeiramente fora do alcance da maioria dos britânicos. Bond entra em um jogo de cartas de um cassino, e um americano alegremente entrega um envelope polpudo de dinheiro em reconhecimento à sua habilidade superior.[13] Em uma cena de extravagância pródiga, ele até mesmo *come um abacate*.[14]

"*Cassino Royale* era um bálsamo para a nação sitiada", argumenta o autor e historiador Simon Winder, em seu livro *The Man Who Saved Britain* [O homem que salvou a Bretanha].[15] Não era só escapismo; James Bond introduziu uma narrativa alternativa do poder britânico. Espionagem — rápida, excitante, honrosa — é o oposto da guerra de força e atrito que, eventualmente, ganhou a Segunda Guerra Mundial. Nesta nova versão da supremacia britânica, o Reino Unido pode ser pequeno, mas ainda estava fazendo coisas incríveis, mesmo que isto não fosse do conhecimento de todos. Não eram para James Bond os desfiles e elogios públicos de heróis como Superman ou personagens caubóis de John Wayne. Ele trabalhava em segredo, nos bastidores. "Bond pode ter sido uma banda de um homem só, mas como ele percorreu as colônias que a Grã-Bretanha tinha cedido para os Estados Unidos, os leitores em casa foram tranquilizados de que pelo menos teríamos mantido nosso estilo.[16] Ele personificou a ficção acolhedora da angustiada aliança anglo-americana. Os ianques podiam ter se tornado os mestres, mas apenas os britânicos sabiam como se comportar", escreveu William Cook na revista *New Statesman*.

É difícil superestimar o efeito revitalizador que a criação de Ian Fleming teve sobre a cultura britânica.[17] Ele era o homem certo, na hora certa e no lugar certo. Ele ofereceu uma razão para continuar.

A humanidade sempre fez perguntas sobre o modo como o mundo funciona e como devemos agir para sobreviver e ter sucesso. Como devemos nos comportar? A que pertencemos? O que acontece conosco? Essas questões têm sido tradicionalmente respondidas pela mitologia, histórias e avisos fornecidos pela religião, comunidade local e família. Os mitos são uma abreviatura fácil para o ensino de normas culturais. Bater na madeira para afastar o azar nos lembra: "Não conte com sua boa sorte!"

A modernidade não está satisfeita com essas respostas. Em um momento em que o transporte é onipresente e mudar de local é comum, fontes como o núcleo familiar, relacionamentos de comunidades geográficas tradicionais e religião se tornaram uma influência mais fraca do que em gerações passadas. Entendemos agora que nenhuma fonte de informação é infalível. Para muitos, rebelar-se contra a própria família, a cidade natal ou a religião da infância é parte importante do processo de "se tornar um adulto". À medida que as mitologias tradicionais cedem, faz sentido que devamos buscar outras fontes para respostas a essas perguntas extremamente humanas.

Lançado em 1986, o filme de fantasia *Labirinto* é um dos cults favoritos entre os integrantes da Geração X. A história da luta de uma jovem para libertar seu irmão das garras do maléfico Rei dos Duendes é simples e encantadora, e a heroína Sarah foi o primeiro amor de muita gente. O repositório on-line fanfiction.net tem quase dez mil fanfics de *Labirinto* e de histórias que se cruzam com o seu universo, detalhando as novas aventuras de Sarah e seu corajoso bando de amigos desajustados.[18]

Não demora muito para notar uma tendência. Para cada história de fãs feita sobre os personagens lutando contra um vilão novo há cinco que detalham as dificuldades de Sarah com problemas diários. Mudar para uma nova cidade de duendes. Lidar com elfos valentões. Sexualidade. Depressão. Ansiedade. Abuso. Quando chegamos a histórias descrevendo o nervosismo de Sarah sobre as complicações em sua primeira gravidez élfica, e como ela se sente a respeito da insistência do duende médico para que repouse em sua cama, é evidente que tudo o que está acontecendo é muito mais pessoal do que uma simples história de aventura.

Não é segredo o porquê de Ian Fleming ter criado James Bond quando criou; ele mesmo esteve ativo na guerra, e o novo mundo sombrio que emergiu dela não era um prêmio de vencedor. "Se Fleming nasceu quando o Império Britânico estava em seu ápice", escreveu Cook, "Bond nasceu assim que seu poder começou a diminuir".[19] James Bond acertou a psique nacional inglesa numa época em que precisava de um herói realista para sua nova realidade.

A popularidade de Bond o transformou em um dos principais produtos de exportação nacional — os filmes, com o sucesso internacional dos Beatles, rapidamente reposicionaram o que significava ser britânico para o mundo exterior. E Bond também ajudou a reescrever o que ser britânico significava para os britânicos. Winder nota: "Ninguém mais — escritor ou sua criação — se empenhou com mais força em administrar essa vasta mudança de Estado imperial para Estado europeu. Fleming, de alguma forma, através de algum tipo de versão heroica de seu trabalho em tempo de guerra, fez com que todos seguissem adiante."[20]

Algo se torna um objeto de fã preenchendo uma necessidade profunda na vida de um fã. Talvez o fã precise de uma nova filosofia ou perspectiva, ou um novo grupo de amigos, ou apenas um novo jeito de passar um tempo. Nesse sentido, o fandom está muito ligado às situações atuais dos fãs e sentimentos sobre suas vidas. Vai seguir um fluxo e um refluxo conforme a vida de um fã muda e evolui. Objetos de fã oferecem as mitologias modernas, as histórias que nos dizem como devemos abordar o mundo neste momento, neste ponto da nossa história pessoal.

Fandom É Saudável

O quanto fazemos parte na escolha de nossos grupos de fãs? Quanto controle consciente nós temos a respeito das coisas de que gostamos? A maioria de nós provavelmente não se importa com a natureza subjacente de nossas afinidades, assim como nunca podemos conscientemente considerar os benefícios físicos, psicológicos ou sociais que recebemos delas. É fácil de encontrar propósito na escolha de fandons novos durante tempos de incerteza, mas na realidade o processo é com frequência subconsciente. Nossos próprios cérebros sabem do que precisamos e eles encontram por nós.

Em meados da década de 2000, o pesquisador Daniel L. Wann e seus colaboradores conduziram uma série de estudos sobre as vantagens da participação de um fandom esportivo.[21] Em um deles, Wann entrevistou 155 estudantes universitários do Kentucky (59 homens, 96 mulheres) acerca do nível de envolvimento e identificação com o grupo de torcedores de uma equipe desportiva local.[22] Então ele fez perguntas sobre sua autoestima social e satisfação geral com suas vidas, classificando os sentimentos em uma escala de baixa a alta. Como controle, os estudantes também foram indagados a respeito dos sentimentos a respeito de times distantes, algum que eles apreciassem, mas, por questões geográficas, não poderiam se relacionar com seus grupos de torcedores.

Os resultados eram claros. Alta identificação com a equipe, ou seja, "à medida que o fã vê a equipe como uma extensão de si mesmo", leva a níveis mais elevados de autoestima e bem-estar social e pessoal, e níveis mais elevados de emoções positivas.[23] Os fãs torcedores têm menos tendência a se sentirem alienados ou zangados, e são menos propensos a relatar sentimentos de solidão, depressão ou fadiga. Esses resultados não são relativos apenas a um efeito secundário de interesse geral no esporte. Os fãs que se preocupam com uma equipe e são capazes de acessar um grupo de torcedores companheiros como eles próprios são realmente mais felizes, pessoas melhor equilibradas. E isto é ainda mais verdadeiro quando o time está em uma série vencedora.

Daniel Wann postula uma interação complexa de feedback, a qual chama de "Modelo de identificação social e psicológica saudável com um time", que permite a torcedores usar sua afiliação para viver vidas mais felizes e completas sem jamais terem escolhido isto conscientemente. Estes são sentimentos de pertencimento e camaradagem desencadeados por torcer por uma equipe local. É fácil encontrar torcedores dos Ravens na cidade natal do time, Baltimore. Muitas pessoas na rua usam jaquetas e bonés com o logotipo e as atividades da equipe muitas vezes surgem em conversas. Muitos hábitos locais são formados em torno de rituais envolvendo os Ravens, como ir a jogos, churrascos ou festas para assistir às partidas. "Em ambientes como esse, os torcedores de um time local podem se sentir parte de algo maior do que si mesmos. Eles ganham conexões vitais com os outros em sua comunidade e um sentimento de camaradagem", explica Wann.[24]

O time perde, o técnico vai embora, escândalos ocorrem. Em um ambiente de grupo, os fãs aprendem valiosas técnicas de compensação psicológica. Estas são práticas como a forma de se distanciar de estressores. Como ter "pessimismo retroativo" (revisando sua memória de quão esperançosos eles estavam após uma decepção) e diminuição de quem está fora do grupo (descontar as frustrações sobre um inimigo ritual, em vez de sobre si mesmo ou entre si). Em um ambiente de grupo, eles podem se sentir bem consigo mesmos quando sua equipe está bem e aprender a controlar suas emoções quando não está.

Somos descendentes de criaturas simiescas que sobreviveram porque estavam dispostas a se identificar como parte de um grupo maior com um propósito compartilhado. À medida que nos tornamos mais sofisticados, esses impulsos não desapareceram. Identificar-se com uma organização social ajuda as pessoas a formar as conexões que proporcionam melhor saúde mental. Enquanto poucas pessoas sentem hoje a necessidade de invocar a religião para convocar as tribos para fins de acasalamento ou caça de mamute, comunidades fechadas de amigos baseadas ao redor de pontos comuns compartilhados — o que os sociólogos chamam de "famílias de escolha" — ainda têm enormes vantagens táticas.[25]

Como descrito no Capítulo 1, socialização é uma das mais básicas atividades de fã. Usar a estrutura existente de uma subcultura é uma maneira rápida de conquistar rapidamente confiança, ganhar aceitação, transmitir informações importantes e aprender novas habilidades em um ambiente seguro. E como qualquer um que já esteve em uma convenção de fãs pode atestar, certamente pode fornecer valiosas oportunidades de acasalamento.

Os professores de marketing Bernard Cova, Robert Kozinets e Avi Shankar chamam isso de transcendência de conformidade, o romance de se sentir parte de algo maior que nós mesmos.[26] É um sentimento animador e reconfortante. E é algo que pode ser desencadeado pela adesão a uma nova religião ou a um novo movimento político, ficar mais envolvidos com uma equipe esportiva local ou se juntar à Corgi Nation (fãs do cachorrinho pastor de pernas atarracadas do País de Gales). Todos esses grupos exploram esse circuito de feedback de nossos cérebros simiescos ancestrais. Não é de admirar que eles proporcionem semelhantes benefícios psicológicos positivos.

Somos Todos Individuais Juntos

Em um episódio do desenho animado *South Park*, Stan, o personagem aluno da escola fundamental, pergunta a um grupo de crianças góticas como ele pode desafiar a sociedade e se tornar um não conformista como elas. Entre balançadas de franja de cabelo preto tingido, dizem-lhe: "Se você quer ser um dos não conformistas, tudo que você tem a fazer é se vestir como nós e ouvir a mesma música que ouvimos."[27] Embora tenha sido escrito com o propósito humorístico, existe uma verdade aí. Há poucas ações mais ferozmente individualistas do que escolher um grupo inesperado com quem se enturmar. É muito mais fácil expressar nossa individualidade única se houver uma comunidade maior nos apoiando, nos assegurando de que ainda somos socialmente aceitáveis.

O fandom emerge de duas motivações muito diferentes — a necessidade de se identificar com um objeto de fã em um nível individual e pessoal, combinada com o desejo de se sentir parte de um grupo maior, cujos membros compartilham características e objetivos semelhantes.[28] Desejamos um sentido de que somos únicos e especiais, mas também queremos um senso de pertencimento.[29] O fandom equaciona esse paradoxo muito bem. Permite a nós mostrarmos nossa individualidade única ao mesmo tempo que nos sentimos protegidos por um grupo de apoio.

Identidade flexível descreve o processo de tentar diferentes personalidades para encontrar a que serve melhor. Não é raro passarmos por dezenas de diferentes identidades subculturais durante nossas vidas: uma fase gótica, uma fase hippie, uma fase musical *indie* e, provavelmente, uma dezena de outras, antes que nossas personalidades sejam consolidadas (pelo menos até o próximo período de perturbação).

O fandom envolve se identificar com diferentes objetos de fã, cada qual com um novo grupo social, novas atividades e novas éticas, normas sociais e valores. Experimentar com vários fandons é um jeito de responder à pergunta "Onde eu me encaixo?". Ela nos permite passar rapidamente de um conceito de si para outro e experimentar novas filosofias, políticas, amor, amizade e rebelião, em uma série de ambientes de apoio.[30]

Mostrar aos membros da comunidade que também pertencemos ao mesmo grupo é uma parte importante da construção da identidade. À medida que escolhemos fandons com os quais ligarmos nosso senso de identidade, mesmo que temporariamente, procuramos maneiras de expressar nossas afiliações ao mundo exterior. Enquanto fãs extremistas podem fazer um esforço para criar tributos de fãs caseiros — roupas, acessórios, arte —, a maioria dos consumidores tradicionais prefere comprar suas cores tribais.

A Licensing Expo fornece isso a eles. Esses fornecedores de fandom estão contando com a lealdade de grupos de fãs para vender suas camisetas, pôsteres, brincos, carteiras, cintos, brinquedos e comida congelada. Os fãs estão contando com os fornecedores para dar-lhes produtos bem-pensados que podem usar para mostrar as mesmas afiliações.

Harry Potter e o Chocolate Justo

Conforme um fandom se torna uma parte central da identidade, é natural que os fãs comecem a testar o significado e o propósito dos seus grupos. O que essa identidade, de fato, significa. Uma identidade compartilhada é uma coisa poderosa e fortalecedora.

Chame isso de um efeito colateral do fandom como utopia — tantos grupos de fãs têm mitologias internas que giram em torno do idealismo que se tornam um ponto de partida natural para bons trabalhos. Assim como grupos comunitários, como a Shriners, a organização ligada à maçonaria, a associação de voluntariado Kiwanis, e até mesmo a maçonaria muitas vezes encontram causas sociais para se reunir e apoiar que são, em boa parte, independentes das suas atividades principais, grupos de fãs tornaram-se lugares de reunião inesperada para causas sociais aparentemente completamente independentes.

Quando a questão da justiça social beneficia o objeto de fã, não é nada mal. A cantora pop Lady Gaga sem dúvida expandiu sua audiência graças ao seu status de ícone do movimento LGBTQ, assim como a cantora Madonna havia feito antes dela. Nesses casos, o fato de que seus respectivos grupos de fãs tenham crescido além de sua identidade de marca original tem benefícios potenciais positivos.

A escravidão do chocolate — o uso do trabalho infantil forçado na produção e colheita de cacau — é algo terrível.[31] Crianças de até 5 anos são sequestradas ou vendidas como força de trabalho nas plantações de cacau da África Ocidental que alimentam os desejos de doces do resto do mundo. O chocolate é uma indústria de 100 bilhões de dólares, e ativistas e jornalistas que tentam relatar a prática são às vezes alvo de intimidação ou violência.[32] Ainda assim, no fim de 2014, uma organização, a Harry Potter Alliance,[33] conseguiu fazer alguns progressos. A campanha deles foi chamada "Não em nome de Harry".[34]

À primeira vista, a ligação entre fazendas de cacau e o império de mídia de Harry Potter parece tênue. A Warner Brothers, empresa que detém os direitos de licenciamento da franquia de filmes de Harry Potter, vende "sapos de chocolate" temáticos em algumas de suas lojas e parques. Os fãs de Harry Potter vão a parques temáticos e também, às vezes, comem chocolate. Não é a correlação mais óbvia. No entanto, há quase meia década, a Harry Potter Alliance está envolvida em uma cruzada vigorosa para persuadir a Warner Brothers a fazer sapos de chocolate — e outros produtos de chocolate do tema Harry Potter — seguindo as regras de comércio justo.

Ler Harry Potter pela primeira vez marcou um momento de definição para muitos da Geração Y. É um verdadeiro fandom baseado no mundo; seu contexto é fantasticamente amplo. Quase qualquer pessoa pode se relacionar com ele em quase qualquer forma que quiser. Tem algo ali para azarões, populares, quem gosta de roupas, cozinheiros, artesãos, atores, estudiosos, atletas, rebeldes, românticos e excluídos tímidos. É um fandom que, por alguns anos em meados da década de 2000, inspirou uma religião honesta à bondade estruturada em torno do personagem Severo Snape, com visões, adivinhações, rituais sexuais e uma quantidade de discípulos completamente séria. O resto do fandom os apelidou de *Snapewives* [esposas de Snape].[35]

A HPA foi fundada em 2005 por um grupo de superfãs de Harry Potter, incluindo o comediante Andrew Slack e integrantes da banda tributo Harry and the Potters (conhecidos por músicas como "Voldemort can't stop the rock" [Voldemort não pode impedir o rock] e "The Economics of the wizarding world don't make sense" [A economia no mundo da magia não faz sentido].[36] Sua intenção declarada é ajudar a espalhar a moral elevada e ideais, como encontrados nos livros de Harry Potter. Eles fazem uma conferência chamada Academia de Liderança Granger, cujo nome homenageia a personagem que faz boas ações, Hermione Granger. "Durante toda a sua vida você ouviu histórias sobre grandes heróis — agora é hora de se tornar um", promete o website deles.[37]

Paul DeGeorge é um dos fundadores. "Não somos especialistas em apenas um problema.[38] A Harry Potter Alliance não é uma organização que apenas trabalha estritamente em direitos LGBTQ ou algo assim. Somos uma organização de muitas questões e procuramos essa conexão com o trabalho, é nossa razão pela qual o fandom deve estar envolvido."

O relacionamento entre a HPA e a franquia Harry Potter é complicada. Os fãs querem causar um impacto, mas não querem necessariamente se opor à marca em um nível de consumidor, por exemplo, por meio de boicote. Para quem vê de fora, pode parecer uma situação de querer ter as duas coisas ao mesmo tempo, mas não é bem isto. Para os consumidores, conseguir se fazer ouvir é apenas uma questão de escolher o próximo melhor produto até que suas demandas sejam atendidas. Os fãs nem sempre têm essa opção.

A HPA encorajou a Warner Brothers a repensar suas práticas trabalhistas. A Warner Brothers replicou que tinha um relatório dizendo que as práticas eram adequadas. A HPA demandou ver o relatório e a Warner Brothers, possivelmente sentindo um declive escorregadio, recusou. Houve uma extensa petição e campanha de vídeo. "Alvo Dumbledore nos pediu para escolher entre o que era certo e o que era fácil. Pedimos para vocês fazerem o mesmo. Mostre-nos o relatório", a petição exigia.[39] Advogados foram contatados. Até mesmo J. K. Rowling foi envolvida na briga.

Em 22 de dezembro, a Warner Brothers escreveu uma carta para a HPA aquiescendo. A carta era curta e concisa. "Obrigado pela sua parceria ao longo das nossas discussões sobre esta importante questão. Valorizamos e apreciamos a voz coletiva dos integrantes da Harry Potter Alliance e dos fãs de Harry Potter por todo o mundo, além do seu entusiasmo e amor pelo mundo de Harry Potter."[40] Todos os futuros chocolates terão certificados indicando a origem correta, como os da UTZ e da Fair Trade.

"VENCEMOS!", exultava uma postagem no blog da HPA que anunciava a vitória.[41]

A Warner Brothers é uma gigantesca e monstruosa empresa multibilionária, e os chocolates temáticos de Harry Potter nem sequer chegam a ser mencionados em sua extensa lista de atividades de rentabilização. Eles podem se dar ao luxo de serem sensíveis aos fãs que procuram mudar uma pequena porção de seu modelo de negócios. É um pequeno preço a pagar para manter milhões de fanáticos envolvidos e leais a Harry Potter reunidos em seus parques temáticos, usando seus chaveiros, colares, braceletes e camisetas, balançando réplicas de varinhas, vendo seus filmes e, claro, comendo seu chocolate.

Você Gosta dos Smiths? Eu Gosto dos Smiths!

"Você gosta de Smiths, Morrissey e/ou dar uns amassos coisa e tal? Se você respondeu sim a apenas uma dessas perguntas, então você deve vir à 'O Céu sabe que eu sofro', uma noite mágica que combina Smiths e as músicas de Morrissey com *speed dating*..."[42]

Assim começa a chamada para o que pode ser um fenômeno exclusivamente do Brooklyn (a chamada termina com: "venha, ou nós vamos te esfaquear"). *Speed dating*, ou encontros rápidos, o ato de gastar alguns poucos minutos com cada um de um grande número de potenciais companheiros, sistema do tipo todos contra todos, é uma constante em comédias românticas e *sitcoms*. Há *speed dating* para judeus, *speed dating* para atletas, *speed dating* para quem faz dança de salão, *speed dating* para chefs e pelo menos em um parque temático tem *speed dating* em uma montanha-russa. Encontros que duram apenas por uma volta na montanha-russa: 49 segundos.[43]

Um evento de *speed dating* dirigido a fãs do roqueiro melancólico Steven Morrissey não é o mais incomum do bando, mas pode ser um dos poucos que tem um sério sentido romântico. Embora não seja impossível imaginar quem está em uma montanha-russa se apaixonando baseado em uma apreciação compartilhada do nível aumentado da força G, os fãs dos Smiths são, pelo menos potencialmente, autosselecionados para compartilhar um número razoável de características comuns.

A multidão nesse evento específico era tatuada,[44] estranha e assumidamente *hipster*.[45] Em outras palavras, um grupo demográfico potencialmente tímido demais para se reunir sem uma desculpa. Alguns dos participantes em potencial tinham cruzado dois rios para viajar desde a distante Nova Jersey.[46] Os participantes trocaram gracejos, curiosidades e citações. Pelo menos um casal se conectou a respeito de histórias sobre choro. O namoro baseado em música é um campo extremamente de nicho, mas o conceito de usar nossos fandons para pré-visualizar uma população para pessoas que têm afinidade conosco não é.

Christian Rudder é um dos fundadores do OKCupid, um dos maiores e mais ativos sites de namoro do mundo. Quando criava as ferramentas que eventualmente se tornariam o OKCupid, ele e seus associados desejavam particularmente igualar as pessoas com base em traços de personalidade sutis, mas importantes, que poderiam não ser evidentes a partir de um perfil padrão.

O resultado foi uma série de testes de personalidade e perguntas para ajudar a influenciar o que faz com que cada usuário os assinalasse.[47] Na área de perfil, os usuários são encorajados a preencher respostas como "livros, filmes, séries, músicas e comidas favoritos", "Sou realmente bom em" e "As seis coisas que nunca poderia viver sem" para mostrar sua personalidade. Isso leva a um perfil de namoro que é mais leve na autodescrição ("sou legal, sou divertido, gosto de viajar") e mais pesado em provar isso ("eu me voluntario em dar sopão para mendigos, sou comediante *standup* amador, acabei de voltar de um mochilão na Mongólia"). É o que um professor de escola primária pode chamar de "mostre, não conte" [*show, don't tell*].

Engine42 é um homem à procura de mulheres.* Ele quer que o mundo inteiro saiba o quanto ele ama os filmes de Clint Eastwood. Nos últimos anos, tem lido livros sobre medicina chinesa e está imerso em Thoreau, Kerouac e Hunter S. Thompson. Circuiter diz que gasta muito tempo pensando sobre a política de Batman. Unicornlvr organiza convenções de games e tem um Google Glass, mas se apressa em esclarecer que também é pró-feminista. THEDOCTORW usa uma camiseta temática de Doctor Who em sua foto de perfil. Watcher75 está em um jogo dos Yankees. IDeeJay é um DJ. Hightek34 diz: "Se você ainda assistir a *Matrix* como se fosse a primeira vez e se pergunta se você nunca vai conhecer alguém que entende a filosofia por trás da Matrix, eu sou a sua mulher :)."[48]

---

* Nomes e perfis foram modificados para proteger a privacidade dos usuários.

Isso não é um acidente, diz Rudder: "Fotos em Machu Picchu ou na frente das pirâmides do Egito são um atalho para mostrar a parceiros em potencial que 'Eu amo viajar' ou 'Estou disposto em embarcar em uma aventura'. Quando as pessoas estão compartilhando suas paixões, há bastante potencial para conexão."[49]

Um estudo de 2012 demonstrou que os homens gastam apenas um minuto vendo um perfil de namoro, enquanto mulheres gastam cerca de um minuto e meio. É só um pouco mais do que o *speed dating* na montanha-russa.[50]

O surgimento da rede social tem aumentado exponencialmente o número de novas pessoas que encontramos todos os dias. Um século atrás, fora dos centros urbanos, a chegada de um estranho na cidade podia ser rara o suficiente para merecer discussão por semanas a fio. No OKCupid, com dedos rápidos o bastante, é possível "encontrar" centenas de estranhos em uma hora. Mas ao mesmo tempo que o número de novos encontros está subindo às estrelas, a quantidade de exposição que temos a cada nova pessoa tem diminuído significativamente.

No livro de Jane Austen *Orgulho e preconceito*, a personagem principal, Elizabeth Bennet, passa meses tentando discernir a verdadeira natureza dos jovens cavalheiros recém-chegados na vizinhança. O resultado é uma série de fofocas, cartas, sussurros, gracejos, propostas e conversas longas e elegantes. Eventualmente, com a ajuda de uma tia, um tio, quatro irmãs, alguns amigos próximos, alguns criados úteis e seus pais, ela descobre. O moderno romântico tem algumas fotos, linhas de texto e, se o estudo de 2012 estiver correto, cerca de sessenta segundos. Comunicar detalhes suficientes para atrair alguém em tão pouco tempo requer um pouco de ajuda.

Fandom como Abreviação de Identidade

Durante a temporada de caça, casacos laranja ajudam a diferenciar um caminhante de um cervo. Em muitas partes do mundo, algum tipo de cobertura nas pernas é necessário para fins de retenção de calor ou como anticongelante. Bonés protegem quem os usa do sol; até mesmo o mais chique dos relógios serve para medir a passagem do tempo. Esquis parabólicos são melhores em cortar neve do que esquis retos, que são melhores do que pranchas de madeira amarradas aos pés de alguém (que, por sua vez, são melhores do que apenas cair pela montanha).

Mas além do propósito puramente utilitário das cores e do design de um produto, o principal objetivo da maioria dos gostos individuais é evidenciar e manter a posição dentro de um grupo.[51] Escolhemos os produtos com os quais nos cercamos com base na história que contam ao mundo.[52] *Qualquer* camisa pode nos ajudar a evitar a hipotermia. Um logo da NASA em uma camisa nos identifica como o tipo de pessoa que apoia a ciência, a exploração espacial ou, possivelmente, que é um irônico *hipster* retrô. O valor não está na própria coisa, está na história que conta ao mundo. Um lenço, um bindi ou um pingente com uma estrela de seis pontas anunciam um tipo bastante específico de afiliação. Assim como batom preto, uma camisa dos Green Bay Packers ou uma bolsa Hermès Birkin.

Além de quaisquer problemas utilitários (uma camiseta precisaria se tornar bastante extrema antes de parar de fazer o trabalho básico de cobrir o peito de quem a usa), as decisões de compra são uma forma altamente pessoal de autoexpressão. Saber quais marcas, logos e estilos com os quais se associar funciona como uma importante forma de moeda, mas também é uma oportunidade de exibir esses emblemas importantes de filiação que dizem ao mundo, e a nós mesmos, quem somos.

A parafernália de marca, os produtos que compõem a base comercial de muitos fandons, funcionam como símbolo de identidade e associação. Eles são bilhetes de entrada, prova de que quem os têm entende o suficiente sobre uma subcultura para usar sua marca. Esses "artefatos funcionais" são as cores tribais pelas quais um grupo pode identificar seus companheiros. E, ao contrário das tatuagens tradicionais e outras marcas tribais que devem ser obtidas através de ritos de passagem, estas são as que podem literalmente ser compradas.

Abreviação de identidade é um termo que se refere a uma forma rápida e eficiente de comunicar quem somos ao mundo exterior em geral. Não é um conceito novo, mas a internet universalizou isso. On-line, os marcadores mais tradicionais de idade, classe, riqueza, educação, política e localização geográfica desaparecem. Nossos gostos tornaram-se emblemas para a identidade que desejamos apresentar aos outros. Uma lista com curadoria de mídias favoritas é mais do que algo para iniciar uma conversa, é um encapsulamento do tamanho de uma mordida de como nos imaginamos, ou pelo menos quem queremos ser.

A própria Jane Austen gastou a maior parte de um parágrafo capturando a personalidade valente de sua heroína Elizabeth Bennet: "pois era de espírito alegre e brincalhão e se deleitava com tudo o que era ridículo", ela era "considerada uma beldade local" com "belos olhos" e uma figura "leve e agradável". Confrontado com uma contagem de palavras reduzida moderna, podemos encapsular isso como: "Ela gostava da série *Archer*, blogs de beleza e ioga."[53] Quando se trata de nomear nosso livro favorito, uma escolha como *Orgulho e preconceito* destina-se a enviar uma mensagem muito diferente sobre o dono do perfil do que, digamos, *A revolta de Atlas* ou a Bíblia.

Um dos grandes sucessos das mídias sociais tem sido o que o acadêmico Clay Shirky chama de "obsessivo prazer casa de bonecas", de fazer nossos perfis ficarem certinhos.[54] Compomos a versão digital de nós mesmos, selecionando e escolhendo os itens que exibimos com mais cuidado e concentração do que a senhorita Bennet concedeu aos seus emocionantes jovens cavalheiros. Isto é particularmente verdadeiro em sites como o Facebook, que literalmente nos pede para dizer ao mundo o que somos baseando-se em nossas "curtidas".

Com tanta ênfase em quebrar estereótipos, é irônico que um dos principais propósitos de muitas subculturas é fornecer acesso a um grupo potencial de amigos que possuem certas coisas que podem ser assumidas. Para colocar de outra forma: fãs usam seus hobbies como uma forma de pré-selecionar o tipo de pessoas que gostariam de conhecer. Afinal, se já temos isso em comum, que outras opiniões e escolhas de vida também podemos compartilhar?

É evidente que a abreviação de identidade também elimina pessoas que poderiam ser um desperdício de tempo. Da forma como Christian Rudder coloca: "Se *World of Warcraft* é realmente importante para você, você não deveria esconder esse fato. É contraproducente. Há muitas pessoas que não gostam de *World of Warcraft*, [e] essas pessoas não vão gostar de você quando as coisas ficarem feias. O mundo do namoro é grande, então quanto mais específico você for, melhor para você será, quer se trate de levantamento de peso ou viajar muito, ou *World of Warcraft* ou dominação ou sadomasoquismo ou o que quer que seja."[55]

Como são com todas as exibições de fandom, é um jogo de equilíbrio entre extremos. Um perfil pode tentar abarcar o maior número possível de correspondências, deixando de fora obsessões potencialmente estigmatizantes (tais como uma paixão profunda e permanente por Jane Austen), ou deixar seu maneirismo aparecer. Um fandom que é muito genérico diz quase nada a possíveis parceiros. Muita especificidade e o fã corre o risco de ser castigado. A última abordagem pode significar um menor número de encontros em potencial, porém os atraídos são mais prováveis de serem compatíveis. É uma negociação. "Eu acho que você deve colocar sua melhor faceta nos perfis de namoro on-line. Você deve se certificar, no entanto, de que é mesmo um aspecto seu, e não alguma versão fictícia idealizada de si mesmo", diz Rudder.[56]

Em uma anedota bem documentada, um jogador campeão do mundo do jogo de cartas de fantasia *Magic: The Gathering* cometeu o grave erro de ousar deixar seu passatempo fora de seu perfil do OKCupid.[57] Mesmo que ele fosse pessoalmente atraente, profissionalmente bem-sucedido e socialmente ativo, uma das moças que ele encontrou ficou tão mortificada que escreveu uma indignante postagem contando tudo sobre sua provação para o blog de tecnologia *Gizmodo*. É fácil imaginar uma história semelhante criada na era dos direitos civis, quando uma pessoa de repente descobre que foi "enganada" para jantar com alguém de uma raça, religião ou classe incompatível. Qualquer que seja o motivo, a lição é clara: muitas vezes é melhor eliminar os principais pontos de atrito muito antes de as coisas progredirem para o nível de um encontro pessoalmente.

Os fãs muitas vezes escolhem produtos de marca que representam estereótipos às quais desejam se associar. Uma foto de perfil de uma mulher usando uma blusinha do Han Solo pode induzir um conjunto de suposições. Ela é fã de ficção científica, mas um pouco nervosa. Há uma chance de ser experiente em tecnologia. Ela valoriza independência. Uma mulher usando uma camiseta do Capitão Picard, de *Star Trek*, pode estar tentando passar um conjunto ligeiramente diferente de sinais. Seu fandom é uma opção menos popular; então, mesmo que ela ainda seja uma fã de ficção científica, há uma chance de ser um pouco mais *geeky*. Menos na moda. Ela também pode ser mais idealista. Talvez goste de ciência. Ou, como o agente de licenciamento Jesse DeStasio coloca: "Você provavelmente terá uma suposição diferente se vir uma garota usando uma camiseta dos Dallas Mavericks T-shirt versus uma garota usando uma camiseta do Batman."

"Há um código que você está retransmitindo no seu perfil de namoro", diz Virginia Roberts, conhecida como a Especialista do Coração.[58] Ela quase sempre prefere deixar a roupa suja, qualquer que seja, à mostra. Roberts tem feito carreira em ajudar os romanticamente desajeitados a colocarem as iscas certas em seus perfis de namoro on-line para capturar apenas o tipo de pessoas que eles estão procurando.

Um truque é o método do ovo de Páscoa — apimentar um perfil com referências de um fandom que alguém familiarizado iria entender imediatamente, mas um estranho não necessariamente notaria. Uma vegetariana radical pode mencionar o quanto gosta de seitã. Um fanático pela Apple pode astutamente fazer uma referência de receber as mensagens azuis do iPhone. Tal nota estabelece que a pessoa é do time da Apple sem parecer um blogger de tecnologia chato sobre o assunto. Fãs da série cult de TV *Arrested Development* podem soltar uma citação como: "Sempre há dinheiro na barraquinha de bananas." Aproximando elementos de fã que sinalizam: "Nós provavelmente temos algo em comum."[59]

Enquanto há novos estudos sobre o que exatamente causa as faíscas *d'amour*, usuários continuarão a ajustar as caras que escolhem para mostrar ao mundo. O OKTrends, blog de dados que analisa o comportamento estatístico de encontros dos usuários do OKCupid, anunciou recentemente que as imagens de perfil contribuíram para uma percentagem muito maior de opinião do leitor do que se pensava anteriormente. Ou, como eles colocaram: "então, sua imagem *vale* mais do que mil palavras, mas suas palavras valem... quase nada."[60] Não é nenhuma surpresa que tantos usuários se sentiram inspirados para incorporar seus fandons mais importantes diretamente em sua imagem de perfil principal, a primeira foto que um potencial companheiro pode ver.

Na sua foto de perfil, o Cosmic-space usa uma camisa da NASA.[61] Ele está à procura de uma moça de esquerda, liberal, que esteja em busca de conhecimento.

Fazendo os Fandons Valerem

Namorar — e socializar, em geral — leva o fandom como identidade até seus extremos. É a diferença entre comprar algo que o usuário acha engraçado e algo que quem usa espera dizer às outras pessoas que eles sabem que é engraçado.

Nem todos os fandons, mesmo os bem populares, têm o suficiente *je ne sais quoi* para servir como identidade para seus seguidores. Aqueles cujo trabalho foi cuidadosamente selecionado para isso, com o exato contexto para se comunicar através do espaço restrito de uma camiseta, citação ou logotipo. Para donos de objetos de fãs, chegar a essa fase é o objetivo final. Requer um grupo de fãs suficientemente dedicado para trazer seu próprio contexto junto a eles. Afinal, sem uma população britânica machucada e desejosa de motivação, James Bond é apenas um burocrata meio mesquinho.

Propriedades de mídia, imbuídas de personagens detalhados e histórias vibrantes são identidades relativamente fáceis de se identificar. Suas histórias de rebelião e superação oferecem uma maneira de alinhar-nos contra os nossos próprios desafios. As variedades de personagens permitem-nos escolher aquele cujos traços achamos mais atraentes: o piloto rebelde ou o capitão consciencioso. Porém, todos os objetos de fã têm potencial de construir a identidade. O fandom de um time esportivo mescla com frequência uma história lendária com características da comunidade local. Cada celebridade tem uma narrativa pessoal com a qual podemos sentir uma afinidade. Cada escolha vem com o seu próprio conjunto de características que podemos transmitir ao mundo.

Construir fandons que podem ser usados como um distintivo de associação requer um contexto detalhado. Assim como os melhores perfis em sites de namoro, eles acham aquele ponto certo entre ser tão genérico que uma marca não significa nada e ser tão extremamente específico que ninguém mais do que quem usa pode interpretar as qualidades representadas. E abraçam o contexto que os fãs deram sobre eles. É o significado de fã que vende as camisetas.

De volta à Licensing Expo em Las Vegas, os homens e as mulheres bem-vestidos estão negociando sobre o que os logotipos vão estampar nas camisetas, bonés, colares, relógios e lancheiras no ano seguinte. *Os Pioneiros* concordaram em colocar seu nome em uma linha de tecido acolchoado. O Pokémon Pikachu será oferecido em workshops da loja Build-a-Bear. O nome do skatista Tony Hawk vai aparecer em roupas de meninos, calçados e acessórios no Walmart. Em toda parte, há a agitação silenciosa dos contratos que estão sendo assinados e o dinheiro que muda de mãos, os logos que praticamente flutuam no ar enquanto saltam de comprador em comprador. Três milhões e meio de usuários do OKCupid estão contando com eles para escolher os mais adequados.

CAPÍTULO · 5

ASSOCIAÇÃO E STATUS NO LUGAR MAIS FELIZ DO MUNDO

Pela Toca do Coelho[1]

O Coelho Branco está em movimento, uma horda de coletes de motocicleta e camisetas pretas se escoando para fora da festa em direção à Buena Vista Street, brincando e empurrando uns aos outros. A maioria é tatuada. As barbas abundam, os piercings são sérios, o cabelo é raspado, selvagem ou branqueado. Deve haver duas dúzias deles subindo no meio da estrada. Um casal de turistas noturnos se espreme contra as fachadas fechadas para dar espaço ao grupo.

"Aparentemente, as pessoas têm medo de nós", brinca um homem de algum lugar no meio do bando.

"Com medo de nós, como um clube? Sou amigável pra diabo!", anuncia uma mulher loira e musculosa, com uma gigantesca tatuagem de um urso-de-kodiak no pescoço.

Eles se apertam através dos portões, mantendo uns aos outros dentro da distância de um grito enquanto alcançam as catracas de entrada. As mãos tateiam cigarros e isqueiros enquanto aguardam que o resto da cauda do cometa humano os alcance. Um membro inclina-se para pegar uma embalagem de doces esquecida e coloca-a respeitosamente no lixo.

"Todo mundo aqui? Certo, em frente!", vem uma chamada da dianteira. Cigarros são apagados. Então, como uma equipe, eles se viram em direção à Disneylândia, onde 23 passaportes rápidos vão lhes garantir acesso gratuito à montanha-russa Space Mountain.

Os White Rabbits [Coelhos Brancos] formam um das centenas de clubes sociais com temas da Disney que operam no Resort da Disneylândia, em Anaheim, na Califórnia.[2] Eles podem ser vistos em grupo nos bares e locais para fumantes no parque California Adventure da Disney. Dominam fileiras inteiras em espetáculos como *Aladdin — A Musical Spectacular*. Enchem trenzinhos inteiros na Casa Mal-Assombrada. Sabem tudo a respeito do vagão especial Lilly Belle na Disneyland Railroad, sobre a lendária quadra de basquete no topo da Matterhorn Mountain e sobre a sala com ar-condicionado difícil de encontrar no castelo da Cinderela. Sabem os banheiros mais limpos e mais vazios a qualquer hora do dia. Viajam em bandos, passando pelas multidões de festas de fim de semana da Disney como golfinhos através de camarões, se esgueirando por atalhos de lojas e restaurantes com uma confiança nascida de longa experiência.

Apesar das aparências, eles não são gangues de motoqueiros. Na verdade, os integrantes se apressam em corrigir qualquer uso da palavra começada com a letra "G". No entanto, adotaram a tradicional linguagem das gangues de motoqueiros, usando termos como "prospectar", "remendado" e "sargento". E, claro, os coletes que combinam: jaquetas jeans com mangas cortadas, embelezadas com emblemas estilo motociclista, declarando a todo o mundo que eles são membros oficiais dos White Rabbits, Sons of Anakin [Filhos de Anakin], Mickey's Little Monsters [Monstrinhos do Mickey], The Hitchhikers [Os Mochileiros], The Mousefits [Os ratos desajustados], Robin Hoods da Disney ou Triton's Mermaids [As Sereias dos Tritões].

A Disney está observando. "Se você está em um novo clube indo ao parque, será recebido por um cara vestido à paisana que é um agente disfarçado da Disney FBI/CIA. Ele vai agir de maneira casual e dirá: 'Ei, vi que você faz parte de um clube. Isso é muito legal. Meu irmão também é de um clube. Você se importa de virar para que eu possa tirar uma foto do seu emblema?' E eles vão tirar uma foto do seu emblema e manter isto em um arquivo."[3]

Jake Fite, de mais ou menos 40 anos, diz isso. Fite é um cara tão grande quanto uma montanha, com um sorriso gigante e uma barba loira cheia. O efeito é de um grande porco-espinho amigável. Ele vem aqui desde a infância, uma história que parece compartilhar com a maior parte do sul da Califórnia, embora as histórias das pessoas não culminem em administrar uma horda de 150 membros de um grupo. Como líder dos White Rabbits, um dos maiores clubes sociais da Disney, ele passa os fins de semana aqui nos parques, presidindo sua tribo tatuada: planejando as atividades do clube, mantendo a ordem e fazendo justiça conforme necessário. "Tudo é gerenciado", ele diz. "Há algumas pessoas no clube que pensam que isso simplesmente acontece. Esse é o meu papel no clube, só fazer as coisas acontecerem. Tudo o que eles têm a fazer é aparecer e se divertir."[4]

Conforme eles passam diante de famílias à espera da passagem da parada Paint the Night, Fite aponta áreas de interesse: aqui está um local histórico, há uma imagem de Mickey escondida na calçada. Essa atração sempre quebra. Essa nunca se alinha. Ele conhece sua Disney. "Jake! Espere!", alguém grita lá de trás.

"Essa é minha vida", diz Fite. "Andar dez passos, e então alguém grita: 'Ei, Jake!'"

Na Tomorrowland, uma das pessoas que está no brinquedo Space Mountain está surpresa com o tamanho da multidão que chega. Ele recorre à etiqueta da escola, pedindo que todos levantem um braço, contando-os através do portão, um a um. "Posso ficar no seu grupo também?", brinca enquanto a fila anda.

Eles fofocam a respeito de suas coleções de parafernálias da Disney. Conversam a respeito dos passeios nos brinquedos. “Minha unha vai cair.” “Não posso com vodca.” “Eu falei: volte quanto tiver barba na cara.” “Ela é tão desligada.” Então, eles chegaram à frente da fila, enchendo a área de carregamento com coletes de brim e conversa boba e bem-humorada. É preciso três trenzinhos diferentes para levar todo o grupo pela montanha-russa.

As Gangues da Disneylândia

Disneylândia é um parque temático urbano, situado a cerca de meia hora de carro (sem trânsito) do centro de Los Angeles — em termos de distância do sul da Califórnia, é praticamente do lado. Os milhões de pessoas localizadas nas proximidades tornam a participação demográfica da Disneylândia muito diferente da de seus resorts irmãos em Orlando e Paris, e os clubes sociais da Disney são um fenômeno quase inteiramente exclusivo do resort da cidade californiana de Anaheim. Uma grande e incomum parcela de visitantes do parque é constituída por moradores locais com passaportes de temporada, em vez de turistas que podem visitar apenas uma vez na vida. Não é incomum um convidado passar para apenas um show específico, ou só para almoçar.

O parque de Anaheim também é pequeno em relação à Disney World, em Orlando. Antes da criação da nova Disney California Adventure, calculou-se que todo o parque Disneylândia poderia caber dentro de um dos estacionamentos do resort de Orlando, com espaço sobrando. A atração central, o Castelo da Bela Adormecida, é menor do que muitos dos hotéis nas proximidades. É uma atração pequena, amigável, em vez de majestosa. O parque envelheceu bem, mas nada pode mudar a sensação compacta, acolhedora e retrô da primeira tentativa de Walt.

O resultado é uma base de fãs leal de forma pouco comum, mesmo dentro do intenso mundo do fandom da Disney. É o parque que originou o "Dia Elegante" — uma tradição bianual criada por fãs quando as pessoas que vão ao parque se vestem com roupas antigas e formais.[5] E o Galliday, um dia não oficial celebrando Doctor Who, bem como Dia Tiki, Dia Harry Potter e Dia Raver. O hábito de se fantasiar com os trajes dos personagens nasceu na cultura do parque — para cada garotinha de vestido da Cinderela há um casal de adolescentes usando camisetas que combinam em que se lê "Ele é meu Anakin" e "Ela é minha Padmé", ou uma família inteira adornada como os Incríveis.

É um bom ambiente para usar uma indumentária, como um colete de gangue de motociclista, que pode ser bastante arriscado usar fora das paredes do parque. Mas quais coletes? Na última contagem havia mais de trezentos clubes sociais para escolher, embora alguns estejam extintos e outros tenham apenas alguns membros.[6] O contexto da Disney é tão grande que praticamente força a especialização. O Hitchhikers Social Club começou como um clube para californianos do norte. O Pix Pak Social Club é para integrantes que gostam especialmente da Pixar. O Darkside Social Club e os Sons of Anakin são ambos para amantes de *Star Wars*. O Mickey's Empire Social Club é com o tema de piratas. O VooDoo Crew afirma ser mais orientado para a família. A adesão aos White Rabbits se baseia fortemente nos empregados das indústrias de serviços.

Emblemas vão nas costas do colete, deixando a parte dianteira livre para outros que mostram o ranque, a posição, os apelidos e, naturalmente, pins colecionáveis da Disney. Muitíssimos pins. Os coletes de muitos membros são tão fortemente embalados com metal que são praticamente à prova de balas. Quase todas as lojas no resort têm alguns, e pins de edições limitadas são liberados em um horário regular em todo o parque. O eBay faz um comércio secundário rápido. Além da despesa que representam, os pins produzem um conjunto complicado de sinais sobre a autoimagem, o nível de compromisso e a história do membro.[7] Um pin ligado a um evento, como a Celebração do Diamante da Disneylândia, o sexagésimo aniversário do parque, anuncia: isso mesmo, eu estava lá quando aconteceu.

Depois, há os broches mais baratos — simples, redondos, produzidos manualmente em pequenas máquinas pessoais — que os próprios clubes sociais usam para trocar uns com os outros e distribuir aos turistas curiosos. Alguns dos broches são quase tão colecionáveis como os pins oficiais da Disney. Em um golpe baixo de mestre, um grande grupo troca broches do Darth Vader com as iniciais de "Eu não reconheço a porcaria do seu grupo social".

O colete inteiro está cheio de simbolismo suficiente para rivalizar com a maior medalha de uniforme militar, combinando o amor de integrar um grupo com a emoção de autoexpressão. É a encarnação física do fandom como identidade. E, ei, isso também parece legal. Como um membro dos Sons of Anakin coloca: "As pessoas vêm até mim e dizem: 'Amamos as suas coisas, onde podemos conseguir?' A atenção é lisonjeira. Você acha que eu estou usando este colete num calor de 40 graus para me divertir?"

As Leis da Estrada

O jovem alto tinha o emblema do Mickey's Empire apenas oito meses antes. Ele tem uma grande tatuagem da Ariel, de *A pequena sereia*, no bíceps. É, na verdade, uma tatuagem de um pin: o seu pin definitivo, um que é especialmente raro e caro. Algum dia será dele. Enquanto isso, seu colete está coberto com outros tributos à *Pequena sereia*. "Eu gosto de todo o lance de rebeldia de *A pequena sereia*", ele fala. "Ela realmente me toca."

Seu clube está se socializando com os Sons of Anakin na sombra, em frente a uma estátua de Walt Disney. Há menos tatuagens e piercings aqui, porém cabelos mais exuberantes — azuis, roxos e vermelhos fluorescentes. Alguns membros retiraram seus coletes devido ao calor incrível. Um sabre de luz de plástico é parte dos acessórios dos Sons of Anakin — o site deles diz que oficiais são requeridos a usar uma versão padrão vermelha de Darth Vader — e de vez em quando alguém vai apontar o deles para algo.[8] "Quero um chá gelado de laranja!", diz um integrante. *Vush*, faz um sabre de luz, apontando em direção ao destino pretendido.

"Eu estava tirando uma foto na frente da abóbora e um cara falou: 'Ah, essas gangues!'", reclama um dos Sons of Anakin. "E eu respondi: 'São clubes sociais!'" Na frente do castelo, protetor solar está escorrendo nas bochechas dos turistas enquanto eles posam para selfies com rostos vermelhos.

"Todo mundo aqui? Certo, vamos conhecer algumas princesas!" Com os sabres de luz balançando altos no ar, os grupos partem para o Teatro Real.

No passado, houve rumores de violência entre os clubes e guerras para dominar áreas dentro do parque, algo que os membros do grupo negam com veemência. Há muita confraternização, mas quase nenhum cruzamento. Pelo menos sobre um grupo, a Main Street Elite, há rumores de desencorajarem seus membros a se misturar com outros clubes sociais. Mas então ninguém parece ter visto esse grupo por aí há um tempo.

Elena Salcedo é integrante do Mickey's Empire. Ela é pequena, tem cabelo roxo e se parece mais com a doce irmã mais nova de alguém do que um membro de gangue em potencial. Ela está indo até a Fantasyland para se juntar ao resto do seu grupo no show ao vivo "Mickey e o Mapa Mágico".

"Minha família tem o passaporte anual há anos. Eles sempre falam da Disney. Disney, Disney, Disney", ela se recorda. "Agora que eu envelheci e comecei a ganhar meu próprio dinheiro, pude comprar um passaporte. Foi quando comecei a entrar no cinema, na música, nos shows. Qualquer tipo de mercadoria lá fora: chapéus, roupas, qualquer coisa. Começou com a minha família gostando tanto disso e, então, meio que só aflorou em mim mesma. De repente, comecei a notar um monte de grupos vestindo coletes com desenhinhos em suas costas. Comecei a me perguntar: o que é isso?"[9]

O Instagram é a plataforma de escolha para a maioria dos sócios dos clubes sociais e foi onde a Mickey's Empire originalmente chamou a atenção de Salcedo. Depois de dois meses de espreita, ela finalmente fez sua jogada: "Fui até os membros e perguntei: 'Estou seguindo vocês há algum tempo. Estou muito interessada em ver se poderia andar com vocês. Quero ser parte disso. Eu quero fazer parte de um grupo que acredita e ama a Disney tanto quanto eu.'"[10] Uma menina em um tutu deixa cair a garrafa de água, perseguindo-a pela calçada da rua principal. Sem perder o ritmo, Salcedo a recolhe e devolve para a garota. "Ninguém vai julgá-lo. Você tem grande companhia. Isso só deixa você feliz, sabe?"

A associação ao Mickey's Empire vem como obrigações. Os membros devem usar o colete o tempo todo dentro dos limites do parque. Eles devem se reunir todos os domingos às cinco horas para discutir os negócios do clube. Devem permitir famílias de turistas irem antes deles nos passeios. E, claro, mantêm tudo relativo a piratas por perto. "Uma das coisas que tentamos fazer é ir bastante ao brinquedo dos Piratas do Caribe", ela diz. "Esse é um dos nossos rituais."[11] Sua estrutura organizacional é náutica — eles têm três capitães e um imediato — e o logotipo estampado é uma imagem do próprio Mickey com um chapéu de pirata, tapa-olho e espada.

O clube ocupa um banco inteiro na terceira fila do anfiteatro. Um menino de uma fila na frente está virado em seu assento, de olhos arregalados. Sua mãe continua olhando de relance para trás, para a imponente fileira de coletes, e tentando distrair sua prole, mas ele não desvia a atenção. Mickey salta no palco para introduzir o enredo solto que permitirá que uma meia dúzia de personagens de filmes da Disney façam aparições musicais breves. A idade-alvo parece ser de cerca de 5 anos, mas é claro que não é um evento irônico para os integrantes do Mickey's Empire. Um dos capitães do clube está balançando a cabeça ao ritmo da música "Aqui no Mar". Um homem enorme, com um corte de cabelo bem curto, sentado mais abaixo no banco saúda a aparição de Pocahontas com um murmúrio de "Melhor princesa de todas...".

Mickey aprende uma lição importante sobre ser você mesmo, ou possivelmente uma lição de tolerância. Flâmulas de papel explodem do alto para a multidão. O capitão reúne as flâmulas que caem nele e as oferece ao menino extático, ajudando-o a enrolá-las em torno de seu pescoço em um gigante colar de flores. Esse é definitivamente o melhor dia da vida inteira do menino.

O Próprio Clube Privado do Mickey

O Club 33 é o único lugar dentro da Disneylândia original de Anaheim onde é possível conseguir álcool.[12] É privativo, tanto literal (fica em um canto escondido bem perto da praça New Orleans) quanto metaforicamente (há rumores das associações básicas custarem mais de 12 mil dólares por ano, com uma lista de espera de mais de uma década, se ela sequer existe). Alegadamente, entre os sócios figuram pessoas classe A, como Tom Hanks e Elton John.[13] Um membro de 84 anos, sócio vitalício, foi recentemente banido por permitir que um conjunto de passaportes para jantar lá fosse leiloado para caridade.[14]

O acesso é concedido através de um pequeno intercomunicador de latão ao lado da porta. Do lado de dentro, visitantes que não levam o código de vestimenta a sério podem receber o "xale de vergonha", para cobrir seus ombros nus, como uma letra escarlate grande que os marca como forasteiros ignorantes. Como um local exclusivo, não é exatamente a Biblioteca do Vaticano, mas não por falta de mística.

O bar principal é certamente adorável, todo com vitrais, cristais, ouro e linhas de madeira escura, preenchido com o tipo de grandes antiguidades que parecem adereços de palco. Pequenos recantos escuros são acentuados com pinturas que se movem se você esperar o suficiente. Tudo é apenas um pouco espalhafatoso, como um aconchegante palco de som ou um conjunto de teatro. É lindo. Mas há uma abundância de outros bares elegantes que são tão bonitos, nenhum dos quais exige o equivalente ao valor de uma graduação para se poder ter acesso. O fascínio aqui não se baseia nos lindos lustres.

A clientela de tarde é de meia-idade e opulenta, com roupas discretas que combinam e penteados bem-comportados. Há uma presença discreta de pérolas, relógios de bom gosto e anéis de diamante absolutamente enormes. De vez em quando, uma rajada de ar faz circular o aroma rico, doce que só pode vir de uísque fantasticamente caro servido puro. Alguns dos membros usam um indicador ocasional de afiliação, como um sutil bracelete de ouro da Disney ou boné de beisebol do Club 33, mas é difícil imaginar qualquer um deles com sobrancelhas perfuradas com piercings.

Nessa ocasião, viemos a convite. Com tantos White Rabbits, é quase inevitável que alguns sejam amigos de conhecidos que tenham acesso ao Club 33. "Inicialmente, quando começamos a vir, usamos o colete e não pensamos muito nisso", conta Fite. "Mas rolou um boato de que alguns dos membros estavam se sentindo um pouco desconfortáveis, então eu apenas fiz uma declaração geral para todos no clube: 'Ei, qualquer um que acabar indo pra lá, não use o colete. Ou o coloque em um armário ou o dobre e coloque no braço. Tentem se misturar um pouco mais.' Eu pensei que era do interesse do nosso clube ficar um pouco mais discreto."[15]

Missie L. Fite, esposa de Jake Fite e também dos White Rabbits, concorda: "Acho que ocorreram equívocos no início. Talvez as pessoas estivessem um pouco intimidadas por nós no começo. Então, quando elas finalmente nos conheceram, pensaram: 'Oh, essas pessoas são bem legais!'"[16]

Do lado de fora, passamos por duas garotas de faculdade com orelhas de rato com lantejoulas, que tiravam fotos ao lado da placa grande em branco e ouro com o número 33. Elas estão no lugar errado, a placa é um embuste. A entrada verdadeira é uma porta indescritível debaixo da passagem, algumas portas para baixo. É mais sutil, mas ainda há um óbvio "33" trabalhado acima do vitral. O Club 33 pode ser um local privado, protegido dos curiosos, mas para manter o seu fascínio também deve *manter* as massas curiosas. Walt Disney, o cara, sabia como poucos como criar uma mística. "O 33 é uma perspectiva diferente do que outro visitante veria porque nem todos os clientes podem entrar. É muito especial. Você se sente especial por estar lá. E fica grato por isso", diz Missie.

Trent Vanegas, sargento dos Sons of Anakin, tem amigos que foram a encontros no Club 33. Ocasionalmente, ele foi convidado a acompanhar. Até agora, ele recusou. "Parece meio excessivo", ele diz. "O Club 33 é meio que o Santo Graal para mim, mas quero fazê-lo da maneira certa. Eu quero que pareça certo."[17] Quando questionados mais tarde, um bom número de fãs da Disney mostra sinais de se emocionar quando o Club 33 é mencionado. Outros confessam a tentativa de subornar a sua entrada com dinheiro ou charutos.

O grupo de Trent está sentado no chão do "A história da Disneylândia apresenta grandes momentos com o Sr. Lincoln", um dos poucos grandes espaços com ar-condicionado no parque, além dos brinquedos. Vanegas está sobre os desenhos dos conceitos originais das atrações da Disney. Ele tem cerca de 40 anos, com um corte de cabelo elegante e uma tatuagem grande de uma estrela em seu pescoço. De dia, ele é um blogueiro de celebridades e fofocas.

Ele e seus colegas oficiais estão nervosos. Estão prestes a conversar com seu presidente a respeito de um "problema interno" que estão tendo. O vice-presidente ficou em casa ontem, de cama, com febre, mas vai se arrastar para o confronto, apesar do calor. Trent declina em compartilhar o que o presidente fez, mas o que quer que tenha sido, não foi bom.

Disciplina e aplicação variam de grupo para grupo, assim como as regras que as provocam. Alguns grupos exigem códigos de conduta específicos; alguns proíbem beber. Quase todos requerem uma estrita adesão às regras do parque.

As consequências para quebrar as regras variam. "Esmagadoramente, a punição consiste em condicional, o que significa que o membro não pode usar seu colete em todos os parques", explica Vanegas.[18] Para infrações realmente ruins, há sempre expulsão; antes de receber seus emblemas, todos os Sons of Anakin assinam um contrato, reconhecendo que eles realmente são donos dos seus emblemas. Se o clube chegar a expulsá-los, precisam devolver os emblemas com um valor de 50% de reembolso. Os membros do grupo estão conscientes de que o parque poderia facilmente reconsiderar sua atitude de liberdade em relação aos clubes sociais e ninguém quer ser a pessoa que acabou com a diversão. "Nunca aconteceram casos em que houve uma briga ou uma prisão, ou algo assim", Vanegas afirma. "É a Disneylândia. Se você chega num ponto em que quer brigar com alguém na Disneylândia, você está fazendo tudo errado."[19]

Todo Mundo É Amigo de Todo Mundo

Naquela tarde, os Rabbits tomaram o bar Sonoma Terrace, em frente ao Pacific Wharf, na Disney California Adventure. Cinco mesas foram juntadas, e de todas as direções vêm grupos com coletes, se cumprimentando com "Ei, mano" e "Bom te ver, cara!". Eles são um grupo diversificado, embora a maioria compartilhe uma estética geral do rockabilly. Há um Rabbit do outro lado do balcão também, embora sem um colete — alguns dos integrantes trabalham ali.

As camadas sociais aqui são finas e não sutis. Um emblema de um ás identifica seu portador como dos dozes membros fundadores originais.

Muitos da velha-guarda têm seus apelidos nos coletes com emblemas que dizem coisas como "Vagabundo" e "Peludo". Depois disto, escolher quem tem a influência pode ficar mais difícil. Fite é tecnicamente o Ás de Copas, mas ele tem quatro vice-presidentes que representam os reis de Paus, Espadas, Copas e Ouros. Há rainhas e valetes para os membros que contribuem com seu tempo para eventos de caridade do grupo.

Os títulos ajudam a manter o decoro. "Se é apenas um cara dizendo a outro cara: 'Ei, não faça isso', eles podem explodir e dizer: 'Quem é você para me dizer o que fazer?' Se temos uma hierarquia, eles estão acima de você.[20] Podem intervir se alguém estiver fora da linha e dizer: 'Ei, veja, você não pode fazer isso' ou 'Você bebeu demais. Você está sendo um idiota. Tire seus emblemas porque está prejudicando a imagem do clube.'"

Três novos recrutas se amontoam no final da mesa, bebendo cerveja cuidadosamente em copos de plástico. Eles estão aqui para ver como se filiar. O jovem casal bem preparado parece um pouco oprimido, mas o homem sorridente de cabelo preto está apertando mãos e se apresentando a todos que se aproximam.

"É difícil encontrar amigos quando você acabou de sair das forças armadas", diz Aaron W., que é um Rabbit a menos de um ano.[21] Ele acabou de se mudar da Geórgia para San Diego, mas logo se viu desempregado e na pior. Então, por volta do último Halloween, um casal de conhecidos convidou-o para ir ao parque. "Eu fiquei chocado. Era novembro, eles tinham acabado de colocar suas decorações de Natal", ele se recorda. "Parecia que eu estava finalmente em casa, onde eu pertencia. Isto me tirou da minha depressão, apenas ver como as crianças estavam felizes lá." Naquele mesmo dia, ele adquiriu um ingresso melhor, o transformando em um passaporte de temporada, gastando mais 130 dólares, apesar de estar desempregado.

"Eu queria um grupo que poderia ser uma família, mas também que estivesse disposto a ajudar outras pessoas em necessidade. Foi assim que conheci Jake e, então, pensei que aquele era um bom grupo. Foi por isso que eu escolhi os Rabbits, porque um dos valores que eu queria era ajudar as pessoas e ter uma família. Sem uma família, você não pode realmente se sentir bem", ele diz.

A linguagem da família é pesada em muitas histórias de associação. "Você começa a sair com um grande grupo de amigos, e todo mundo é amigo de todo mundo", explica outro Rabbit. "Eu nunca tive irmãos ou irmãs enquanto crescia. A ligação, o laço que temos, isto puxa você pra dentro." Eles vão juntos para jogos ou acampamentos. Vêm ajudar cada um quando há um resfriado forte ou um pneu furado. Eles se revezam cedendo passes para aqueles que não podem comparecer com tanta frequência.

E quanto aos três novos recrutas? "Bem, eles parecem legais até agora", diz um membro de longa data, acenando para eles em encorajamento. "Vamos aceitar qualquer um, contanto que não seja um babaca."

Em comparação, alguns grupos têm rituais de associação que beiram os maçônicos. Podem levar meses para percorrer todo o processo. Um membro dos Mickey's Raiders, um clube temático de Indiana Jones, descreveu sua iniciação: "Para se tornar oficial, eu tive que encontrar três Mickeys escondidos. Encontrei um nos fogos de artifício, e um escondido em um edifício. Então, eles lhe dão pequenas tarefas, como ir no seu brinquedo menos favorito do parque. O meu era a Torre do Terror." Como os filmes nos quais o clube se inspira, há uma mentalidade de caça ao tesouro em tudo. "O tesouro somos nós. Somos a família que perderam. Se aceitarem o tesouro, eles se tornarão dignos", ele explica.

No plano de fundo, a Parada da Pixar passa, com peixes nadando, formigas, lagartas e monstros peludos. Dentro do bar, planos noturnos são feitos. Jantar no Cocina Cucamonga Mexican Grill, então talvez uma viagem até a Aventura no Fundo do Mar da Ariel, antes de ir para a festa Mad T, temática de *Alice no País das Maravilhas*.

"Por que eu escolhi os White Rabbits? Todos os outros são pudicos e babacas", explica um Rabbit bebericando sua cerveja. "Com eles, tudo tem a ver com colecionar broches."

Isso me Acertou como um Raio

Tornar-se um fã pode ser uma experiência transformadora, profundamente pessoal e potencialmente capaz de mudar a sua vida. As histórias de como descobrimos os objetos que fornecem nossas identidades de fãs são tanto uma parte de nossa mitologia pessoal quanto a história de como conhecemos nosso outro significativo ou como escolhemos nossa carreira.

Histórias de origem de fãs geralmente se enquadram em duas categorias. A mais comum é a sequência de eventos experimentados por muitos membros dos clubes sociais da Disney: o "método social primeiro". Alguém sai com um grupo de pessoas — família, um amplo grupo de amigos ou colegas de trabalho — e, à medida que se aproximam, se encontram atraídos pelas coisas que o grupo gosta.[22] Eventualmente eles acabam gostando dessas coisas também. Socializar é uma atividade de fã básica e quanto mais temos em comum com outros fãs, melhores amigos podemos ser. Nós assumimos as cores tribais e símbolos do grupo para mostrar aos outros membros que pertencemos.

Quando Elena Salcedo, do Mickey's Empire, foi exposta pela primeira vez ao amor de sua família pela Disney, ela sabia muito pouco sobre aquilo. Levou anos de exposição ao entusiasmo antes de a Disney se transformar na paixão que é hoje. Uma nova estudante na Universidade do Kansas pode se descobrir torcedora do time de basquete da universidade, o Kansas Jayhawks. Alguém cujos amigos jogam Pokémon Go pode se sentir inspirado a aprender o jogo. Um recém-chegado em um grupo de amantes da ópera pode começar a apreciar Pavarotti. Embora seus sentimentos profundos sobre esses objetos de fã sejam muito reais, a coisa mais importante é que o fandom proporciona aos fãs uma conexão com seu grupo.

Então, há o outro tipo de história de fã. Um indivíduo, talvez por acaso, experimenta o objeto de fã pela primeira vez. Aaron W., sozinho e "na pior", aconteceu de visitar a Disneylândia durante as festas de fim de ano. Bum! Subitamente, como um raio, os sentimentos estão lá, uma conexão instantânea, um vazamento emocional imediato.[23] O adolescente que lê seu primeiro gibi do Batman e se apaixona pelos seus temas corajosos de rebelião e de justiça. O soldado americano na França durante a Segunda Guerra Mundial que escreveu para casa, para descrever sua epifania gastronômica ao provar a cozinha gourmet pela primeira vez. Quando um objeto de fã toca algo dentro de nós, se cria uma sensação de certeza, de conexão profunda. Não só o inesperado nos dá um soco, ele também vai direto ao nosso sentido central de identidade.

Porque histórias de fandom "acertado por um raio" ocorrem do lado de fora da comunidade organizada, pode haver um período de isolamento solitário antes de o fã recém-formado ser capaz de se conectar com outras almas que pensam da mesma forma. Quando a conexão acontece, a descoberta de que ela não é a única pessoa no mundo que valoriza sua nova obsessão é muitas vezes um alívio. Esse período de incubação encurtou desde o advento da internet, onde encontrar colegas fãs é apenas uma questão de escolher direito os termos de busca, mas ainda está lá.[24]

Por que nos Tornamos Fãs?

Criar um grupo forte de fãs requer entender o que leva os potenciais membros do grupo ao seu fandom. Como eles chegam lá? O que estão procurando com esses sentimentos de intimidade com um objeto de fã, sentimentos que não são menos reais por serem unilaterais? Integrantes de grupos de fãs devem se beneficiar da sua adesão, mas, mais do que isso, a natureza do benefício deve corresponder à motivação de cada membro para aderir. Ninguém participa em atividades de fã para acabar com elas.

Qualquer um dos membros do clube social da Disney conta histórias de como a associação aos clubes o ajudou a sair de sua concha, ou superar a depressão, ou como isso melhorou a sua autoestima. Para muitos fãs, encontrar seu fandom é um evento que muda a vida. Os ajuda a se encontrar. Ajuda-os a se sentirem pessoas melhores. Isso é especialmente verdade nos fandons "bons para você" que encorajam autodesenvolvimento, tais como ouvir música New Age ou religiosa, participar de atividades que estimulam o intelecto, ou fandons como os de corrida ou dança, que ajudam os participantes a ficar em forma.

Não é incomum ouvir o que alguns acadêmicos rotulam como "contos do milagroso" — fãs que atribuem poderes pseudomágicos de positividade para o seu objeto de fã: ouvir aquela banda me ajudou a superar o término de um namoro ruim.[25] Ver que o atleta trabalha tão duro me ajudou com um problema médico difícil. Essa revista em quadrinhos me salvou quando me senti desesperado e sem rumo na vida.

Para alguns, o fandom funciona como um jeito de desenvolver um conjunto de habilidades. Criação de conteúdo, liderança e evangelização — tudo isso é parte importante do fandom e muitos currículos profissionais são preenchidos com habilidades que foram originalmente desenvolvidas a serviço de um objeto de fã. Sem mencionar que o conhecimento e a socialização dos fãs podem agir como um mecanismo importante para a construção de autoconfiança e contatos profissionais. Com tantos White Rabbits na indústria de serviços, é fácil imaginar um membro que está procurando um novo emprego indo atrás dos colegas Rabbits em busca de conselhos.

Para alguns, a atração é a brincadeira. Fandom pode ser um lugar onde as regras adultas são suspensas, onde podemos parar de fingir ser adultos e nos deleitarmos com a delícia de encantamentos, mistérios e fantasia.[26] Encontrar um espaço longe do mundo nos permite acessar aquelas emoções brincalhonas, infantis, que de outra forma não seríamos capazes de alcançar.

E, então, há a busca por uma família. É quase impossível encontrar um grupo de fãs muito unidos que *não* utilize a linguagem da família e que não assuma um papel familiar na vida um do outro. Naturalmente, os grupos de fã são terra tão fértil para o romance e às vezes a "família" pode se tornar literal. Há cinco casamentos diferentes planejados dentre os White Rabbits apenas para 2016, todos entre integrantes do clube.

Bombardeamento de Amor e Incendiários

Para Jake Fite, desenvolver os White Rabbits até o nível em que sua atividade poderia se tornar autossustentável era uma questão de constante criação e interação. "Iniciamos um grupo no Facebook para membros do clube e fomos com força para o Instagram. Eu sabia que, para que isso funcionasse, tinha que ser interessante para as pessoas. Eu estava lá todos os dias. Se você entrar em um grupo e vir o que está acontecendo, daí você volta no dia seguinte e não há nada de novo, você vai parar de voltar a essa página. Levou muito tempo para finalmente crescer ao ponto em que eu posso me afastar e ter tanta coisa rolando que ela se sustenta sozinha."[27]

Desenvolvimento de grupo de fã é um "comportamento emergente", uma frase emprestada da ciência para explicar por que não existe uma única receita. Apenas quando o grupo se formou é que se pode olhar para trás e entender as muitas condições que o tornaram possível. Fornecer os elementos básicos — tais como plataformas para exposição pessoal e socialização de fãs — pode permitir a formação de uma unidade coesa, mas nem sempre. Mas não importa o seu caminho, o primeiro desafio para qualquer novo grupo de fãs é alcançar o número mínimo viável de membros para se tornarem autossustentáveis.

O fandom é social; um fã que não tem outros fãs para ser fã junto não vai permanecer um fã por muito tempo. Uma boa comunidade de fãs reconhece que alcançar a autossuficiência levará um tempo e encontra uma maneira de beneficiar os membros sem exigir uma massa crítica.[28] As atividades iniciais devem ter uma barreira baixa para adesão, e devem ser agradáveis mesmo sem a entrada de outros membros do grupo.

Incentivar os primeiros membros do grupo, os importantes que acenderam o fogo, é a tática mais importante no arsenal de criação de grupo. Muitos proprietários de grupos lançam mão do "bombardeio de amor", um termo emprestado das linguagens de cultos para descrever como bombardeiam os primeiros membros com exibições de aprovação e atenção para mantê-los engajados.

Dar aos fãs diversas maneiras de participar, em diferentes níveis de envolvimento, ajuda um grupo de fãs a se autossustentar mais rápido, e prevê um fandom mais robusto no geral, um que requeira menos bombardeio de amor é mais resiliente à mudança.[29] Um fã de esqui alpino terá dificuldade de permanecer um fã caso experimente uma diminuição de renda e não puder pagar pelo equipamento, ou machucar os joelhos, ou se mudar para algum lugar sem montanhas. Mas não um fã de Coca-Cola que se torna diabético! Esse é um fandom que pode resistir a mudanças na saúde, na identidade, na renda, na posição, na idade e no gosto. Fãs que não podem mais beber Coca-Cola, a bebida castanha borbulhante, ainda podem coletar animais de pelúcia com o tema da Coca-Cola, fazer colagens de etiquetas de garrafas antigas de Coca-Cola, viajar para as convenções da Coca-Cola, ou usá-la para remover manchas de gordura, limpar moedas enferrujadas, amaciar bifes ou fazer seus pisos ficarem mais aderentes. Coca-Cola é um fandom verdadeiramente robusto.

A medida mais simples do fandom de uma pessoa é fácil: tempo. Medir o status social de um grupo de fã é frequentemente uma simples questão de observar quanto tempo ele gasta em atividades relacionadas ao objeto de fã. Se está sempre por perto — fazendo coisas e interagindo —, então é provável que seja de superfãs. Quanto mais tempo os fãs possam ser incentivados a gastar, haverá mais fãs de alto nível. Não é à toa que alguns clubes sociais da Disney têm requisitos de frequência para se certificarem de que seus membros permaneçam ativos e envolvidos.

Atividades de Coesão do Grupo

O que aconteceu com o clube Main Street Elite? É uma questão para a qual ninguém parece saber a resposta completa. Ele foi um dos primeiros clubes, e boatos dão conta de que chegou a ter mais de uma centena de membros ativos. E então, de repente, eles sumiram — faz meses desde que qualquer um viu seus emblemas do Mickey estilo *vintage,* que eram sua marca registrada pelo parque.

De acordo com um ex-integrante, as regras para se tornar membro haviam se tornado cada vez mais complicadas, e a energia necessária para policiá-las talvez tenha sido demais para as lideranças jovens.[30] Outro rumor diz que eles podem ter tido rituais de iniciação que envolviam roubar do parque, uma prática que fez com que fossem banidos. Ou talvez seus membros simplesmente perderam o interesse? É tudo boato e fofoca, é claro.

"Alguns dos clubes você vê andando pelo parque e todos eles parecem que vieram da mesma loja no shopping. Todos se parecem, todos têm o mesmo estilo, todos têm uma barba superdescolada, que...", Fite pausa por um momento. "Bem, eu também tenho uma barba superdescolada, mas todos eles têm exatamente esse mesmo gênero de aparência", ele diz. "Os clubes que eu acho que são excessivamente rigorosos, com um líder que fica ultracontrolando e ditando tudo, esses clubes não estão mais por aí."[31]

As técnicas que os grupos de fãs usam para permanecerem unidos são conhecidas como atividades de coesão do grupo. Eles são a cola que inspira os membros do grupo a permanecerem envolvidos após o contato inicial ser feito, as ações que ajudam a definir um grupo de fãs e cimentar as relações interpessoais que os mantêm unidos.[32] São estas atividades que um proprietário do grupo precisa apoiar se o grupo quiser continuar viável.

Os Fãs Buscam Hierarquia

Parte de pertencer a um grupo é nos colocarmos — nossos conhecimentos, gostos e habilidades — em evidência.[33] Para nos compararmos uns com os outros, para sermos reconhecidos como "bons fãs" pelas únicas pessoas cujo julgamento a esse respeito importa: colegas fãs. Quase todas as comunidades vitais de fãs têm algum tipo de estrutura, aberta ou sutil, para permitir que os fãs galguem um lugar dentro da hierarquia social. Fãs precisam de um jeito de comprovar que eles são uma comunidade, e qual é o lugar que ocupam dentro dela, e julgar o quão bem estão vivendo dentro de suas normas culturais. O anseio de aprovação mútua mantém um grupo de fãs unido e focado em seus objetivos. Quanto mais os fãs imitam a ideia de sucesso de sua comunidade, mais respeito eles podem ganhar de seus companheiros fãs.[34]

Os fãs adultos da Disney são desencorajados a frequentar os parques com os trajes completos dos personagens, para que não sejam confundidos com membros do elenco. Abandonar o controle sobre sua propriedade intelectual é algo que a corporação da Disney não deseja. O resultado desta postura é o fenômeno "Disneybound" [laços Disney], o hábito de colocar trajes que são representativos, mas não são interpretações literais, de personagens Disney.[35] Calças jeans verdes apertadas, polos verde-claras e botas bege evocam Peter Pan. Um blusão azul e uma saia rodada amarela com uma bolsa vermelha brilhante de coração é reminiscente de Branca de Neve.

Escolher um personagem menos conhecido para um laço Disney, como o ratinho Timóteo, de *Dumbo*, demanda mais habilidade do que um popular, como Elsa, de *Frozen*. Para gente de fora, o resultado é um traje bonito, embora muito colorido, mas para os iniciados é um ato de adesão. Leslie Kay, a fã que originalmente popularizou o conceito no seu blog, desde então passou a se tornar um pequeno ícone dentro do fandom Disney.[36] "Novo tipo de cosplay da Disney, um pouco menos embaraçoso do que o original", brincou uma manchete recente na Time.com.[37]

Atividades de construção de status dentro de um fandom podem tomar qualquer variedade de formas, mas com um texto de fã tão visual quanto a Disney, disposições pessoais são as favoritas. Roupas da Disney são apenas um jeito de mostrar os níveis de comprometimento que sempre aumentam. Quando os membros do clube social cobrem seus coletes com pins e broches especialmente raros ou temáticos, eles estão fazendo uma exibição de status. Emblemas que mostram a posição no clube, como o Ás, Valete ou Rainha, fazem o mesmo. Claro que, se os pins forem caros o bastante, exibirão o status econômico real também, mas em geral esses itens são uma representação do nível de seu compromisso com seu objeto de fã: as longas horas esperando em filas, a *expertise* necessária para rastrear a última parte do conjunto. Uma coleção cuidadosamente constituída de pins bate um "conjunto oficial Disney de iniciação de troca de pins" em quaisquer circunstâncias, mesmo que ambos custem o mesmo valor. Esses são os itens que são sem sentido para todos, exceto os poucos seletos que podem decifrar o código.

Como Clay Shirky aponta, criar algo pessoal é mais atraente do que aceitar algo feito por profissionais, mesmo que os profissionais façam isso melhor.[38] Um conhecido pode ser capaz de vencer um jogo de celular desafiador em algumas horas, mas isso não significa que queremos que ele jogue em nosso nome. Queremos levar três semanas e vencer por nós mesmos. No mundo de vestir fantasias, seja para o Halloween ou entre as pessoas que vão a convenções, roupas costuradas à mão valem mais do que as compradas em lojas, mesmo que a versão produzida em massa seja mais bonita. Alguns dos emblemas nas costas dos coletes dos clubes sociais da Disney são incrivelmente belos. Alguns não são tão lindos, e outros parecem francamente amadores. Mas um emblema feito à mão é muitas vezes uma das primeiras coisas que um membro do clube social vai mencionar: "Foi um dos nossos próprios membros que fez isso." Ninguém quer um emblema copiado e colado de um *clipart*. A verdadeira *qualidade* do conteúdo é menos importante do que o tempo e o esforço para fazê-lo.

A Disney já notou o fenômeno do Disneybound e recentemente licenciou uma marca de roupas nesse estilo — roupas urbanas que lembram as fantasias dos personagens.[39] O alto status que é dado ao tempo e criatividade dentro dos grupos de fãs é algo que a Disney pode querer ter em mente. Quando se trata desse tipo de prestígio, o esforço supera o dinheiro. Fãs que tentam "comprar para entrar" na hierarquia são muitas vezes ridicularizados como aspirantes. Objetos de fãs espertos sabem quando manter suas mãos longe das atividades de busca de status de fãs, interferindo apenas para apoiá-los com ferramentas, como tabelas de líderes, cartões de pontuação ou concursos para dar aos esforços mais intensos um reconhecimento oficial.

Trocando Informações e Presentes

Uma molécula de água permanece unida, passando elétrons para frente e para trás entre seus átomos de hidrogênio e oxigênio. Jogadores de futebol que passam uma bola para frente e para trás nunca podem se afastar mais do que a força que seus chutes permitem. Os grupos de fãs são ligados por passar favores interpessoais, objetos e informação entre si. À medida que os membros constroem status cultural dentro de um grupo, eles também constroem capital social — redes de contatos, cooperação e confiança que unem um grupo. Compartilhar mantém o grupo intacto.[40]

Às vezes, o compartilhamento é literal; os broches ofertados pelos clubes sociais são valiosos marcadores de estima. Eles não dão isso para *qualquer um*. Presentes físicos ou digitais de artes comissionadas feitas por fãs, bijuterias, checagem de fato ou instruções também são bons materiais "passáveis". Então, responde as perguntas de outro fã. Ou oferece simpatia depois de uma separação. Ou clica em "curtir" em cada uma das postagens uns dos outros nas redes sociais. Quando mostrar um traje Disneybound on-line, é de bom-tom colocar um link de onde outros podem comprar essas roupas. É mais do que uma maneira de mostrar habilidade pessoal, é um pedido sutil para que os outros tentem também.[41]

Reconhecimento e Lisonja

As pessoas vão fazer por amor o que elas não vão fazer por dinheiro, diz o ditado.[42] Compartilhar atividades em um grupo de fãs é inestimável no sentido de que seu valor não pode ser quantificado. Colocar um preço no compartilhamento altera a interação de dois fãs que estão se conectando para um relacionamento de comprador e vendedor. Muitas marcas caíram na armadilha de incentivar a partilha de conteúdos, oferecendo algum tipo de compensação monetária a fãs renomados. Isso é absolutamente contrário aos sentimentos de grande importância da realização de grupo, que resultam quando os membros fazem um esforço do qual toda a comunidade se beneficiará. É importante não colocar um preço no amor — pessoas fazem coisas por status que nunca pensariam em fazer por um prêmio em dinheiro.

Reconhecimento e lisonja são duas das forças mais fortes que mantêm os membros do grupo ativos.[43] O melhor tipo de encorajamento dá atenção aos participantes e reconhecimento para o que eles conseguiram para si, se sentem gratos e incluídos pelo que conseguiram para o grupo. Os fãs que criam os emblemas para seu clube social ganham admiração pessoal de outros indivíduos, na forma de elogios e atenção por sua habilidade artística. Mas eles também recebem a apreciação de seus companheiros por fazerem algo bom para todos.

Um líder experiente do grupo encontrará uma maneira de se certificar de que o criador obtenha status social significativo também — ser promovido a Rainha ou Valete nos White Rabbits, por exemplo. Isto não é bombardeamento de amor; é o poder motivador de encorajamento dos mais elevados na hierarquia a quem respeitamos.

Punir Ofensas

Um grupo de Rabbits foi recentemente acusado de jogar lixo no chão enquanto esperava 36 horas em uma fila de liberação de pins. Outros clubes sociais foram rápidos para espalhar a notícia. "Eles disseram: 'Ah, vejam os White Rabbits, eles pensam que podem fazer qualquer coisa que quiserem'", Fite se recorda.[44] Os Rabbits imediatamente se desculparam nas redes sociais, e cada um dos acusados doou 20 dólares à National Park Foundation. Para quem se autodenominou como "as ovelhas negras dos clubes sociais", suas normas sociais são absolutamente corteses. O fato de que aos clubes sociais da Disney como um todo, até agora, não pode ser atribuída qualquer censura oficial à sua experiência em autopoliciamento. Os contratos, multas e "sérias discussões" pelo qual seu nível superior de hierarquia mantém a ordem podem parecer um pouco melodramáticos para alguém de fora, mas eles são fundamentais para a estabilidade em longo prazo.

Embora na prática os fãs possam figurar em qualquer posição em uma escala de lealdade de grupo, na realidade eles costumam se auto-organizar em um núcleo central de integrantes superfãs cercado por um grupo periférico de membros com menor envolvimento. Alguns superfãs ganham tanto status que se tornam objetos de fã menores em seu próprio direito.[45] Sempre há maneiras cada vez mais sutis para um fã demonstrar devoção. Superfãs são vitais para a coesão do grupo.[46] Conforme o grupo aumenta, pode tornar-se cada vez mais difícil mantê-

-lo junto à força. Um moderador ou proprietário pode inspecionar cada interação para a obediência às regras e ao espírito do objeto de fã, mas acima de um determinado número de sócios isso para de fazer sentido. Quando grupos ficam muito grandes para o policiamento de cima para baixo, cabe aos membros internalizar as normas sociais do grupo e proteger-se mutuamente de quebrá-las.

Devido aos superfãs serem os mais mergulhados na cultura do grupo — seu próprio status social depende disso —, eles estão bem posicionados para atuar como agentes internos para as normas sociais do grupo. Decidir o que é ou não é aceitável. Criar novas tradições. Escolher o contexto do que significa ser um membro. Por exemplo, fãs do músico Tom Petty aderem a um conjunto cuidadoso de normas sociais, incluindo religiosidade, família e vida limpa. Maconha é um tópico aceitável de discussão no grupo; heroína não.[47] Os superfãs de Petty são rápidos em reagir a qualquer pessoa postando em seus fóruns que tente levar a conversa em uma direção mais polêmica, apesar do fato de o próprio Petty ter sido viciado em heroína no passado.

Quanto mais parecidos forem os membros de um grupo, mais importante será a menor diferença entre eles.[48] Grupos se dividem em subgrupos menores conforme membros procuram demarcar sua individualidade. A situação pode ficar bastante aquecida. Às vezes, um grupo pode resistir às críticas ferozes e às vezes não pode; superfãs ajudam a policiar uns aos outros, decidindo o que é e não é um comportamento aceitável antes de que facções fiquem muito entrincheiradas. É vital que superfãs tenham a capacidade de recentrar a conversa quando o debate interno vai longe demais e garantir que as propostas de hierarquia caiam dentro dos limites que o grupo considera aceitável. Punir aqueles que violam as regras internalizadas do grupo age como uma cola que mantém os grupos de fãs juntos. Isso não quer dizer que não haja algum gozo de lutas internas — manter os renegados na linha é divertido![49] Esse é um conceito emprestado da segunda onda de fandons. Como vimos quando discutimos a história dos estudos de fãs: há uma satisfação em forçar os outros a jogar com nossas regras às vezes bastante arbitrárias.

Participando de Debates Ritualizados

É claro que às vezes o próprio debate é uma norma cultural. Fãs da saga juvenil *Crepúsculo* são divididos em dois campos: aqueles que acham que a jovem protagonista Bella deve sair com o atraente e animalesco lobisomem Jacob, e aqueles que pensam que ela deveria sair com o atraente e animalesco vampiro Edward. Os times pró-Edward e pró-Jacob são ambos ativos em debater os méritos relativos dos personagens para serem namorados (Edward tem mais experiência! Jacob é mais amável!) e criar memes, arte, fanfics e milhares de blogs e postagens de mídia social para apoiar as suas afirmações.

Lembre-se, fãs e seus objetos de fã estão desempenhando papéis segundo um script de faz de conta. Estamos fingindo que um desses personagens é um namorado melhor para Bella, outra personagem inventada. Será que os dois rivais irão realmente lutar um contra o outro pelo seu carinho? Os atores que interpretam esses personagens no filme precisam ser mantidos separados no set? Algum deles é realmente “melhor” em namorar? Deveria qualquer um destes homens crescidos considerar um relacionamento com *qualquer pessoa* da base de fãs adolescentes de *Crepúsculo*? Provavelmente não. Mas uma boa comunidade sabe quando incentivar este tipo de rivalidade ritualizada de uma forma amigável.

Menos de uma semana depois do encontro no Sonoma Terrace descrito anteriormente, um Rabbit seria repreendido no Facebook por causa de um rumor de que ele estava fofocando com um integrante do staff a respeito de um colega Rabbit. Muito embora os clubes sociais possam ser amigáveis, eles ainda são humanos. Como em qualquer grupo, o drama é uma parte necessária para manter as coisas vibrantes e interessantes.

"Sistemas sociais têm dois modos: dinâmico e morto", nota Shirky. Desacordo dentro de uma comunidade pode destruir um grupo, mas drama raramente tem o mesmo efeito. Metaforicamente, em um grupo de fãs com muitas lutas internas, política e dramaticidade é uma das situações mais saudáveis possíveis. Isso significa que as pessoas se importam o bastante com a comunidade a ponto de estarem dispostas a lutar por ela.

Há um Monte de Abraços Rolando

A Disneylândia parece não se importar com os clubes sociais. Não é incomum ver membros do staff se desviarem do caminho para interagir com eles ("Por que Anakin Skywalker atravessou a rua?", gritou um fotógrafo oficial do parque para uma reunião de Sons of Anakin mais cedo. "Para chegar ao lado sombrio!", todos grasnaram em resposta). On-line, integrantes do staff, às vezes, até reclamam de gente furando a fila, intimidação e comportamento estridente, e os fóruns de fãs da Disney têm sua parcela de donos de passaportes para temporadas ultrajados, porém mesmo os mais indignados, às vezes, reconhecem que muitos outros visitantes do parque fazem muito pior.[50] Por enquanto, de qualquer forma, os clubes sociais parecem estar seguros.

O show *Mad T Party* rola todo domingo à noite, próximo ao brinquedo Monstros S.A. de *Mike & Sulley ao resgate!*, na Disney California Adventure. É assunto de intensa discussão no clube a cada semana: "Você vai ao T?", "Vai ter garotas lá!", "Vou ao T mais tarde". Claro, há horários de exibição em outros dias da semana também, mas domingo é o dia em que todos os clubes sociais se reúnem.

No palco, um artista vestido como um traje punk de *Alice no País das Maravilhas* está cantando um medley de sucessos clássicos. É uma cantora diferente da que interpretou a Alice ontem, mas a multidão grita como se estivessem seguindo sua carreira há anos. Alguns deles ficam acampados, esperando por um lugar perto do palco, por horas.

A intérprete dança para cima e para baixo da plataforma em uma sequência cuidadosa de movimentos de estilo punk. Parece seguir um roteiro, como a representação de um musical da Broadway de um show de rock atrevido.

É fácil sentir cinismo a respeito do Mad T — a inquietude fingida e cuidadosamente coreografada musical no palco. Mas cinismo perde o que realmente significa: não é para parecer real. Isso é Disney. Não é mais ridículo encorajar um ator que finge ser um cantor punk do que uma atriz que finge ser uma princesa, e os adultos precisam de alguém para alegrar também. "Real" seria relativamente fácil, comparado à tarefa de ser interessante a uma audiência tão ampla noite após noite.

Perto da segunda pista de dança, um integrante dos Mickey's Raiders troca broches com um dos Tron City Guardians. Membros do Live by the Code estão interagindo e apertando as mãos perto dos bancos do fundo. Um dos Mickey's Raiders está abraçando um do Mickey's Empire. Um Son of Anakin abraça outro do seu clube. Há um monte de abraços acontecendo. Do outro lado da praça, toca a música "Just What I Needed", que segue até "Spiderwebs".

Os White Rabbits ocuparam a área de fumantes atrás da divisão nas mesas do hóquei de ar. Eles estão empoleirados perto dos vasos e tomando conta da calçada, encontrando-se em pequenos grupos apertados com seus emblemas virados para fora contra a noite. Há muitos deles. Muitos mesmo. E está escuro ali.

"As pessoas dizem: 'Eles provavelmente são uma gangue. Provavelmente vão ser muito rudes.' Elas só veem os coletes", diz um dos White Rabbits. "A sociedade moderna pode nos prejudicar, mas acho que muitas pessoas estão apenas intimidadas. Nossas tatuagens, nossas cabeças raspadas, eles dizem: 'Ah, ele parece assustador.' E então você o conhece e ele é um ursinho de pelúcia. E tipo: estou usando uma regatinha vermelha, não sou tão durão assim." Ao lado dele, um integrante do clube com um corte de cabelo curto está dançando com uma menina que usa um tutu e as asas de fada. Ambos riem histericamente. É totalmente adorável.

Enquanto a banda lança uma versão punk de "Se uma estrela aparecer", de *Pinóquio*, todos migram para a borda da multidão aplaudindo. A tela de dois andares por trás do palco mostra imagens de arquivo de Walt Disney no dia da abertura. Os músicos estão dando tudo de si, agarrando seus instrumentos e suando sob a maquiagem. O público grita e ergue os punhos como se a banda fosse um supergrupo no topo das paradas tocando a última música do show. Em algum lugar na multidão, um sabre de luz é balançado.

"É meio ridículo, não é?", ri Fite.[51] E é, mas também é divertido. Como se estivéssemos todos em uma grande piada ridícula, todo o grupo fazendo esta coisa ridícula juntos, e isso torna tudo um pouco maravilhoso também.

CAPÍTULO · 6

FÃS, PARA QUE ELES SERVEM?

Quem Controla o _______, Controla o Mundo[1]

De Karen Ewoks:

"Vou me casar em 27 de abril e vamos jogar o seu jogo na festa de casamento!"

De Cards Against Humanity [Cartas contra a humanidade]:

"Você sabia que 50% dos primeiros casamentos terminam em divórcio?"

De Frank Stickers:

"Quando vai estar em estoque novamente? Vamos ser honestos. Quem vai querer imprimir suas próprias cartas? Eu não. Recomponham-se."

De Cards Against Humanity:

"*Cards Against Humanity* vai voltar a estar disponível no mercado em algum momento. Poderíamos ser mais específicos, mas você poderia ter sido mais agradável."

De Frankton Orifice:

"Eu comprei a caixa preta maior, mas meu pai se sentou nela e a quebrou! Tem algum jeito de eu ganhar uma nova caixa preta grande?"

De Cards Against Humanity:

"A longo prazo, seria mais rentável substituir o seu pai. — Holly."

De Hamilton B.:

"Qual é a faixa etária das cartas? Meu filho de 15 anos está pedindo um conjunto, mas o estou protegendo."

De Cards Against Humanity:

"Isso depende de quão ruim como pai você quer ser."

De Dale Chippen:

"Vocês se importariam de responder em um e-mail que me insulta? Tudo bem pra vocês? Porque isso seria realmente incrível. Amor, Dale."

De Cards Against Humanity:

"Você não vale a pena. — David."

Logo depois do Natal de 2014, 250 mil pessoas abriram suas caixas de correio e encontraram um panfleto impresso com o título "Seus e-mails são ruins e vocês deveriam se sentir mal". Continha 36 páginas de e-mails de clientes escrevendo para o Departamento de Atendimento ao Cliente da Cards Against Humanity (CAH), empresa que fez o jogo de cartas, e as respostas. Cada um dos 250 mil destinatários tinha pagado 15 dólares para receber isso como parte de uma caixa de presentes de "10 Dias ou Sei Lá de Kwanzaa" que eles compraram na Cards Against Humanity.[2] Isso se juntou, entre outras coisas, a um conjunto de quadrinhos, um pacote de doces que muda o sabor da comida, uma promessa de subornar vários funcionários públicos e, em suas palavras, "um monte de adesivos que você definitivamente não deveria usar para vandalizar propriedade pública — isto seria errado".[3]

Os fãs da Cards Against Humanity — apenas fãs gastariam 15 dólares para receber uma caixa de lixo sem sentido de uma empresa de jogos — responderam de forma favorável. "Seus e-mails são ruins e vocês deveriam se sentir mal" atualmente tem uma nota média de 4,3 estrelas (de 5) na comunidade on-line de resenhas de livros Goodreads.[4]

O jogo de cartas *Cards Against Humanity* vem com dois baralhos: cartas de pergunta pretas e cartas de resposta brancas. As cartas pretas têm frases ou sentenças que propõe uma questão; as cartas brancas têm respostas em potencial. A cada rodada, o jogador, agindo como o juiz, lê uma carta preta, e os jogadores restantes usam suas cartas brancas para escolher a melhor resposta. É um jogo que é mais divertido quando jogado com amigos que não se importam com vulgaridades. Uma carta preta em que se lê: "O que acabou meu último relacionamento?" pode receber cartas brancas como "O Sonho Americano", "Uma festa de aniversário desapontadora", "Uma pegadinha", "Um feto", "Privilégio de brancos" e "Um pirulito gigante". Exceto que há quase 100% de chance de que pelo menos uma dessas cartas se refira a atos sexuais, fluidos corporais ou celebridades (junto com seus atos sexuais e fluidos corporais). Pacotes de expansão são liberados em intervalos regulares, adicionando novos cartões para os baralhos e mantendo o humor atualizado e deplorável.

Wil Wheaton, ator e apresentador do programa para a internet de jogos *TableTop*, abriu seu episódio sobre o jogo *Cards Against Humanity* com o seguinte aviso: "Vocês não querem assistir a este episódio de *TableTop*. Este episódio de *TableTop* será ofensivo para todo mundo. Será rude. Será extremamente de mau gosto e escandalosamente profano. Se você for sensível, ou se ofender por... qualquer coisa, nós da *TableTop* os encorajamos a assistir a outros programas."[5]

Os pedidos de clientes na Cards Against Humanity são respondidos por uma equipe composta sobretudo por aspirantes a autores e comediantes. Na verdade, o trabalho é menos sobre o serviço ao cliente e mais sobre a escrita criativa. Quando os clientes escrevem uma pergunta sobre quando os artigos estarão de volta em estoque, ou uma sugestão para fazer um baralho de cartas com tema de lobo, ou uma reclamação sobre um pedido em falta, é política oficial da empresa corrigir o problema... e, então, imediatamente zombar do cliente que fez a pergunta.

Jenn Bane é a diretora comunitária da empresa, que provavelmente seria chamada de chefe de serviço ao cliente em outro lugar. "Mesmo se eles são, tipo, as pessoas mais idiotas com quem você interagiu na vida, mesmo se tudo for culpa deles, lembre-se de que são seres humanos, e estão entrando em contato por um motivo. A primeira coisa que você faz é corrigir o problema. E então você tira sarro deles."[6]

A liberdade para entreter e divertir no que seria tradicionalmente uma interação seca pode ser comprada apenas ao preço de um atendimento ao cliente realmente muito bom. Um cliente que está assustado porque o presente de aniversário de uma namorada pode ter sido perdido no correio não é alguém para provocar. Um cliente que está aliviado que o presente vai chegar a tempo e que talvez esteja rindo de seu terror excessivo certamente é.

"Damos reembolsos generosamente; nós generosamente enviamos reabastecimentos. Vamos mandar um pacote de expansão extra porque eles estão tendo um dia difícil, ou terminaram um namoro", diz Bane.[7] "Só dê. Há claramente uma coisa certa a fazer, então apenas faça. Não há formatação padrão e você não recebe nada de volta que diga 'Você é o cliente número blá-blá-blá'", ela explica. "Não queremos soar como uma corporação. Não queremos parecer que você está falando com um robô. Queremos que eles entendam que estão falando com seres humanos reais. Vamos dizer 'Sentimos muito mesmo', mas em vez de dizer que sentimos muito que o seu pedido não chegou, podemos falar: 'Sentimos muito por ferrar o seu pedido.' E as pessoas geralmente ficam encantadas."

O jogo *Cards Against Humanity* é rotineiramente o best-seller número 1 na categoria Brinquedos e Jogos na Amazon. Por volta do final de 2016, o baralho principal tinha mais de 33 mil avaliações por lá, e um bom número deles imita a assinatura da CAH.[8] Eles também colonizaram a seção "Perguntas e Respostas dos Clientes". Para um cliente que quer saber "Por que a Amazon não envia o jogo para o Canadá?", há dezenas de respostas de fãs, incluindo "Porque o Canadá é muito bonzinho para este jogo" e "Mandar para o novo estado 'Dakota mais ao norte' terá uma pequena sobretaxa. Certo?".[9] Centenas de clientes marcaram essas respostas como úteis o suficiente para movê-las para o topo da lista. Requer rolar um pouco a página antes de encontrar a correta: "Vá até a Amazon.ca e peça de lá."

Para a Black Friday de 2013, o momento em que muitas empresas tentam ganhar dinheiro com as compras antecipadas de Natal com grandes descontos, o CAH decidiu aumentar o preço de 25 para 30 dólares. Max Temkin é um dos criadores do jogo. "Nós pensamos que as pessoas ficariam zangadas por isso", ele se recorda.[10] O resultado foi, na verdade, um aumento líquido em relação às vendas da Black Friday em comparação ao ano anterior e uma efusão de apoio bom dos fãs e da mídia. "As pessoas gostaram disso. As pessoas compraram na Black Friday porque queriam fazer parte da piada. Elas postaram suas notas fiscais em suas páginas do Tumblr. Realmente abraçaram a ideia e falavam: 'Ah, essa é uma oportunidade incrível de comprar *Cards Against Humanity* por ainda mais dinheiro!' Isso foi bem inesperado."[11]

Os fãs do CAH valorizam suas interações com a empresa tanto quanto o seus decks de cartas do jogo, sejam essas interações na forma de um e-mail de atendimento ao cliente, uma visita ao estande deles em uma convenção, ou jogar com um estratagema de marketing que os faz sentir como parte de uma piada particular. Esses tipos de interação se tornaram parte da experiência do jogo. Na Black Friday, foi permitido aos fãs expressar o seu senso de absurdo, apoiar uma empresa que gostavam e se gabar de ser uma parte de algo único, algo que só um verdadeiro fã do jogo faria.

"O que você vê na mídia, na cobertura, e nas mídias sociais em torno dele, é o tipo de desempenho. As pessoas gostam de ser parte de um espetáculo como esse. Dá a todos a sensação de que eles estão no interior de uma piada particular com a gente", diz Temkin.

Valores Corporativos Versus Voz Corporativa

O CAH pode sair com um golpe de publicidade antagônico porque a boa vontade é o cerne de seu modelo de negócios. É o tipo de boa vontade que pode ser jogada em cima de um produto com marketing habilidoso ou um novo slogan ou mesmo grande serviço ao cliente. *Cards Against Humanity* é de graça.[12] Todo o baralho inicial está disponível sob a licença da Creative Commons. Pode ser baixado do site da empresa como um arquivo de PDF de 31 páginas, juntamente com instruções para imprimir e armazenar as cartas você mesmo.

Claro que a maioria dos clientes não *quer* gastar uma hora para imprimir 31 páginas e cortá-las em cartas que vão se desintegrar na primeira vez que uma cerveja espirrar nelas. A maioria está mais do que feliz em gastar 25 (ou 30) dólares para ter a versão profissional. Mas oferecer as cartas de graça significa clientes mais felizes em geral. Pagar 25 dólares é uma escolha, não uma obrigação. É muito mais fácil lidar com queixas sobre o preço, ou custos de transporte, ou pacotes extraviados quando uma das alternativas é sempre "Então, não precisa pagar!".

O que os marqueteiros chamam de "surpresa e gratificação" não pode ser financiado de forma colaborativa. Apesar das aparências, a habilidade do CAH de manter seus fãs interessados é o resultado de uma estratégia cuidadosamente orquestrada. Eles revisam os baralhos várias vezes ao ano. Os criadores do jogo reveem cada carta no baralho e decidem se ainda é relevante. Uma piada de Britney Spears pode se tornar uma piada de Miley Cyrus. Não há, intencionalmente, nenhum registro de alteração postado em qualquer lugar. A única notificação de que as cartas foram atualizadas ou substituídas é o número da versão indicado na parte de trás da caixa. "Como se pode imaginar, isso enfurece os fãs", diz Temkin.[13]

Em 2015, a Cards Against Humanity novamente lançou seu serviço de assinatura de fim de ano. Dessa vez, se chamou *Oito Presentes Sensíveis de Hanucá*.[14] O montante enviado a cada participante incluía um par de meias, um segundo par de meias, um terceiro par de meias, um investimento nos papéis do Tesouro dos Estados Unidos e uma inscrição individual da rádio WBEZ, uma afiliada da rede NPR em Chicago. Para a sexta noite, a CAH pagou para todos os funcionários de sua fábrica chinesa uma semana de férias — o presente foram as cartas e fotos emocionantes dos funcionários. Na sétima noite, o presente era uma litografia de 1962 de Picasso e um questionário: ela deveria ser doada a um museu ou cortada em 150 mil pedaços e mandada pelo correio para quem se inscreveu. O presente da oitava noite foi o título de posse de (um pedacinho bem pequeno) de um castelo na Irlanda.

É preciso uma combinação especial de circunstâncias para fazer da ofensa uma estratégia de marketing viável, embora muitos a experimentem. Celebridades que estão atrás de um personagem "bad boy" são muitas vezes aconselhados por seus agentes a se envolver em atos ultrajantes. Os integrantes da banda vocal britânica The Wanted foram inicialmente instruídos a festejar o mais pública e intensamente possível para se diferenciarem dos rivais, One Direction.[15] Em Chicago, The Weiner's Circle, a infame carrocinha de cachorro-quente do Lincoln Park, criou uma mística em torno da vontade de abusar verbalmente dos clientes.[16] O DJ Diplo, favorito das festas de fraternidade, tem sido conhecido por demonstrar o que, para uma celebridade cortejando um público diferente, pode ser considerado um nível incomum de misoginia.[17] Em geral, políticas de imagem negativa como essas costumam sair pela culatra. The Wanted acabou perdendo a batalha das *boys bands* para os seus rivais mais jovens e mais limpinhos. E as marcas que são rudes geralmente são enquadradas por meio de atos de mídia social, boicotes ou petições.

Muitas vezes, as organizações confundem a sua voz corporativa com a sua filosofia empresarial. Da mesma forma que os consumidores vão tolerar com alegria um monopólio, desde que seja benevolente, os fãs vão tolerar, ou mesmo desfrutar, uma voz corporativa abrasiva, desde que sintam que as motivações do objeto de fã são positivas.[18] Comportamento ultrajante que reflete uma atitude ruim é de mau gosto. Mas um comportamento ultrajante que esconde uma benevolência é divertido! A CAH tem navegado por esse tópico. Sua voz corporativa pode conjurar um tiozão bobão e rude, mas ela toma cuidado de usá-la apenas *depois* que as queixas e perguntas legítimas de um fã foram respondidas.

Gerenciamento de fãs — o que fazer com um grupo de fãs, uma vez que eles foram conquistados — é algo com o que muitas organizações lutam. É comum que a lealdade do fã conduza rapidamente ao aumento de rendimento para o objeto de fã, um fato que muitas vezes parece justificar o imediato tempo e atenção que leva para conquistar a audiência. Mas, quando se trata de manter o relacionamento, se o grupo de fãs cresceu organicamente ou foi o resultado de uma estratégia meticulosa, muitas marcas acabam voltando para onde começaram. Dito isto, eles tratam seu público de fãs como um grupo de consumidores com hábitos de compra particularmente atraentes e nada mais. É muito tentador lembrar a lealdade dos fãs e esquecer tudo que a envolvem.

A estratégia mais importante do gerenciamento de fãs requer abordar a coesão do grupo; a manutenção é uma preocupação primária e qualquer tipo de rentabilização é secundário.

Olá, Brooklyn

"Claro que é pessoal",[19] lê-se no cartaz, texto branco em um fundo preto, com a #HELLOBROOKLYN na parte inferior direita.[20] Próximo a isso está a logomarca do Brooklyn Nets, o time de basquete da NBA programado para se mudar de Nova Jersey para a sua nova casa na cidade de Nova York, no distrito do Brooklyn.

Era pretendido que fosse uma volta para casa, acabou sendo uma confusão. O ginásio novo em folha, o Barclays Center, que seria a casa do time, estava ainda em construção, e as reações da comunidade ao edifício foram fortes em ambos os lados. Torcedores entusiasmados fizeram uma manifestação em apoio do lado de fora da Brooklyn Borough Hall, sede da subprefeitura do distrito, gritando sua aprovação.[21] Enquanto isso, o canteiro de obras tornou-se palco de protestos frequentes, enquanto grupos locais e clérigos condenavam a perda de moradias e empregos, o avanço da gentrificação à medida que a cidade se tornava mais rica.

O time dos Nets não era de Nova York desde os anos 1970 e, pelo menos, alguns moradores do Brooklyn não necessariamente os queriam de volta. Como um dos marqueteiros envolvidos na campanha #HELLOBROOKLYN se recorda: "[Eles estavam dizendo] não. Saiam do Brooklyn. Vocês estão matando a nossa comunidade. As pessoas falavam: Ei, nós não só não nos importamos que os Brooklyn Nets estão vindo aqui, não os queremos aqui, não é o nosso time."[22]

Os Nets discordaram. "Primeiro jogo em casa desde 1957" era lido em outro cartaz dos Brooklyn Nets.[23] (O time do Brooklyn Dodgers fez seu último jogo lá naquele ano, antes de se mudar para a Califórnia.)

Na versão #HELLOBROOKLYN da história, questões de gentrificação foram esquecidas. O que os moradores do Brooklyn *realmente* se preocupavam a respeito era de se diferenciarem do resto da cidade. Ter um time de basquete baseado no Brooklyn significava não precisar mais torcer para os Knicks, que jogavam no coração de Manhattan. Outros distritos poderiam ter seus próprios times. Os Nets eram do Brooklyn.

Brett Yormark, CEO dos Nets, em uma declaração introduzindo a campanha de propaganda #HELLOBROOKLYN, disse aos seus futuros torcedores: "Temos muito prazer em continuar a construir uma conexão entre os moradores do Brooklyn e os jogadores do seu novo time da casa."[24] O chefe de marketing dos Nets, Fred Mangione, colocou mais francamente em uma entrevista para a ESPN: "Nosso objetivo é dominar o Brooklyn."[25]

Meses antes da mudança, os Nets lançaram um vídeo evocando a história de seu futuro bairro de ficar em segundo plano em relação a Manhattan. "Nós sempre fomos amigos dos menores e mais bravos, dos mais leais e preparados. Temos visto espírito e emoções no seu melhor... e nos momentos mais difíceis. Nós também fomos os azarões, esperando por nossa chance. E agora, Brooklyn, torcemos pela mesma causa, porque acreditamos nas mesmas coisas que vocês: a vizinhança é uma família", diz o narrador.[26]

Para os Nets serem o verdadeiro time da vizinhança (uma vizinhança de 2,6 milhões de pessoas), era preciso ter um "inimigo ritual". Algo ou alguém que todo o Brooklyn poderia odiar. Nós não somos como *aqueles caras*, nós somos *nós*. E pessoas como *nós* torcem pelos Nets. Nesse caso, o inimigo ritual não era outra equipe, era a rivalidade Brooklyn/Manhattan.[27] Sem dúvida, os arquitetos da campanha esperavam que uma rivalidade entre bairros inspirasse uma rivalidade entre equipes com o New York Knicks.

Lidar com um grupo de fãs adversário foi um desafio para os Nets, mas certamente não foi um assunto muito impactante. Muito antes do primeiro aro ser instalado na arena, os Nets se estabeleceram para ganhar uma base de torcedores na sua nova geografia. Foram necessários muitos dólares em publicidade para financiar o caminho para os corações daqueles moradores do Brooklyn que permaneciam relutantes, mas todo o financiamento no mundo teria sido inútil sem entender o seu grupo de fãs o suficiente para escolher a mensagem certa.

Claro que os Nets são, na verdade, desde 2008, inteiramente de propriedade do russo oligarca Mikhail Prokhorov, que também é dono do Barclays Center.[28] Os Nets pertencem ao Brooklyn apenas no sentido de que alguns no distrito se tornaram ricos o bastante para bancar entradas para os jogos. Entretanto, na época em que o primeiro jogo Nets x Knicks chegou ao Brooklyn, a rivalidade era séria. Os números oficiais de frequência nos jogos estavam em 23% acima dos de Nova Jersey.[29] E, o mais importante, torcedores dos Nets já estavam liderando a NBA em pelo menos uma área lucrativa: venda de vestuário. Como o morador do Brooklyn, Ryan Wynn, colocou na época: "Eu não sei como é um torcedor do Brooklyn Nets. Tudo o que sei é que logo nos tornaremos fanáticos."[30]

Dê um Pouco, Pegue um Pouco

Não é impossível imaginar uma situação em que os moradores do Brooklyn reajam à campanha #HELLOBROOKLYN a ridicularizando, ou até mesmo fazendo uma paródia. A história recente está cheia de tentativas bem-intencionadas de engajamento que foram tomadas por fãs maliciosos ou insatisfeitos. É uma decisão difícil permitir que o público colabore na criação do significado de um objeto de fã. Fãs em particular muitas vezes investiram tempo, energia e recursos financeiros para entender melhor o seu objeto de fã do que seus criadores iniciais. O conceito de entregar o controle de marca a um grupo externo, cujas intenções podem ou não se alinhar com o do proprietário, pode ser aterrorizante. E ainda assim, apesar do perigo, objetos de fã — especialmente para marcas como times (ou de moda), onde muito do valor reside em associações intangíveis — não podem existir sem um contexto forte. E os fãs têm uma variedade mais ampla de conhecimentos e experiências pessoais para gerar esse contexto do que qualquer equipe de marketing.

O filme de 2012 *Magic Mike*, um drama sobre *strippers* masculinos, foi inicialmente vendido como uma comédia romântica. Um cavalheiro bonito no negócio do sexo encontra a salvação nas mãos de uma senhora graciosa e deve decidir se é hora para um trabalho mais saudável. Mas logo ficou óbvio que uma audiência diferente estava animada para apoiar o filme: homens gays.[31] Em uma reviravolta rápida, Channing Tatum, o *stripper* principal, apareceu na capa da *Out*, revista direcionada ao público gay. Um carro alegórico temático de *Magic Mike* apareceu na parada do Orgulho Gay de West Hollywood. Um trailer novo, amigável aos gays, destacou o *sex appeal* de um filme que, não importando o enredo, mostrava um monte de homens atraentes seminus.

No começo dos anos 2000, a fabricante de carros Cadillac viu um efeito similar acontecer com seu Escalade, um SUV de luxo originalmente direcionado para pais suburbanos como uma forma de levar o time para jogos infantis. Ainda assim, o preço ostensivo dos SUVs, amenidades de luxo e facilidade de modificação fizeram dele um símbolo de status para estrelas esportivas, ícones do hip-hop e outras celebridades.[32] Modelos posteriores tornaram-se interativamente mais chamativos e sofisticados. Em seu apogeu no final dos anos 2000, o Escalade regularmente ganhou o prêmio não inconsequente de veículo mais roubado nos Estados Unidos.[33]

As melhores narrativas de marketing estabelecem associações com os sentimentos de um consumidor a respeito de sua identidade. Uma campanha de marketing boa e extremamente sortuda pode acontecer em cima de uma narrativa que ressoa com uma audiência, como o #HELLOBROOKLYN, totalmente sozinha, mas também pode não acontecer.

Claro, outra grande vantagem em permitir que os grupos de fãs definam os significados de uma marca é que isso ajuda a dar um verniz de autenticidade que seria difícil de gerar de outra forma. Colaborar com fãs de qualquer forma pode ajudar a distanciar uma marca do seu propósito comercial original. Emoções profundas, como diversão ou seriedade, quando podem ser atingidas sem parecerem artificiais, são grandes antídotos para o propósito mais mercenário que sustenta a publicidade.

Pabst Blue Ribbon (PBR) é uma marca de cerveja que optou durante muitos anos ter um preço baixo para se manter competitiva. Costumava ser a opção mais barata no cardápio. Apesar disto, na última década a PBR tornou-se conhecida como a cerveja preferida de um público moderno, urbano e *hipster*. Isso aconteceu em virtude de um contexto totalmente criado por fãs. A missão da PBR como uma cerveja barata para a classe trabalhadora ajudou-a a ganhar a reputação de uma "americana autêntica" entre uma clientela mais abastada que, em outras circunstâncias, provavelmente compraria algo de melhor qualidade. Ou, para colocar de forma mais direta: a PBR tornou-se a cerveja favorita de uma subcultura privilegiada que desejava demonstrar o quanto é despretensiosa. Claro, alguns gostam da ironia da marca. Alguns podem até apreciar o sabor, que um *expert* cervejeiro comparou certa vez a milho e a papelão molhado.[34] Mas, de qualquer forma, a cerveja é entornada aos montes, em uma narrativa de cima para baixo criada pelo próprio objeto de fã, como "PBR é uma cerveja barata" raramente será tão inovadora ou eficaz como uma narrativa de baixo para cima criada por uma base de fãs sintonizada, como "Beber PBR demonstra solidariedade com a verdadeira classe trabalhadora americana".

É interessante notar que, em algumas regiões dos estados da Nova Inglaterra, a PBR começou a perder participação de mercado para uma rival inesperada, a cerveja Narragansett.[35] Esta bebida tipo *lager* de nome difícil de pronunciar, comprada em 2004 da Pabst Brewing Company por um investidor particular, estava no mercado há mais de um século e tem um preço similar no bar. Em determinado momento, se tornou tão sinônimo de verão da Costa Leste que figurou como a bebida favorita do caçador de tubarões Quint no filme clássico dos anos 1970 *Tubarão*, que se passava em uma cidade imaginária do nordeste americano. Mas no meio dos anos 2000, sua produção tinha caído dos 2 milhões de barris por ano, na década de 1960, para apenas 600 barris por ano.

Em 2014, a produção tinha voltado a estar próxima de 80 mil barris.[36] Como a PBR, a arma secreta do retorno da Narragansett é o fascínio da autenticidade — nesse caso, um amor pela autenticidade de marcas do patrimônio local, servida com uma porção de nostalgia. A marca capitalizou em seu retorno ao lançar latas de edição limitada com o tema de *Tubarão*. É definitivamente um sucesso com alguns que acreditam que a PBR tornou-se muito pop.

Na hierarquia da autenticidade, o produto mais novo e menos conhecido quase sempre vence, uma verdade que se mantém firme se o produto for uma cerveja não descoberta da velha escola, um designer de roupas desconhecido ou um restaurante chinês fora do mapa. A ambição de estar sempre adiante dos outros na comunidade de música *indie* definiu a cena por tanto tempo que levou ao slogan popular: "Gosto de bandas que ainda nem existem."

Lembre-se que o fandom é, no fundo, uma marca gerada externamente. Assim como os esforços de marketing gerados internamente, os significados criados pelo fã não precisam ser baseados na realidade para serem efetivos.[37] A cerveja Pabst Blue Ribbon encerrou sua produção em Milwaukee, o coração operário de onde atraía um fascínio todo americano, muito antes de ser revivida em bares *hipster* por todos os Estados Unidos. Agora, é de propriedade de uma corporação que inclui a TSG Consumer Partners LLC, uma empresa de capital privado, de vários bilhões de dólares, com sede em San Francisco, que também investe em Famous Amos Cookies, MET-Rx suplementos nutricionais, Vitaminwater e Popchips.[38] Quando se trata de objetos de fã, o que importa é o que significa para o fã em potencial, e não o que significa para os acionistas de uma empresa.

Financiamento Coletivo Feito do Jeito Certo (e do Errado)

Em alguns anos, é possível que a área ao redor do Barclays Center terá tantos quiosques de sucos naturais e estúdios de yoga quanto a área que está rapidamente sendo gentrificada no Brooklyn, o bairro de Greenpoint, alguns quilômetro a norte.

É aqui, no esqueleto de uma velha fábrica de lápis, que o Kickstarter mantém o seu quartel-general.[39] A fachada canaliza a velha Greenpoint: uma parede de tijolos em branco com graffitis ocasionais, as janelas de ferro cobertas com ferrugem de bom gosto. Na verdade, existem poucos indicadores que sugerem que este é o lar do site mais emblemático do financiamento coletivo no mundo, nem sequer uma placa pintada. O interior é todo de madeira recuperada, acessórios antigos, pisos de concreto polido e uma beleza silenciosa e cheia de luz. Há uma biblioteca saída diretamente de uma história de mistério de assassinato dos anos 1920, e um jardim no telhado de gramíneas locais (o corrimão é na verdade uma mesa de pé). Há um teatro de bom tamanho com cadeiras recuperadas e uma galeria de arte. Na cozinha gigante e acolhedora, perto dos videogames de estilo fliperama, uma mulher em um vestido de verão *vintage* serve caramelos salgados.

Subindo as escadas, está um escritório cavernoso, preenchendo o comprimento de uma das longas mesas de madeira que atuam como escrivaninhas — ali fica a equipe de Ligação com os Projetos. O serviço deles é criticar e editar projetos em potencial e ajudar criadores a montarem uma campanha atrativa. Cada um dos gêneros do Kickstarter está representado: arte & quadrinhos, artesanato, passando por todos a ordem alfabética até teatro. A equipe se certifica de que cada um tem um vídeo, uma descrição e recompensas decentes para os apoiadores, que o projeto em si pareça legítimo e que tudo faça sentido. Mas de vez em quando eles fazem muito mais.

O Kickstarter é uma plataforma: um site. Não tem depósitos, estoques ou inscrições. Ele não vende nada. Sua missão, desprovida de contexto, é fornecer espaço de servidor para indivíduos que desejam que as pessoas lhes deem dinheiro e depois coletam esse dinheiro em troca de uma taxa. O Kickstarter pode guiar donos de projetos em que tipo de produtos de "agradecimento" podem ser oferecidos aos apoiadores uma vez que a campanha tenha terminado, mas, de modo geral, a empresa quer ser um meio, não um sistema de pré-venda.

Então, qual é o objetivo de uma equipe tão grande que, em qualquer outra indústria, pode ser chamada de especialistas em controle de qualidade? Eles representam uma presença mais significativa do que a equipe de suporte da comunidade, a poucas mesas de distância, cujo trabalho é apenas oferecer um serviço geral ao cliente. Em uma empresa com apenas 140 funcionários, surpreende a grande quantidade de recursos para garantir que os criadores individuais se comuniquem efetivamente com seu público.

Quando Max Temkin e seus colegas do Cards Against Humanity se aproximaram do Kickstarter para que o site hospedasse a campanha que lançou seu jogo aos olhos do público, em 2010, não foi uma decisão de impulso do momento.[40]

Os criadores do jogo estavam projetando estratagemas elaborados juntos desde a primeira série. Na faculdade, o grupo se viu organizando festas de Ano-Novo para amigos. Com multidões cada vez maiores para entreter, jogos como *Pictionary* se tornaram impraticáveis. "Cardenfreude" tinha nascido. O nome não durou, mas o jogo sim, e quando os convidados da festa retornaram às suas respectivas universidades um mês depois, eles compartilhavam com seus amigos. No *spring break* de 2009, o boca a boca tinha atingido tal tamanho que Max e um dos seus cocriadores se sentiram impelidos a lançar o agora infame site que oferecia o jogo de graça.

O site atraiu novos usuários com a atração barata de diversão, mas também coletou os endereços de e-mail dos visitantes para contato futuro.

Quando o CAH estava pronto para o Kickstarter, já tinha atraído uma sólida audiência. A jogabilidade foi completamente testada através de milhares de downloads. E por causa do site, ganhou resenhas de gigantes da indústria, como o *Chicago Tribune* e o *A.V. Club*, do The Onion, o que deveria ter sido impossível para um produto que ainda não estava disponível na prática. Além disso, o CAH já contava com um burburinho favorável relativamente grande. Como Max salientou em uma entrevista na época: "Ninguém nunca tinha ouvido falar de nós; assim, tornar todo o jogo disponível de graça foi uma ótima ferramenta de marketing. Mesmo que alguém baixasse o jogo, em vez de apoiar o nosso projeto, iria jogar com alguns amigos que poderiam apoiar."[41]

As recompensas para quem participava da campanha no Kickstarter eram simples: apoie o projeto, ganhe uma versão profissional impressa do jogo. Apoiadores de alto nível ganhariam cartas customizadas que poderiam ser preenchida com o que eles quisessem. Não havia canecas de Cards Against Humanity, chaveiros ou porta-garrafas de cerveja, apenas a promessa de mais do mesmo, impresso de forma melhor. Depois de uma semana de campanha no Kickstarter, uma carta foi enviada para todos os fãs que tinham demonstrado interesse expresso anteriormente pelo site original. Começava com: "Queridos detestáveis amigos..."[42]

O objetivo inicial de 4 mil dólares foi superado na segunda semana. Mais e-mails foram enviados pedindo conselhos do que fazer com o dinheiro extra, com opções, como cartas de qualidade melhor e embalagens mais luxuosas. Ao fim da campanha, o CAH tinha conseguido 15.570 dólares na época, uma quantidade bastante grande para a plataforma.

Boas campanhas de financiamento coletivo não acontecem do nada. O sucesso do oferecimento de CAH no Kickstarter foi a consagração de meses de experimentação e de interação com o fãs. Com a exceção de projetos do Kickstarter que recebem apoio externo, como atenção da grande mídia, muito poucos são bem-sucedidos sem a presença de algum tipo de grupo de fãs preexistente. Não é que as campanhas exijam um grande número de pessoas que desejam o seu produto — as pessoas que baixaram a versão gratuita do *Cards Against Humanity*, na realidade, não precisam de uma segunda versão —, é que um grupo central de fãs preexistentes é quase sempre necessário para se alcançar um público mais amplo.

A Parte Social da Monetização Social

Fandom é uma das ferramentas mais efetivas para a monetização social — ou seja, usando o próprio grupo de amigos do fã como defensor das atividades para render dinheiro, especialmente as relacionadas com marketing. Redes sociais são extremamente eficientes ao transmitir notícias e informações o mais rápido possível às pessoas com maior probabilidade de impacto.

Quanto mais estreitos forem esses interesses, mais rápidas e mais direcionadas serão as mensagens. O lançamento do novo conjunto LEGO *Jedi Scout Fighter* pode se disseminar lentamente através de um público indiferente, mas vai atravessar a comunidade de Star Wars rapidamente, e pela comunidade de LEGO Star Wars ainda mais rápido. Não tem mágica nisso — fãs são simplesmente mais propensos a ter outros amigos com interesses semelhantes, que desejam conhecer e discutir coisas semelhantes.

Se, como diz o velho ditado de marketing, compradores precisam ouvir elogios a respeito de um produto sete vezes antes de decidir que vale a pena conferir, comunidades de fãs aumentam o número de pessoas que ouvem coisas positivas a respeito do produto e diminuem o tempo que leva para que eles façam isso. Não é verdade que o sucesso do marketing social segue sempre a presença de um entusiasmado e bem conectado grupo de fãs, mas certamente é difícil de perceber sem um. E, mesmo assim, o grupo deve ser devidamente preparado e manipulado.

A mesa de Luke Crane no Kickstarter está repleta de estatuetas, baralhos e livros — os detritos de dezenas de projetos curados do Kickstarter, bem como das suas próprias campanhas. Sua função oficial é encantadoramente genérica: "chefe dos jogos." O trabalho dele, de certa maneira, é criticar projetos pelo apelo exercido sobre os fãs.

"Você não precisa ter 3 milhões de fãs no Facebook para ser bem-sucedido, mas precisa ser tocado em algum tipo de comunidade que esteja familiarizada com o que você representa", explica Crane.[43] "Se alguém vem até mim e diz: 'Estou começando, tenho alguma experiência na indústria, mas preciso levantar 200 mil dólares' e eu pergunto quanta [divulgação] fizeram e a resposta é 'nenhuma', então tento explicar muito gentilmente que talvez você não esteja pronto para o Kickstarter. Talvez você precise sair ao mundo com sua ideia, mostrá-la às pessoas e construir um relacionamento com uma comunidade de forma que você não fique apenas sentado no Kickstarter, batucando seus dedos e pensando: 'Onde está todo mundo?', quando você lança a campanha. Você não pode apenas lançar o Kickstarter, mostrar um projeto de invenção heroico e dizer vamos lá, deem seu dinheiro."

Financiamento coletivo é basicamente ativar uma comunidade preexistente. Permite que os criadores se aproveitem dos fãs originais, bem como da rede expandida de conhecidos que provavelmente atrairão. Esta é uma estratégia completamente diferente de encontrar um grupo de fãs existente e tentar comercializar. O que torna uma pessoa um fã de pôquer ou um fã de um jogo como *Magic: The Gathering,* ou do jogo Trivial Pursuit, é mais pessoal do que um amor generalista por jogos de cartas. Aproximar-se de uma comunidade de jogadores de pôquer e tentar convencê-los a apoiar a campanha no Kickstarter do *Cards Against Humanity* seria risível. "Publicar pela primeira vez em um fórum comunitário com autopromoção é algo bem delicado. Sabendo como funciona a comunidade... E ser capaz de chegar lá e atraí-los e mostrar-lhes que você é um deles, você está fazendo uma coisa legal, este é o segredo." E essa mentalidade de "dentro" precisa influenciar todos os níveis de uma campanha, não apenas sua promoção.

Por exemplo, uma armadilha comum nas campanhas de financiamento coletivo é escolher as recompensas erradas para os apoiadores — os presentes de agradecimento recebidos. Com muita frequência, eles parecem ser como suvenires em uma barraquinha de show: 1 dólar garante um adesivo, 5 dólares dão direito a um chaveiro e um adesivo, 15 dólares garantem tudo isto, *mais* uma camiseta. Para uma audiência de consumidores, isso pode fazer sentido: mais dinheiro equivale a mais coisas. Porém, para um fã, pode reduzir a experiência. "Ninguém quer um porta-garrafas do que quer que você esteja fazendo", diz Crane.

Fãs estão querendo demonstrar o seu apoio, não comprar coisas. O desejo de ser associado ao criador do projeto e fazer parte de algo maior do que eles é forte. Apoiar costuma vir de uma decisão emocional e visceral. "Nós sempre estamos dizendo aos criadores: façam uma história sobre quem são e o que eles estão fazendo, e por que isso é importante para eles. Apele para essa reação emocional, em vez da transacional. Esse processo é muito sobre ter um relacionamento com essas pessoas e manter esse relacionamento." Uma campanha no Kickstarter para financiar um filme deve convencer apoiadores a gastar seu dinheiro anos antes de ver qualquer resultado, em vez de apenas gastar o mesmo valor em um ingresso, uma vez que o filme já tenha sido produzido. Ambas as ações apoiam o filme, mas o apoio anterior é muito mais valioso para o criador.

As melhores recompensas para apoiadores são frequentemente de caráter de experiência. Um cartão-postal é uma recompensa terrível, mas um personalizado e assinado, com a sua aura de proximidade ao criador do projeto, pode ser melhor. Assim como informações proprietárias, um telefonema pessoal, um convite pessoal ou acesso antecipado a um produto. Essas recompensas simbolizam um relacionamento, um status de *insider* especial não disponível para o público em geral. Infelizmente, também é uma relação que pode fomentar sentimentos de direito — não é inédito apoiadores criticarem os criadores e exigirem algum tipo de controle criativo sobre o projeto —, mas, em geral costuma ser uma experiência positiva para ambos.

O que Dar para um Fã que Já Tem Tudo

Shadowrun é um RPG de mesa no qual os jogadores se engajam em uma complexa espionagem industrial. No futuro. Um futuro com elfos, orcs e dragões. Eric Mersmann tem jogado com um grupo de amigos desde meados dos anos 1990, então ele ficou compreensivelmente animado quando *Shadowrun Returns*, uma versão em videogame feita pelos criadores originais, foi para o Kickstarter.[44] A recompensa de nível mais alto era uma sessão privativa de jogo com um dos criadores.

"Passei cinco dias considerando a respeito de se eu deveria aceitar ou não apoiar a maior recompensa", ele se recorda.[45] Se ele fizesse a doação, um dos criadores originais do jogo viria para sua cidade e atuaria como mestre para um jogo de *Shadowrun* para ele e cinco de seus amigos. "Claro que eu sabia exatamente quais dos meus amigos seriam", ele diz. "Eu estava superanimado por essa oportunidade. Eles disseram que havia três apoios disponíveis. Eu assisti ao primeiro acabar no primeiro dia, e o segundo no terceiro ou quarto dia. Eu hesitei e gaguejei, rangi os dentes, e então me decidi e peguei esse terceiro apoio." O custo final: 10 mil dólares.

"As pessoas ficaram bastante confusas. De amigos dos amigos, recebi sinais de indignação de que estava gastando muito dinheiro. Foi muito divertido porque a primeira pessoa que entendeu era alguém que não era *gamer*, mas um grande fã de esportes. Eu mencionei que fiz isso e fiquei realmente animado. Ele falou: 'Oh, sim, entendo totalmente', e eu respondi: 'Sério?' Ele: 'Sim, se eu pudesse me sentar em cadeiras VIPs em um jogo de basquete da IU [Indiana University] com Bobby Knight, faria isso no mesmo instante. Não importando o quanto custasse'", Mersmann lembra.

A frase "economia de experiência" se refere ao conceito de que os bens intangíveis, como lembranças, emoções e educação, são valiosos de forma fantástica para os consumidores, mais até do que talvez produtos físicos. Experiências *premium* são ainda mais valiosas para os fãs, que talvez já tenham tentado todas as atividades acessíveis de fãs associadas com o objeto de fã. Era certamente o caso para Mersmann, que não tem arrependimentos sobre o jogo único que ele e seus amigos finalmente aproveitaram.

"Eu acho que é parte do processo emocional do investimento. Todos nós amávamos o jogo. Nós amamos nossa experiência jogando o jogo. Foi uma reunião de ensino médio totalmente nerd. Foi incrível."

O Efeito Zach Braff

Fãs esperam um nível de respeito em resposta ao entusiasmo deles, e com razão, mas, às vezes, pode ser difícil interpretar a forma que o respeito deve tomar — descontos, acesso antecipado, experiências pessoais, extras de edição limitada ou outros tipos de diversão. Fãs são rápidos em calcular quanto valor monetário estão dispostos a atribuir ao seu zelo; contudo, poucos membros de uma audiência têm algum conceito dos verdadeiros custos envolvidos no fornecimento e manutenção de um objeto de fã.

Luke Crane, do Kickstarter, diz: "Quando um apoiador chega ao seu projeto, ele olha para o seu objetivo e faz um cálculo rápido em sua cabeça: isso parece certo? Você pode fazer isso com essa quantia de dinheiro? Claro, a maioria deles não tem conhecimento para dar um palpite real. Se eles realmente soubessem o que custou para fazer essas coisas, eles falariam: 'Uau, vocês não estão pedindo dinheiro o bastante para fazer isso.' Então, configura-se essa dinâmica estranha, na qual os criadores estão tentando adivinhar o quanto os apoiadores estão dispostos a pagar, e apoiadores fazendo contabilidade de projetos de criadores em um processo que eles realmente não entendem. Quando dá errado, pode ser realmente doloroso."[46]

Durante um incidente bem divulgado, a cantora independente de rock Amanda Palmer levantou uma quantia vultuosa — cerca de 1,2 milhão de dólares — para um novo álbum no Kickstarter; ainda assim, continuou usando músicos voluntários nos shows dela.[47] Fãs ficaram loucos, condenando a atitude. Certamente, com tanto dinheiro, ela agora poderia pagar a todos, apesar de seus argumentos de que os fundos tinham ido imediatamente para o processo de fazer o álbum. Palmer desde então mudou seus esforços de financiamento coletivo para o sistema de apoio recorrente do Patreon, talvez na busca de mais transparência na relação entre financiamento e produção.[48]

"Você pode ver nessas demandas hilariantes e irracionais o que os fãs fazem. Você vê os fãs gritando para as pessoas coisas do tipo: 'Como você ousa pedir tanto dinheiro? O que você vai fazer com todo esse dinheiro extra?'", explica Crane. "E todos respondemos: 'Mas não teve nenhum dinheiro extra. Eu tive que fazer a coisa e mandar para vocês. Não teve nenhum dinheiro extra.'"[49]

Qualquer sentimento de que estão tirando vantagem de você, não importa os fundamentos da verdade, pode prejudicar o relacionamento com o fã. Chame isto de efeito "Zach Braff". Em 2013, o astro de Hollywood Braff recorreu ao Kickstarter para financiar seu filme de comédia *Lições em família* (*Wish I Was Here*, 2014). Ele tinha um grande grupo de fãs de seus programas de TV e filmes anteriores, além da boa vontade de alguns amigos célebres e astros para divulgá-lo.[50] Sua campanha no Kickstarter superou o objetivo de 2 milhões de dólares em 48 horas. Menos esperada foi a grande rejeição dos fãs uma vez que os valores ficaram altos o suficiente.[51] Braff já era multimilionário e, apesar de seus protestos, muitos especularam que seu patrimônio líquido poderia ter financiado o filme sem necessidade de assistência externa.[52]

Os fãs querem sentir que fizeram a diferença: algo aconteceu como resultado de seu amor e atenção, que de outra forma não ocorreria. As melhores recompensas no Kickstarter demonstram um profundo sentimento de gratidão e apreciação pelo apoio de um fã. Se é verificado que todo o apoio e o esforço foram desperdiçados, ou pior ainda, não eram necessários em primeiro lugar, os fãs provavelmente se sentirão chateados, e com razão.

O princípio também é verdade para fandons que nunca vão precisar de financiamento coletivo, recorrente ou qualquer coisa ligada com financiamento do público. O relacionamento entre fã e objeto de fã é parassocial — é estritamente em uma direção. Fãs sentem muitas coisas a respeito da coisa que amam, mas o contrário não é verdade, pelo menos em um nível individual; não é humanamente possível para celebridades aprenderem detalhes íntimos a respeito de cada um dos seus fãs. As experiências de fãs mais valiosas removem essas barreiras na associação, aproximam a relação e fazem com que ela pareça uma via de mão dupla. Permitir que um fã se sinta pessoalmente responsável por uma criação de texto de fãs é poderoso, mas também são atividades que podem mostrar aos fãs o quão importante eles são individualmente, não apenas como um bloco agregado de entusiasmo.

Construindo um Texto de Fã Melhor

Jogos são um campo de teste comum para diferentes tipos de interações de fãs, talvez porque eles sejam, pela sua natureza, já participativos.

Cards Against Humanity tem uma área chamada "Sugira uma Carta" na primeira página de seu site. "Ao longo da história da empresa, tem sido uma espécie de relacionamento adversário com os fãs 'hard-core', o fandom do Cards. Eles continuam nos pressionando para acomodar a cultura de fãs no jogo [e] nós pressionamos de volta", conta Temkin. "Temos toneladas e toneladas de sugestões. E elas são terríveis e nós não as lemos."[53]

Se essa atitude é ou não apenas parte de sua voz corporativa, o CAH certamente não está sozinho em sua tentativa de incorporar conteúdo criado por fãs. Assim como permitir que os fãs colaborem na criação do significado da marca, a validação de materiais criados por fãs tem seus próprios perigos. Criação de conteúdo é uma atividade de fã básica, seja feita em nome de autoaperfeiçoamento ou como tentativa de forjar títulos e ganhar status dentro do grupo. Quando corretamente canalizada, pode levar a recompensas prometidas do financiamento coletivo, como quando uma marca de salgadinhos pede para os fãs desenvolverem um novo sabor de batatinhas fritas e os faz votarem nos seus favoritos.[54] Do vencedor, "Pão de alho com queijo", espera-se um sucesso porque reflete o que o público quer comer. Quando canalizada de forma incorreta, pode levar a vergonha e questões legais, quando a mesma empresa pede aos fãs para desenvolverem novos sabores de batatinhas e eles começam a bombardear a internet com sabores como "Suco de laranja e pasta de dentes", "Sangue dos meus inimigos", "Predador sexual" e "Arrependimento". O fandom pode surgir quando um grupo bastante grande de pessoas decide expressar uma resposta emocional significativa em uma plataforma compartilhada, porém algumas plataformas, como pesquisas na internet, prestam-se para o mal mais do que outras.

Grand Theft Auto, o *GTA*, é sem dúvida a mais popular franquia de jogos de videogame do mundo; certamente está no topo da lista. Mais de uma dúzia de versões foram lançadas nos últimos quinze anos e a versão de 2013 de *Grand Theft Auto V* quebrou sete recordes diferentes dos Guinness World Records, incluindo "Lançamento de Entretenimento Mais Bem-Sucedido de Todos os Tempos", rendendo 1 bilhão de dólares nos primeiros três dias do lançamento.[55]

Durante o jogo, os jogadores participam de várias missões e mini-jogos à medida que galgam posições em um submundo criminoso. Como um jogo de "mundo aberto", onde os jogadores podem percorrer a paisagem à vontade, as cidades e os subúrbios onde a ação ocorre são impossivelmente densos, com todos os tipos de recantos escondidos e espaços que convidam à exploração.

Com uma plataforma tão exuberante à sua disposição, alguns jogadores optam por dar um passo extra. Assim como em muitos jogos similares, personalizar o seu jogo ("modulando-o") é tão fácil quanto adicionar alguns arquivos extras ao jogo instalado em seus computadores. Isso levou a uma grande comunidade on-line que compartilha tais personalizações. Modulações, ou mods, variam desde o completamente lógico (carros com requisitos de reabastecimento mais realistas; abrir o interior dos edifícios para a entrada do jogador), passando por mais interessantes (os jogadores podem mochilar ou tentar ser um caminhoneiro ou policial), indo até os mais bobos (um imenso tsunami inunda toda a cidade; baleias gigantes chovem do céu; aquela faca agora é um vibrador; o personagem principal se transforma em um macaco, ou em um gatinho, ou no Homem-Aranha. Também, muito voo).

A criadora do *GTA*, Rockstar Games, sempre assumiu uma atitude de *laissez-faire* para essa comunidade que faz as modulações desde que os esforços sejam usados apenas para jogos off-line e pessoais. Embora a empresa não apoie ativamente as modulações — às vezes, atualizações desinstalam mods acidentalmente —, ela não as condena. Em uma entrevista em maio de 2015, um representante chegou a dar uma aprovação tácita aos mods, afirmando: "Nós sempre apreciamos os esforços criativos da comunidade de modulações para PC e ainda nos lembramos com carinho do incrível mod de invasão de zumbis..."[56]

É fácil de ver por quê: mods criados por fãs tornam o GTA mais valioso no geral.[57] Tornam o jogo mais interessante para as massas e mantêm os jogadores experientes envolvidos muito depois de terem terminado o jogo autorizado, tudo isso sem custo extra para a empresa fabricante. Em vez de mandar notificações extrajudiciais — como fazem alguns de seus colegas das indústrias do cinema e da música —, a Rockstar encontrou uma maneira de incorporar os esforços dos seus fãs ao seu próprio contexto. Os fãs recebem uma saída criativa para se divertir, mostram suas habilidades de programação e ganham status dentro da comunidade de fãs, e a Rockstar consegue um novo uso completamente inesperado para um produto já existente. Modulações são boas para os negócios.

E, ainda assim, em abril de 2015, as manchetes de muitos blogs de jogos estamparam variações de: "Mod pago Skyrim se tornou uma grande dor de cabeça."[58] O jogo *The Elder Scrolls V: Skyrim* tem um visual e um conceito similares ao de GTA: um mundo grande e detalhado de cidades, fortalezas e ambientes naturais. Mas, diferentemente de GTA, a criadora de *Skyrim*, o Bethesda Game Studios, e sua distribuidora, Valve, encoraja os mods, até mesmo liberando alguns mods próprios deles. Então, em abril, eles decidiram se aproveitar da sua comunidade de modulações ao permitir que os usuários acessassem mods mais facilmente... mediante pagamento de uma taxa.[59]

A derrocada que se seguiu causou uma das reviravoltas mais rápidas na história dos jogos. Fóruns e blogs de fãs imediatamente se encheram com críticas anti-Valve, com reações variando de indignação à franca agressividade.[60] Alguns programadores de mods que escolheram participar relataram receber ameaças de morte. Um bom número deles prometeu suspender os mods em vez de renunciar ao controle sobre suas criações. Uma petição para remover o sistema de pagamentos por mods superou 100 mil assinaturas nos primeiros dois dias. Na semana seguinte, o sistema foi fechado e todos os pagamentos reembolsados.[61]

O que deu errado? Se os materiais criados por fãs são benéficos para um objeto de fã, legitimar esses materiais através de um canal de distribuição oficial deve ser uma boa política. Afinal, com frequência fãs veem o valor e os usos de um produto melhor do que o criador, e eles estão mais bem posicionados para entender que tipo de adições o tornará ainda melhor.

No caso de Skyrim, o problema foi parcialmente a monetização: a Valve alocou para si mesma 30% de cada compra de mod, a Bethesda ficava com 45%, e apenas 25% iam para os criadores.[62] Parcialmente, o problema reside em um medo geral de que isso possa significar o fim dos mods gratuitos e da vibrante comunidade que os criou. E, em parte, houve um sentimento de ressentimento de que os materiais criados por fãs, tradicionalmente destinados a beneficiar outros fãs, estavam aumentando a rentabilidade de uma corporação com fins lucrativos. Como um comentarista colocou: "Eis o que vejo aqui: Bethesda e Valve ganhando dinheiro em cima da comunidade de mods por um trabalho que a própria Bethesda já deveria estar fazendo, para começo de conversa."[63]

Vinte e cinco por cento parecem melhor do que nada, mas é da natureza humana recusar transações financeiras que parecem injustas. Os esforços de qualquer fã disposto a dar tempo e energia para tornar um objeto de fã mais valioso não tem preço, e qualquer tentativa de comprá-lo deve ser tratada de forma muito delicada. De certa forma, atribuir um valor em dinheiro em atividades de fãs como a criação de conteúdo pode reduzir o seu valor.

Às vezes, o melhor gerenciamento de fãs é deixá-los livres: fornecer suporte, incentivo e manutenção à comunidade, dar-lhes os materiais que precisam para desenvolver e mostrar seu amor, oferecer experiências proporcionais ao seu entusiasmo, mantê-los informados... E, então, saber quando dar um passo para trás e permitir que a natureza humana siga seu curso. Mas isso não quer dizer que os grupos de fãs não possam ser orientados.

Os Brooklyn Nets foram capazes de alterar o próprio conceito do que significava torcer para um time, convertendo seu status de gentrificadores invasores em um símbolo do orgulho local. Eles cuidadosamente investigaram que tipo de mensagem poderia comunicar aos desejos profundos e as vontades de seu grupo de fãs, e conseguiram superar uma oposição muito real e legítima. A Cards Against Humanity dedicou toda a sua voz corporativa para dar aos fãs exatamente o tipo de serviço ao cliente abrasivo que esperam, sem nunca cometer o erro de *ser* abrasivo. Eles entendem que seus fãs não querem isso.

Skyrim pegou algo que funcionava bem, uma tradição de modulações que serviam com sucesso à busca dos fãs por autoaperfeiçoamento e status dentro da comunidade, e, sem pensar completamente nas implicações de suas ações, converteu isso em um empreendimento comercial. Como não tinha entendido as motivações de seu grupo de fãs, cometeu o erro de assumir que os fãs ficariam gratos por qualquer remuneração que recebessem por seus mods, não importando o quão pequenas fossem. A explosão resultante poderia ter sido evitada com um bom gerenciamento.

Seja ponderado. É a regra mais importante ao interagir com um grupo de fãs já existente. Consertar algo que não está quebrado, como o relacionamento entre fãs ativos e seu objeto de fã, é um negócio extremamente arriscado, que precisa de um alto nível de estratégia e previsão. Existe uma diferença muito evidente entre gerenciar os fãs e tirar proveito deles.

CAPÍTULO 7

AUTENTICIDADE

Seguindo em Frente como Inimigos Mortais[1]

Na tarde do dia 26 de maio de 1987, um policial rodoviário de Nova Jersey, fazendo um controle de rotina no Garden State Parkway, parou um carro alugado que levava dois homens.[2] A infração era uma lata aberta de cerveja St. Pauli Girl, parte de um pack de seis comprado na loja de conveniência das redondezas. Quando a janela foi baixada, o policial sentiu cheiro de maconha. O motorista admitiu que havia alguns cigarros embaixo do assento.

"Mãos na cabeça, pernas afastadas", o motorista mais tarde se lembrou de ouvir o policial dizer.[3] Em seguida, ele passou um rádio pedindo apoio. Algemou o motorista, que era um homem *muito* grande. Os policiais, em seguida, retiraram o passageiro do carro e vasculharam sua bolsa. Encontraram um frasco de pó branco. O passageiro também foi preso.

Eles foram levados em carros separados para a delegacia, onde o motorista foi identificado como James Edward Duggan Jr., mais conhecido por sua identidade profissional de luta livre, "Hacksaw" [Serrote].[4] A identidade do passageiro dizia que o nome dele era Hossein Khosrow

Ali Vaziri, mas o policial que fez a prisão reconheceu o popular personagem da World Wrestling Federation [Federação Mundial de Luta Livre] The Iron Sheik [O Xeique de Ferro]. O pó branco foi testado e era cocaína. Todavia, dentro de algumas horas, Duggan foi liberado, assim como Vaziri, o último depois a pagar uma fiança. Eles voltaram para o carro e continuaram sua viagem rumo ao sul, para Asbury Park, onde iriam lutar diante de milhares de pessoas.

Ou pelo menos essa é a história de acordo com Hacksaw. Ele alega que o Iron Sheik o pressionou para que fossem juntos para o aeroporto naquele dia.[5] As cervejas foram ideia do Sheik. E Hacksaw não tinha percebido que beber enquanto dirigia era malvisto em Nova Jersey, tendo acabado de chegar de um estado mais permissivo, a Louisiana. Ele se sentiu muito mal por causa disso.

Iron Sheik, contudo, alega algo diferente em uma entrevista de 2013. Que, depois da prisão, Hacksaw simplesmente ligou para o pai, que era um chefe de polícia na cidade de Glens Falls e fez com que fossem liberados.[6] Eles chegaram para a luta a tempo do começo, às 20 horas, e fizeram um grande show, no qual ele ajudou Hacksaw a ter uma vitória espetacular. Depois, voltaram ao carro, compraram mais um pack de seis cervejas e lanches do McDonald's, foram a um bar, e terminaram a noite em uma farra num quarto de hotel com algumas das suas fãs.

É difícil dizer se o abismo entre as duas versões é uma verdadeira diferença na memória, ou apenas outra parte do personagem de cena que cada artista havia passado tão longamente aperfeiçoando.

No mundo teatral da luta livre profissional, Duggan era um "rostinho bonito", um personagem que é herói. O lutador para o qual o público deveria torcer. Apesar de possuir um bacharelado em biologia vegetal aplicada, Hacksaw, o personagem que ele interpretava para a World Wrestling Federation (WWF), era um tipo musculoso, patriótico e bom moço. Com frequência, ele entrava no ringue carregando uma bandeira dos Estados Unidos.

O Iron Sheik era um "rude" — o personagem que o público deveria torcer contra. Vaziri realmente nascera em Teerã e tinha passado um tempo treinando a equipe americana de luta olímpica antes de ingressar no circuito profissional de luta livre. De início, ele interpretou uma série de personagens diferentes, mas obteve sucesso como um grosseirão com forte sotaque e um bigode maligno, vestindo um traje vagamente evocativo do Oriente Médio. O personagem ganhou muita fama em virtude do sentimento antiárabe que emergiu durante a Revolução Iraniana de 1979 e a Crise dos Reféns no Irã. Seu truque principal consistia em provocar os fãs com insultos antiamericanos antes de cada luta, o que funcionou especialmente bem quando ele enfrentou mitos americanos, como Sargent Slaughter, Hulk Hogan e Hacksaw.

Na primavera de 1987, os dois personagens deveriam estar no meio de uma luta: o estrangeiro malvado Iron Sheik versus o patriota de sangue quente, Hacksaw. Apenas dois meses antes, eles haviam se enfrentado no *Wrestlemania III*, um evento transmitido por pay-per-view que quebrou todos os recordes anteriores de visualização e faturamento.[7] Muitos milhões de fãs assistiram ao Sheik fazer sua chave de pescoço contra o personagem herói Jim Brunzell, fazendo Hacksaw retaliar ao bater nele com o mastro de sua bandeira. Houve o que poderia ter sido um chute furado no começo da luta por outro herói americano contra o Sheik, mas este teve a habilidade de "vender" o movimento de qualquer maneira, reagindo como se tivesse sofrido um sério golpe de um oponente superior.

O fato de que os dois personagens fossem pegos juntos, no mesmo carro, sem algum tipo de justificativa lógica para explicá-lo, constituía um problema.

Hacksaw esperou que o incidente fosse estourar. Ele se lembra de dizer para sua esposa, quando se falaram por telefone naquela noite: "Querida, fomos pegos hoje, mas acho que ninguém sabe."

Ela telefonou para ele de volta na manhã seguinte em seu hotel. "Jim, todo mundo sabe! O telefone está fora do gancho aqui! Todos os seus amigos estão ligando para saber se você está bem e está em todos os noticiários."

Hacksaw ligou para o pai. Então ligou Vince McMahon, o CEO da WWF (que representa às vezes um empresário da WWF nas histórias encenadas). Ele foi direto ao ponto. "Jim", disse a voz do outro lado da linha, "o que você *fez* conosco?"[8]

Na semana seguinte, a mídia informou que ambos os lutadores haviam sido demitidos por "violações de entorpecentes". Jornais em todo o país anunciaram. "[Eles] não vão mais bater na cabeça um do outro com cadeiras de metal", regozijou uma coluna no *Chicago Sun-Times*. "O 'heroico' Hacksaw e o 'vilanesco' Sheik, que eram vistos como inimigos mortais em arenas do país inteiro, cometeram o delito mortal de serem pegos se divertindo como uma dupla de amigos."[9]

Em um evento para a TV, em Buffalo, no dia 2 de junho, McMahon emitiu um aviso furioso aos demais lutadores. Ele socou sua tribuna e os exortou repetidamente: o teste obrigatório de drogas para a cocaína começaria imediatamente; além disto, heróis e vilões devem evitar uns aos outros em público. "Esse trabalho é mais importante do que um pacote de cervejas e um boquete! Duggan e Sheik nunca mais vão trabalhar para a WWF de novo!"[10] Claro que não era possível dizer se o CEO estava falando sério ou simplesmente incorporando um personagem.

A palavra "kayfabe" descreve que a pretensão da luta livre profissional é ser um esporte, não uma performance. Manter a interpretação da kayfabe é permanecer em personagem de luta livre em todos os momentos e insistir na legitimidade de suas tramas e armadilhas. Na época, kayfabe era a política oficial para todos os lutadores da WWF, mesmo que a natureza coreografada dos jogos fosse um segredo aberto. "Esses caras realmente vão matar uns aos outros como eles alegam?" "E aquele cara de máscara, de verdade, vai vencer o cara da capa usando um relógio gigante?" "Ele realmente o jogou naquela grade e depois pulou sobre ele, ou foi encenado?" "Ele está de fato machucado ou apenas fingindo?" "É sangue de verdade?" Sem fãs se fazendo estas perguntas, mesmo que subconscientemente, talvez McMahon tivesse medo de que a suspensão voluntária da descrença se dissolvesse.

O moderno lutador profissional de luta livre compartilha suas raízes com os espetáculos de circo itinerantes e burlescos.[11] É uma performance teatral que combina elementos de trama com script, improvisação, solilóquio, personagens coloridos e coreografia exagerada. Embora exista um esporte real chamado luta livre, no qual o objetivo é usar chaves e agarrões para imobilizar um oponente, logo os entusiastas descobriram que era mais seguro e mais animado transformar o ringue de luta em um tipo de palco onde uma performance roteirizada e atlética poderia ser encenada. Durante anos, vários grupos promocionais empregaram "atores de luta livre" para coreografar as batalhas um contra o outro, cada grupo com seus próprios escritores, trajes e campeonato. Quando a TV se tornou dominante nos lares americanos, era uma plataforma perfeita para as narrativas de luta livre. A competição pelo tempo de transmissão foi tão acirrada que logo apenas duas grandes organizações promocionais dominaram o mercado. Uma delas era a WWF (agora WWE), cujo sócio majoritário era Vince McMahon, que, no meio dos anos 1980, teve que ajudar a converter a luta livre de um espetáculo circense em uma gigantesca influência cultural.

"Eles não sabem que não é real?" é a pergunta mais feita. É claro que o público sabe que não é. Mas e daí? Lawrence McBride passou anos examinando a cultura da luta livre profissional. "É como se sentar e falar sobre o Papai Noel não ser real. Sim, mas esse não é o ponto. Não é divertido se sentar e falar sobre isso. É divertido ir ao estádio e torcer pelo lutador que você admira."[12]

Quando o público vê um espetáculo de mágica, é divertido fingir que a pessoa no palco é realmente um feiticeiro e engasgar com seus feitos milagrosos. Isso não significa que eles realmente acreditam que as leis da física foram suspensas. Fingir que a ação no ringue é real é parte da experiência.[13]

"O lance a respeito do show de luta livre", McBride explica, "[é que] você vai lá e todo mundo no público está à beira do desconfortável. E eles estão meio que brincando, e todos ficam fazendo comentários sarcásticos. 'Isso é divertido. Todo mundo sabe que é armado. Vai ser uma piada e vamos tirar sarro disso.' Então o show começa, e todas as vezes — *todas as vezes* —, em cinco minutos, a multidão passa por uma mudança completa. Eles começam a gritar. Eles querem que o herói vença. Eles querem ver o vilão ser aniquilado."[14]

Fãs de luta livre, às vezes, fazem grandes esforços para proclamar sua crença em uma realidade falsa. "Eles gostam de dizer: 'O que você quer dizer com luta armada? Não é armada não.' Todos se divertem dizendo isso", diz McBride. "Eles não acreditam nisso, mas todos adoram."[15] Em um recente incidente, o notório vilão Triple H parou no meio do show e saiu do personagem para consolar uma criança chateada na audiência.[16] Ele abraçou o jovem fã e bagunçou o cabelo dele. "Ei, amigo, tá tudo bem", ele falou para a criança. "Só estou brincando."

Os fãs de luta livre que entendem o que está acontecendo nos bastidores são, às vezes, chamados de "fãs espertos" ou, por alguns, "fãs de internet", já que a popularização da internet contribuiu tanto para sua proliferação.[17] Fãs espertos apreciam não só o espetáculo de luta livre, mas os desafios técnicos, literários e dramáticos que se combinam para orquestrar e encenar uma produção teatral tão exagerada. Eles analisam e debatem as técnicas por trás da coreografia da luta. Quando um lutador cai no chão, fãs espertos procuram a lâmina minúscula que ele está usando para cortar a testa para tornar o dano mais convincente. São esses fãs que seguem os vazamentos da trama e sabem o que acontecerá em cada luta. São eles que sabem quais rivalidades são roteirizadas e quais provavelmente espelham uma animosidade real. Eles conhecem a história de cada lutador e as influências dramáticas que moldam seus movimentos que se tornam suas marcas registradas. Como McBride explica: eles são as pessoas na multidão que dizem: "Ah, sim, agora ele está na TV, mas lembra quando estava no Alabama e para atrair o público seu personagem era um dentista maligno?"[18]

Fãs espertos são uma parte tão importante da luta livre profissional que o esporte desenvolveu um monte de comunicados humorísticos e piadas privadas apenas para eles. Lançar um lutador oponente sobre uma mesa sem provocar sérias lesões corporais seria algo ridículo e quase impossível na vida real. Então, em pelo menos uma vez durante a maioria dos eventos pay-per-view de luta livre, alguém é arremessado para a "Mesa dos Locutores em Espanhol", uma falsa mesa, colocada ali apenas com a finalidade de se quebrar em estilhaços espetaculares enquanto os locutores correm para se proteger.[19] É uma piada para fingir que há uma mesa "segura" para destruir, em vez de permitir que os lutadores lancem os seus adversários na Mesa dos Locutores em Inglês (que é, assumidamente, mais firme). Lutadores, às vezes, até fingem uma pancadaria generalizada se, por qualquer motivo, a Mesa dos Locutores em Espanhol chega ao final da luta intacta.

O que leva à pergunta: se todos sabem que a luta livre profissional é apenas um espetáculo, e não uma competição, o que há ali para os fãs?

Henry Jenkins, uma lenda nos modernos estudos sobre fãs, explorou a questão nas últimas duas décadas. Nos anos 1990, ele notou que a luta livre concede à sua audiência, principalmente da classe trabalhadora masculina, uma importante escapada da narrativa padrão e catarse emocional.[20] Há todas as características de uma boa novela, um gênero tradicionalmente feminino. Os personagens personificam lutas de raça, disparidade econômica, classe social e sexualidade. As narrativas muitas vezes refletem uma atitude de anti-intelectualismo; os bons são simples e masculinos, enquanto os bandidos recorrem a enganar e a trapacear para vencer. Tudo isso pode ser reconfortante em um mundo que cada vez mais concede maior status ao cérebro do que aos músculos.

Os fãs de lutadores profissionais de hoje refletem uma demografia muito mais ampla e isso nem inclui a grande audiência de fãs que a curtem ironicamente. Classificar isso como "melodrama masculino", como Jenkins fez há duas décadas, ainda pode ser correto, mas isso não é *tudo* o que é.[21]

Wrestlemania!

O Bar Nine ainda não está muito cheio.[22] Às oito da noite, ainda é possível chamar uma garçonete e pedir asinhas de frango (mínimo de vinte) e uma cerveja, embora o lugar esteja cheio da segunda opção. Uma parte do bar foi cercada com sofás e uma tela gigante mostrando *Wrestlemania 32*, clímax anual de diversas linhas narrativas da WWE, plantado ao longo dos meses anteriores. A audiência do bar é uma mistura de homens e mulheres, a maioria usando camiseta preta. Há um grupo de homens *hipsters* bem-vestidos que compartilham um prato de asinhas na primeira fileira.

Na tela, Shane McMahon está levando o Undertaker numa luta em uma gaiola, a chamada Hell in a Cell [Inferno numa Cela]. Em uma interação bem roteirizada dois meses atrás, Vince McMahon, o pai na vida real de Shane, concordou em dar a Shane o controle do "Monday Night Raw", programa semanal de luta livre, se Shane conseguir derrotar o Undertaker, um lutador com um tema sobrenatural. Pode parecer um plano improvável para a estratégia empresarial de longo prazo, mas na história faz todo o sentido. Até agora, os cavalheiros se espancaram com uma grande variedade de objetos metálicos (cadeiras, escadas...) e a ação está ficando tensa.

Agora, Shane está subindo a parte externa da grade da gaiola! Três metros. Seis metros. "Shane, o que você está fazendo? O quanto seu legado significa para você, Shane! Isso não! Por favor!", grita o locutor. "Nossa Senhora, tirem-no daí! O que diabos ele está pensando!"[23]

"Meu Deus, ele vai pular?", grita um *hipster* do bar, pulando da cadeira.

"Não! Você não pode fazer isso!", grita o locutor.[24] Todo o grupo perto da TV está fora de seus assentos, tirando freneticamente fotos da tela com seus telefones celulares. As mulheres nos cantos estão escondendo o rosto nas mãos.

"Maldição, Shane, pare com isso! Não faça isso! Não!", o locutor grita. Ele pula! O Undertaker rola para fora do caminho no último minuto. Shane despenca na mesa dos locutores, despedaçando-a. "Pelo amor da humanidade!", grita o locutor.[25]

"Ele morreu? Ele está morto?", grita um *hipster.*

Ele não está morto! Todos no bar saltam aos seus pés, gritando em aplausos. Logo a luta acaba. Shane está ostensivamente quebrado na mesa. "Monday Night Raw" vai continuar, na história, como propriedade de Vince McMahon. Uma equipe médica, ou talvez um grupo de atores que interpretam uma equipe médica, corre no palco para colocar Shane em uma maca. Mas o que é isso! À medida que a equipe se apressa para a saída, o braço tremendo de Shane está subindo, subindo no ar! Ele está dando à multidão um sinal de positivo! "Uau!", diz o locutor. "Uau!"

"Shane tem, tipo, 50 anos! Não dá pra acreditar. Não dá pra acreditar nisso", murmura o *hipster.*

A ação na luta livre profissional é roteirizada, mas isto não é o mesmo que ser segura. Os sinais de mão e as pistas vocais que os lutadores usam para transmitir sutilmente a coreografia pretendida no ringue não podem mudar o fato de que é uma atividade muito perigosa. Poucos lutadores de longa carreira conseguem escapar sem pelo menos uma ou duas lesões graves, e as mortes não são inéditas. O lendário lutador Bret Hart escreveu em sua autobiografia: "A regra mais importante de tudo era proteger meu oponente, não eu mesmo, porque ele estava depositando sua confiança, sua vida, em minhas mãos."[26]

A autenticidade da luta livre como um espetáculo não reside no fato de ser ou não um esporte, mas na veracidade da atuação. Às vezes, a única maneira de fazer parecer algo que realmente dói é fazer com que doa. Quando um lutador é jogado em uma mesa, mesmo uma falsa, tentar cair com cuidado pode arruinar toda a coisa.

"Os fãs espertos têm um sentido mais profundo da estética de: 'Veja esse cara, ele está sangrando.' Você sabe que este é um evento encenado. Sabemos que ele fez isso voluntariamente e está fazendo por nós. É quase tocante o tipo de amor pelos caras que estão dispostos a se ferir de forma bastante dramática.[27] Eles são como uma rede de pessoas que vão lá todos os meses e colocam seus corpos nessas performances incríveis para o show, como um presente para seus fãs", diz McBride.

Todos os Fãs São Fãs Espertos

"Dopados culturais" é o termo que o marxismo atribui aos consumidores que desejam um item exclusivamente pelo seu contexto. De acordo com a teoria, consumidores são como crianças: eles aceitam as alegações de marketing como elas são. Eles não são suficientemente sofisticados para perceber quando estão sendo enganados. Os consumidores não têm ideia de que suas decisões estão sendo manipuladas com lucro por aqueles que estão no controle, pessoas que desejam distraí-las de questões mais importantes, como derrubar o kaiser. Ao abraçar a teoria dos dopados culturais, o marxismo — a filosofia mais anticlassista de todas — talvez demonstre um pouco de classismo latente. É uma forma de condescendência pensar que os consumidores sentem o que sentem porque são alienados. Apesar de os fãs se basearem na marca — tanto de forma interna quanto externa — para comunicar sua lealdade, eles certamente não são fantoches descerebrados por isso.

Todos os fãs são, em algum nível, espertos. Eles entendem que os objetos sobre os quais se importam tanto foram cuidadosamente concebidos para atraí-los. Fandom implica optar por comprar em um contexto que é, pelo menos parcialmente, sempre ficção. Darth Vader não está realmente tentando dominar o universo. O cantor Johnny Cash, na verdade, não era um caubói condenado, empobrecido e com coração ferrado, não importando quantas vezes ele cantou sobre isto. Sabemos que a Oreo decidiu lançar uma versão orgânica dos seus clássicos biscoitos porque viu uma lacuna não preenchida no mercado, não porque de repente achou que seus clientes mereciam melhores ingredientes.

Mesmo o mais incondicional dos fãs entende que o mundo não vai acabar se a sua banda favorita se separar. Mas, com certeza, é agradável fingir que será. No começo de 2015, era legal insistir, nos termos mais dramáticos, que se o cantor Zayn Malik saísse da banda One Direction, seria o fim do universo, e que não haveria motivo para continuar vivendo. Claro, não era, e aconteceu; poucas pessoas realmente acreditavam que as leis da física seriam suspensas por causa das escolhas profissionais de um cantor qualquer, não importando o quão incrível ele fosse. Se a hipérbole encontrada em blogs e mídias sociais após a sua partida tivesse sido verdade, haveria poucos sobreviventes.

Quase todos os fandons envolvem alguma forma de fantasia. No romance *City of Dreadful Night* [Cidade da Noite Terrível], publicado em 1995, o personagem principal acredita que está sendo perseguido pelo espírito do Conde Drácula.[28] E, no entanto, ele admite a contragosto que, caso desejasse, poderia escolher não acreditar nisto. Esse é provavelmente um sentimento familiar para muitos fãs. A maioria está ciente de que o objeto de seus afetos tão profundos e reais é muito raramente, no sentido estrito da WWE, real. Eles entendem que estão sendo enganados e, ainda assim, curtem seguir a onda de atuação.

Contanto que recebam algo importante do relacionamento, os fãs estão subconscientemente tomando a decisão, momento a momento, de ignorar a realidade comercial inerente do seu fandom.[29] Autenticidade é o calcanhar de Aquiles mais perigoso de um grupo de fãs, mas, quando implantado corretamente, torna os fãs cúmplices em sua própria enganação divertida.

Chris e Cliff, Juntos Finalmente[30]

No fim de 2012, a State Farm reuniu dois irmãos gêmeos há muito perdidos, separados no nascimento: Chris Paul, o jogador do time da NBA, o Los Angeles Clippers, e Cliff Paul, seu irmão gêmeo idêntico e agente de seguro da State Farm.[31] Chris cresceu para ser um astro da NBA, três vezes campeão de assistências e jogador mais respeitado da liga, enquanto Cliff acabou ajudando seus concidadãos a se conectarem com cobertura de seguro de qualidade.

Em um comercial, fãs veem Cliff sendo separado de Chris no hospital, suas infâncias independentes (mas aparentemente igualmente felizes) e sua reconexão moderna. Cliff e Chris passam um pelo outro em um elevador e experimentam um momento de reconhecimento. O locutor explica: "Quando a assistência está no seu sangue, você sabe."[32]

Os espectadores ficaram enfeitiçados — Cliff era realmente o irmão perdido de Chris? Fãs tuitaram: "Quero que Cliff seja meu agente!" e "Como posso contratar Cliff Paul?"[33] Os sites de esportes e os sites públicos de fórum viram os tópicos da mensagem surgirem com títulos como "Cliff Paul é real?".[34]

No começo de 2013, Chris e Cliff tinham se reconectado completamente, com Chris tuitando agradecimentos a Cliff por suas conversas pré-jogo. O jogador de futebol americano Drew Brees postou uma mensagem de parabéns para os dois irmãos. O analista de basquete da TV Kenny Smith comentou de conhecer Cliff pessoalmente. O apresentador Erin Andrews chamou de o ano da "insanidade dos gêmeos", graças à união dos dois irmãos.[35] Cliff e Chris apareceram juntos no

2013 NBA All Star Weekend. No evento de 2014, Cliff em pessoa apareceu no palco com o apresentador Nick Cannon.[36]

Em campanhas posteriores, Cliff e Chris apareceram juntos ensinando seus filhos — que tinham exatamente a mesma idade — sobre a assistência em seus papéis similares em suas duas NBAs similares, a National Basketball Association [Associação Nacional de Basquete] e a National Bureau of Assists [Escritório Nacional de Seguros].[37] Com cada aparição, a notoriedade de Cliff Paul cresceu. Ele acumulou dezenas de milhares de seguidores no Twitter e no Instagram e postou diariamente em ambas as plataformas.

Claro que Cliff Paul é obviamente Chris Paul usando óculos de plástico preto. Parece improvável que muitas pessoas tenham sido realmente enganadas por essa brincadeira, que é uma clássica referência à transformação Clark Kent/Superman do uso de óculos. E, de fato, nenhum verdadeiro engano foi realmente constatado: como o autor Chuck Klosterman apontou para a rádio ESPN: "Por que ambos têm o sobrenome 'Paul'? Eles foram adotados por famílias diferentes que tinham o mesmo sobrenome?"[38] Danger Guerrero, do Uproxx, apontou que "A mãe de Cliff não teria notado que deu à luz gêmeos?"[39]

Cliff se tornou um fenômeno cultural, no entanto. Ele tem um tênis da Nike Jordan (o modelo de Chris Paul, mas com um padrão em losangos). Fez uma aparição no jogo de videogame campeão de audiência *NBA 2K14*, onde os irmãos podiam jogar um contra o outro.[40] Em um jogo dos Clippers, espectadores levantaram milhares de máscaras de Cliff Paul nas arquibancadas.

Mas por quê? Por que se importar tanto com os "gêmeos", quando eles eram tão evidente e abertamente o produto de uma campanha para promover seguro de automóveis e de imóveis para os fãs de basquete?

O personagem é a criação da Translation, agência de publicidade sediada em Nova York. Marcus Collins, que estava envolvido com o projeto, acredita que a atração veio em grande parte porque a questão de saber se Cliff Paul era ou não real era envolvente.[41] O conceito era deixar os fãs pensando nisso. Fãs radicais sabem tudo a respeito de um jogador, não haveria nenhum jeito de eles não saberem de um gêmeo desconhecido. Porém, apresentá-lo como um irmão "há muito perdido" assinalou uma lacuna potencial no conhecimento, uma lacuna que abriu a menor possibilidade de realidade. Construir credibilidade através de aparições na tela em conjunto e tuítes de celebridades respeitáveis tornaram a possibilidade ainda mais real.

Fãs receberam a habilidade, o dom de questionar sua aceitação na realidade, mesmo que apenas um pouco. Ninguém nunca escondeu o fato de que Cliff era uma celebridade inventada — o *New York Times* publicou um artigo sobre a campanha do "gêmeo falso" antes mesmo que ela fosse lançada —, mas fãs curtiram participar porque era divertido e era uma narrativa envolvente.[42]

Apagar a linha entre real e irreal, entre verdadeiro e falso, é o propósito do jogo.[43] Isso nos permite imaginar cenários improváveis e dizer: "Mas o que aconteceria se...?" A luta livre tradicional e os seguros de automóveis são um pouco chatos. Mas jogar com o conceito de autenticidade da audiência singulariza os produtos das regras que normalmente se aplicam a eles. Com efeito, libera ambos os objetos de seus "status de adultos".[44]

A novidade de um conceito mundano de repente transformado em algo novo e delicioso é uma poderosa ferramenta de engajamento. Em um nível neurológico, quando os seres humanos são confrontados com uma mudança inesperada em um padrão familiar,[45] seus cérebros experimentam um pico na dopamina, a química da felicidade.[46] Quanto maior a dopamina nos nossos cérebros, menor será o risco de se ficar pendurado nos atributos potencialmente perturbadores de um produto, como por quanto dinheiro Vince McMahon está provocando cada rosto ensanguentado e cada tornozelo torcido. Jogar com conceitos de autenticidade tira o aspecto comercial de um produto e torna seguro para os fãs se identificarem pessoalmente com ele.

Claro, encorajar uma plateia a fingir que há mais para um objeto de fã do que apenas seu potencial monetário pode ser uma faca de dois gumes. Hoje em dia, essa autoenganação serve a um propósito feliz. Mais tarde, quem sabe?

A Crise do Gorro

O programa de TV *Firefly* foi ao ar em setembro de 2002. Na época das festas de fim de ano, já tinha sido cancelado. Seu criador, Joss Whedon, imaginou uma série com sete temporadas de duração, mas a emissora Fox mal tinha exibido dois terços de uma temporada antes de matá-la.

A série é ambientada em uma nave estelar renegada, com o capitão e sua equipe agindo na surdina depois de apoiarem o lado perdedor de uma guerra civil entre vários planetas. Embora sua rebelião contra a burocracia insensível pode ter fracassado, seus espíritos permanecem inalterados. Agora, eles vivem uma vida de vigilantes na periferia da sociedade através de atividades sombrias (ainda que morais), se mantendo em liberdade através de uma combinação de inteligência, resignação, honra e sede de sangue.

Apesar de sua queda precoce, a série deixou uma boa impressão entre os fãs. Whedon, que já tinha conseguido muito sucesso com a série *Buffy: A caça-vampiros*, trouxera muitos do seu grupo de fãs leais, e a premissa de faroeste espacial de *Firefly* agregou novos devotos. Depois do cancelamento, os fãs montaram uma intensa campanha para convencer a Fox a mudar de ideia.[47] Arrecadaram dinheiro e escreveram cartões-postais. A Fox não estava arrependida, e nenhuma outra rede queria comprá-la. *Firefly*, ao que parecia, estava mesmo acabada.

Ainda assim, o fandom sobreviveu durante anos. O fãs se autodenominaram "Browncoats" [casacos marrons], o apelido dado ao lado perdedor do conflito militar central da série, e passaram a discutir sobre o assunto. Painéis de mensagens, grupos sociais e sites se multiplicaram rápido demais para serem contabilizados. Os fãs arrecadaram dinheiro para a caridade e criaram filmes de fãs e documentários. O primeiro lançamento do DVD da série se esgotou em 24 horas após o anúncio da pré-venda.[48]

Em 2006, a Universal Pictures decidiu financiar o longa-metragem *Serenity,* que trouxe de volta o elenco para um enredo com base no que teria sido a segunda temporada da série. O filme foi um empate financeiro, rendendo apenas 39 milhões de dólares em vendas de ingressos brutos contra um custo de produção estimado exatamente nesse montante, mas os fãs não pareciam se importar.[49] Por definição, o fandom de *Firefly* atrai pessoas que amam uma boa causa perdida. Como a revista *Entertainment Weekly* coloca, "o martírio só melhorou a lenda".[50] *Firefly* arrefeceu um pouco pós-*Serenity*. Então, em 2012, a Fox parecia lembrar-se de seu investimento ignorado há muito tempo.

Na série, o tripulante Jayne Cobb é um cara forte e musculoso que, em um episódio que não foi ao ar, mostra, inesperadamente, seu lado mais fofo quando a mãe lhe manda um gorro bobo tricotado à mão.[51] É laranja. Tem proteções para as orelhas e um pompom. Durante anos, Browncoats tricotaram suas próprias versões do gorro para usar em convenções, encontros ou, eventualmente, no dia a dia mesmo. O gorro tornou-se um símbolo tribal importante para ajudá-los a identificar outros entusiastas. Porque o episódio nunca havia sido transmitido durante a veiculação inicial do seriado, apenas fãs sérios entendiam o simbolismo.

Como a tripulação que eles admiravam, muitos Browncoats foram para o comércio marginal vendendo gorros uns aos outros. Uma busca pelo "gorro do Jayne" no site de trabalhos manuais Etsy apresenta dezenas de ocorrências. O eBay tem ainda mais. Até mesmo Whedon opinou sobre a indústria de chapéus tricotados, explicando o amor pelo gorro de Jayne na Comic-Con: "[É] o fato de que tem essa aparência de feito em casa, porque as pessoas podem fazer por si mesmas. Além disto, é muito lisonjeiro."[52]

No começo de 2012, a Fox licenciou o design do gorro para a Ripple Junction, uma empresa de vestuário, que iniciou a produção em massa de gorros de Jayne,[53] que vendeu para o revendedor on-line de grande escala ThinkGeek. Sua versão era melhor e, em sua maior parte, mais barata do que qualquer um dos gorros artesanais disponíveis.[54]

Pouco tempo depois, as listas de gorros caseiros começaram a desaparecer do Etsy. O momento era certamente suspeito — fãs se perguntaram se o Etsy estava seguindo algum pedido da Fox ou da Ripple Junction a respeito de roupas não licenciadas. Em breve, foi confirmado, uma vez que loja após loja recebeu avisos da Etsy informando-lhes que o diretor de propriedade intelectual da Fox exigiu a remoção de seus produtos.[55] O aviso também incluiu uma mensagem para não discutir a situação com outros. "Você é um fã de *Firefly* que faz gorros do Jayne? Cuidado, a Fox está atrás de você", avisava uma manchete no popular site nerd The Mary Sue.[56]

A Fox tinha o direito de capitalizar uma propriedade que havia tão inesperadamente expandido em valor? Certamente. E também tinha o direito de impedir que outros o fizessem. No entanto, o que se seguiu foi um alvoroço que pode parecer desproporcional à causa.

A Fox não compreendeu as motivações de sua audiência. As atividades de fãs mantiveram *Firefly* relevante durante toda a década em que a empresa a negligenciou, e foi o interesse dos fãs que transformou o gorro de Jayne em um símbolo icônico. Alguns dos chapéus Etsy estavam destinados a bebês. Ou a pacientes de quimioterapia. Os artesãos que se encontraram alvos e penalizados muitas vezes tricotaram seus chapéus por amor.

"Espero que estejam orgulhosos de si mesmos", a loja de fãs Firefly Cargo Bay escreveu no Facebook em uma postagem que recebeu mais de mil curtidas em um dia. "Eu pessoalmente penso que vocês são ridículos por sequer pensarem em licenciar os gorros do Jayne. Vocês simplesmente não entenderam!" Outro fã reclamou: "Eles podem estar certos legal, moral e eticamente e ainda assim isso é uma droga."[57] Até mesmo Adam Baldwin, o ator que interpretou Jayne tantos anos antes, fez uma manifestação no Twitter, brincando: "Todos os seus gorros 'Jayne' nos pertencem!"[58]

A maioria dos vendedores, temendo ações legais, removeu os gorros de suas lojas. O restante os renomearam com trocadilhos e marcando-os como "Não é o gorro de Jane", "Gorro com orelhinhas da mamãe" e "Gorro controverso com uma história de fundo".[59]

No começo de abril, a indignação não mostrou sinais de desacelerar. Como uma das principais revendedoras do gorro, a altamente criticada ThinkGeek sentiu a necessidade de se defender. "Só queremos que saibam que a ThinkGeek não teve nada a ver com as notificações extrajudiciais", foi a declaração no blog da empresa.[60] A crítica continuou. Pouco depois, a ThinkGeek escreveu uma longa súplica para aplacar seus fãs, começando: "Browncoats, ouvimos as suas preocupações..."[61] Eles diziam que a ThinkGeek não teve nada a ver com as notificações legais, mas para aliviar a indignação, a empresa optou por doar seus lucros das vendas do gorro para uma instituição de caridade temática de *Firefly* chamada "Can't Stop the Serenity" enquanto tivessem os gorros em estoque.

Foi uma medida drástica; a ThinkGeek tinha ajudado a Ripple Junction a desenvolver o gorro. Renunciar aos lucros do gorro de Jayne anulou meses de trabalho. No entanto, esse suicídio financeiro pode ser o que salvou a ThinkGeek de repercussões mais graves se a condenação continuasse a bola de neve.

Ao atacar os vendedores Browncoats, a Fox cometeu dois grandes pecados aos olhos dos fãs: violou uma das regras culturais mais amadas do grupo — o ideal do marginal corajoso resistindo contra uma instituição burocrática sem coração. E eles também violaram a hierarquia social do grupo. Estavam penalizando seus maiores fãs justamente por serem excessivamente leais.

Embora nada disso tenha sido culpa direta da ThinkGeek, sem dúvida o site esperava que sua humildade aplacasse as massas de casacos marrons. Afinal, eles ainda tinham em estoque duas dúzias de outros produtos temáticos de *Firefly* para vender-lhes.

Lealdade à Mensagem, Não ao Meio

O fandom resulta de uma barganha tênue. Fãs escolhem aceitar uma premissa enquanto ela atender às suas necessidades.[62] Eles decidem ativamente se e até onde estão dispostos a ser enganados.

Todo fandom envolve uma suspensão voluntária da descrença. Mas não importa o nível de fidelidade que um fã expressa para um objeto de fã; a verdadeira lealdade reside nos conceitos que o objeto representa.[63] Essas são duas lealdades completamente separadas. Fãs estão dispostos a permanecer fiéis ao que eles amam, desde que não sejam forçados a enfrentar sua verdadeira natureza comercial.

Mesmo com um contexto rico e bem desenvolvido, poucas marcas podem eliminar detalhes que se opõem diretamente à narrativa que representam. Quando um abismo se abre entre os valores que um objeto de fã afirma incorporar e os valores do objeto de fã como uma entidade comercial, o equilíbrio é perdido.

Os fãs de *Firefly* tinham um sentimento positivo sobre o programa de TV — um conjunto de episódios com atores atraentes, bons efeitos especiais e diálogos espirituosos. Mas no fim das contas eles se conectam com o tema de autonomia da série. Sua resposta emocional era às suas histórias sobre a "vitória do azarão". Enquanto tanto conteúdos quanto a filosofia permaneceram voltados para o mesmo objetivo, os fãs ficaram felizes. Mas logo que ficaram em oposição, os fãs se apressaram em apitar a falta. Todos os fãs são, em algum nível, espertos. Eles conseguem ver a diferença entre suas duas lealdades.

Esse compromisso tácito está subjacente à indignação que ocorre quando uma marca "bacana" é acusada de má conduta. As alegações de condições de trabalho precárias nas fábricas de marcas pesadas no mercado, como a Nike ou a Apple, nos atingem com força, enquanto a mesma acusação, digamos, de uma fábrica de papel ou uma fábrica de tubos de cobre pode não atingir. Tanto a Nike quanto a Apple fazem grandes esforços para cultivar uma aura de excitação, autoaperfeiçoamento e prosperidade. Há algo intrinsecamente não autêntico sobre a justaposição desses sentimentos com relatos de trabalhadores mal pagos ou a exploração do trabalho infantil.

A autenticidade é a cola que permite aos fãs e aos donos de objetos de fãs, dois atores com motivações potencialmente conflitantes, se unir em uma única causa. As marcas que tentam cooptar as práticas de um grupo de seguidores existentes sem assumir os valores fundamentais do grupo estão condenadas à controvérsia.

É possível que nenhuma versão comercializada em massa do gorro de Jayne tenha agradado aos fãs de *Firefly*, independentemente de quão cuidadosamente o marketing havia sido elaborado. Hipocrisia raramente funciona, porque os fãs tornaram possível o investimento mais importante: o senso pessoal de si mesmo. O que pode parecer ao proprietário do objeto de fã como uma peça comercial inofensiva, pode na verdade afrontar a própria identidade de um fã.

Múltiplos objetos de fã podem dar a alguém semelhante senso de identidade, e é normal para um grupo de fãs pular para outro objeto de fã quando se sentir traído. Toda alegação de exploração de trabalhadores pobres nas fábricas da Nike constitui uma bênção para outros fabricantes que trabalham com moda e estilo de vida, mesmo aqueles que não estão necessariamente produzindo roupas esportivas. Não é difícil de imaginar muitos Browncoats, na sequência da derrota do gorro, decidindo que *Star Wars*, com sua narrativa semelhante de rebelião e aventura espacial, fosse mais seu estilo.

#Errando

Marqueteiros que estão mais acostumados com a comunicação unidirecional podem esquecer que, quando um grupo de fãs é insultado, isso constitui um problema muito mais grave do que antagonizar apenas um cliente. Falhe com um cliente e ele provavelmente apenas decidirá não comprar seus produtos de novo. Ao passo que insultar um grupo de fãs é uma afronta pessoal. Os fãs têm a motivação, o tempo e o capital social para revidar.

O envolvimento do público, incentivando os usuários a participar de atividades relacionadas à marca, é uma caixa mágica que, de acordo com a teoria, transforma o entusiasmo em dólares. Evidentemente, na vida real, isso depende do tipo de envolvimento e para quê está sendo usado.

"Use essa hashtag no Twitter (ou no Instagram ou no Tumblr ou no Facebook) para compartilhar suas histórias a respeito de..." é um refrão tão comum que poucos marqueteiros se preocupam em perguntar o que os fãs ganham com aquilo. Como práticas de fãs autênticas, o método "use essa hashtag" depende de uma atividade de fã que o público já está fazendo: compartilhar opiniões, participar do contexto a respeito da marca e socializar uns com os outros. No entanto, essas campanhas de marketing usam uma prática autêntica de fãs para uma finalidade não autêntica. São raras as marcas que esperam fazer mudanças nos produtos ou no marketing por resultado de tuítes de um consumidor.

A maioria das campanhas desse tipo representa uma tentativa de transformar os fãs em outdoors. Uma marca autoconsciente pode destacar as "melhores" histórias que recebe, dando assim status para participantes dentro do grupo de fãs, mas mesmo essa sensibilidade é rara. Em geral, a interação não serve para ninguém, a não ser para o dono da marca. É como o gorro de Jayne, uma verdadeira prática de fã que foi apropriada no benefício financeiro de uma corporação. Acerte a audiência de forma errada, e os participantes irão se encolerizar.

A rede gigante de fast-food McDonald's é uma marca que pouco têm necessidade de apoio popular nos Estados Unidos.[64] Mesmo os fãs mais comprometidos podem se referir a ela como um vício secreto ou um prazer culpado. A queda das vendas, um preço volátil das ações e o aumento de alternativas mais saudáveis forçaram o megavendedor de hambúrgueres a se mexer. Um tuíte positivo de um amigo respeitado poderia lembrar às pessoas que os hambúrgueres do McDonald's ainda estão por perto e que muitas pessoas ainda os comem.

Em 2012, a marca lançou a hashtag #McDStories no Twitter. Mesmo o mais preocupado com alimentação saudável entre nós ainda pode ter boas lembranças das festas de aniversário temáticas do McDonald's quando criança, ou de devorar um hambúrguer do McDonald's com colegas de time após jogar bola na escola. Cada história de 140 caracteres postada por um fã feliz no Twitter se propagaria para o grupo de amigos desse fã e talvez além. A simples ação de "sair do armário" como fã do McDonald's poderia influenciar outros a experimentar sua comida de novo.

O problema de convidar o público para usar suas redes sociais pessoais para exposição corporativa é que não há como controlar o que de fato será exposto. Neste caso, ocorreu que um número maior de pessoas parecia querer compartilhar mais histórias infelizes a respeito do McDonald's do que felizes.[65] Tuítes iam dos que alertavam ("Cara, eu costumava trabalhar no McDonald's. As #McDStories que eu poderia lhe contar iriam te deixar de cabelo em pé")[66] para a crítica aberta ("Uma vez eu entrei em um McDonald's e pude sentir o cheio de diabetes tipo 2 flutuando no ar e eu vomitei. #McDStories").[67] O McDonald's cancelou sua promoção paga da hashtag em apenas duas horas, mas, infelizmente, as zombarias levaram meses para desaparecer. Como a *Forbes* colocou, "o Twitter tem uma audiência mais sensível a bobagens do que qualquer outra plataforma".[68]

Claro, qualquer organização pode tentar empurrar seus próprios objetivos para os consumidores, apenas para perceber que esse público tem objetivos bem diferentes. Em 2014, o Departamento de Polícia de Nova York tentou melhorar sua imagem com a hashtag. A #MyNYPD deveria funcionar como uma vitrine para fotos felizes com os policiais de Nova York. Mas o público discordou, inundando a hashtag com imagens explícitas de brutalidade e violência policial. A reação não foi totalmente inesperada, particularmente porque tirar fotos da NYPD foi uma das ações que, em alguns casos amplamente divulgados, aparentemente foi considerada digna de prisão.[69]

Para experimentar um relacionamento de fã autêntico, um objeto de fã deve reconhecer a experiência real do usuário e as motivações profundas de seus fãs, não a fantasia corporativa do que essa experiência deveria ser.[70] Os fãs precisam ser ouvidos, mesmo em situações em que não há possibilidade efetiva de atendê-los. É impossível "polvilhar um pouco de autenticidade" em uma técnica de marketing.

Na melhor das hipóteses, o fandom é uma história de colaboração entre fã e objeto de fã, não de cooptação. Um proprietário de marca deve adotar a perspectiva de um fã, trabalhando em conjunto com seu grupo de fãs para desenvolver e apoiar algo com o que ambos têm conexões profundas. Não são necessários estudos etnográficos detalhados ou plataformas complicadas de financiamento coletivo para discernir como os fãs se sentem. Ambas as técnicas correm o risco de "alterização" dos fãs, tratando-os como uma tribo exótica que precisa ser cuidadosamente examinada, rotulada e categorizada.

Alimente-nos com Nossas Lembranças

Uma tática pode ser simplesmente contratar alguns fãs e deixá-los impulsionar a própria política de interação. Mas uma ainda melhor seria que os criadores trabalhassem para criar um objeto de fã que eles, na verdade, sinceramente amem e compreendam de uma maneira divertida. Embora esse nível de autenticidade seja raro, ainda é provavelmente a melhor maneira de realmente simpatizar com a verdadeira experiência do fã. Estratégia nascida do entusiasmo real e de carinho sempre vence a imitação de alguém de fora.

Como muitos migrantes em Nova York, Sarita Ekya e seu marido, Caesar, passaram seus primeiros meses vivendo em sua sublocação no East Village, comendo pela vizinhança.[71]

"Eu pensava que seria legal se tivesse algum lugar que servisse macarrão com queijo. Tinha que ter um desses", Sarita se recorda. "E eis que começamos a pesquisar no Google, e falamos 'O quê? Não tem nenhum lugar que sirva só macarrão com queijo?'. Nós realmente nos apaixonamos pela ideia."

A S'MAC, ou Sarita's Macaroni and Cheese [Macarrão e Queijo da Sarita], só serve uma coisa. Claro que oferece uma dúzia de variações dessa única coisa. Nos primeiros dias, a fila atravessava a porta do restaurante deles no East Village e chegava até a Segunda Avenida. O restaurante, às vezes, ficava sem comida no meio da noite.

Além de encher a barriga e ser barato, macarrão com queijo é uma refeição que toca uma rica veia de nostalgia cultural nos Estados Unidos. Seja a caixa azul de papelão de macarrão ou a receita secreta de uma tia favorita, o prato desperta lembranças em muitas pessoas. Estranhos que não têm intenção de visitar o restaurante às vezes escrevem para Sarita para descrever o quanto eles amam macarrão com queijo. "É um pouco intimidante. É uma comida que está na mente das pessoas, ou em seu coração, ou em seu corpo. Você precisa estar à altura dessa expectativa. Não é fácil", diz Sarita.

A alguns quarteirões de distância da S'MAC está a Melt Shop, integrante de uma rede crescente de restaurantes de queijo quente. Sua história de origem não é tão caprichosa, mas é tão eficaz quanto seu compatriota que faz comida nostálgica: o empresário Spencer Rubin e seu então chefe estavam trabalhando em uma empresa de desenvolvimento imobiliário enquanto passavam seu tempo livre tendo ideias para novos negócios.[72] A Melt Shop nasceu assim.

Porque queijo quente escava nostalgia infantil autência, a Melt Shop também acabou se beneficiando das simples lembranças felizes de infância. A familiaridade é a chave para o conceito. "Eu acho que é por isso que estamos assistindo ao ressurgimento de todos esses conceitos familiares em novas formas", Rubin diz. "Nós sempre nos esforçamos em criar ideias legais com reviravoltas únicas, mas sempre mantendo a capacidade de abordagem em mente. Nós não queremos que as pessoas entrem por nossa porta e digam: 'Ah, este lugar é muito chique para mim', ou 'Ah, esse lugar está fora do meu alcance'."

Todo fandom, seja por celebridade, atividade, conteúdo ou marca, possui um forte elemento de nostalgia. A própria definição de fandom envolve atividades que permitem que o fã reviva uma lembrança ou associação prazerosa.[73] A nostalgia desempenha um papel maior em alguns fandons do que em outros — é indiscutível que é o motivador principal de fandons de marcas como a Polaroid ou do refrigerante Surge, mas em outros casos é um entre muitos propósitos. Os fãs podem assistir a jogos de beisebol porque amam o esporte, mas também podem querer se sentir perto de uma tradição familiar, ou curtir criticar o desempenho do jogo ou comparar os cachorros-quentes dos diferentes estádios.

Fãs entendem a diferença entre uma tentativa respeitosa de invocar lembranças nostálgicas de infância e uma tentativa barata de se apropriar dessas mesmas lembranças. A natureza de muitas redes de fast-food de grande porte exige com frequência um nível intenso de sigilo sobre seus ingredientes, motivações e práticas, para não mencionar uma camada complicada de burocracia corporativa para organizar tudo. Não é de admirar que os fãs reajam tão mal quando essas mesmas empresas exigem conhecer os pensamentos e lembranças mais queridos de seus clientes.

A melhor maneira de lidar com a nostalgia é ser completamente franco sobre sua intenção. Nas situações com fãs, a transparência muitas vezes leva à confiança. Certamente não é o único método, mas para a grande maioria dos objetos de fãs, quanto melhor os fãs entenderem as coisas que amam, mais perto eles irão se sentir dela.

O Fim da Atuação "Kayfabe"

No dia 10 de fevereiro de 1989, representantes da WWF testemunharam na Câmara de Nova Jersey que a luta livre profissional era "uma atividade em que os participantes lutam frente a frente, principalmente com a finalidade de proporcionar entretenimento aos espectadores, em vez de realizar um concurso de atletismo de boa-fé".[74]

Ao admitir o segredo, a luta livre profissional finalmente escolheu ser transparente sobre o uso do artifício. Eles nunca mais poderiam alegar de novo que luta livre era um esporte, não um espetáculo. Ao mesmo tempo, também seriam libertados de muitos dos regulamentos que governam verdadeiros eventos esportivos, requisitos para os quais anteriormente pagavam um serviço caro.[75] Esportes são altamente regulamentados. Teatro não é. As taxas extras para as aparições televisivas da WWF desapareceriam; junto com elas, foram embora os exames médicos antes das lutas e árbitros licenciados pelo Estado. Uma geração depois, cínicos modernos analisando o efeito da desregulação levantaram outro ponto: atletas não podem usar drogas que aumentam a performance, atores podem. É difícil saber em retrospectiva qual efeito do depoimento de 1989 e a subsequente desregulação tiveram sobre qualquer inquérito em potencial a respeito de esteroides, mas, em todo caso, se passariam mais quatro anos antes que houvesse uma investigação em larga escala sobre o uso deles na luta livre profissional.[76] Foi o início de uma nova era de ouro para a luta livre profissional; os anos 1990 viram isso se tornar mais popular do que nunca. Apenas dois anos depois de demitir dois dos melhores artistas por causa de "violações por uso de drogas", Vince McMahon tinha criado uma nova luta livre, uma que estava ainda mais em sintonia com o teatro atlético exagerado que os fãs gostavam. O verniz falso da competição tinha ido embora. A era dourada da encenação estava chegando ao fim.

Em 1996, Kevin Nash, um vilão que lutava como "Diesel", e o herói Scott Hall, o Razor Ramon, estavam no processo de sair da WWF.[77] Foi um momento emocionante para aqueles que seguiram as carreiras dos dois personagens populares. No dia 9 de maio, no Madison Square Garden, Diesel estava lutando com seu amigo, o herói Shawn Michaels, em uma luta de gaiola de aço no que poderia ser a última apresentação deles.

Diesel estava caído no ringue. Michaels ficou sobre ele, em triunfo. Então, Razor Ramon entrou na luta e abraçou Michaels. A princípio, parecia que ele estava parabenizando seu colega herói pela vitória. Mas não, Paul Michael Levesque, o vilão covarde que logo se tornaria Triple H, entrou no ringue, e ele também abraçou Razor Ramon! E então Diesel, que apenas momentos antes estava se contorcendo em agonia no chão, se levantou de um pulo e abraçou a todos.

Os quatro lutadores — heróis e vilões — se viraram e se engajaram no que só pode ser chamado de abraço de grupo emocionante, cabeças juntas, braços apertados envolvendo os ombros largos uns dos outros. Isso não foi por acaso. Foi uma saída deliberada do personagem. Eles eram amigos, amigos que sentiriam falta uns dos outros e queriam que o público soubesse disto. Eles apertaram as mãos e levantaram os braços no ar para uma última chamada de cortina, todos os quatro, heróis e vilões, juntos, enquanto a audiência gritava e vibrava.

CAPÍTULO 8

QUANDO O FANDOM DÁ ERRADO

Quando os fãs se revoltam, não é bonito. Sentimentos de fandom estão profundamente ligados à identidade pessoal de um fã, e é fácil para o proprietário da marca ignorar acidentalmente, encarar como algo trivial ou modificar alguma coisa que mora no fundo do coração dos fãs. É raro um objeto de fã que de fato não dá o passo em falso ocasional e sofre a ira inevitável de seu público que anteriormente o adorava. Às vezes, tais revoltas podem ser evitadas ou desarmadas. Às vezes, é mais importante não evitá-las ou desarmá-las.

As revoltas de fãs muitas vezes são provocadas por ações aparentemente pequenas tomadas pelo dono do objeto de fã. Frequentemente, a equipe de gerenciamento corporativo não percebe o que está feito, nem entende de onde vem a subsequente resposta negativa. Porém, cada mudança dentro de um fandom obriga os fãs a reavaliarem se os novos valores de seu objeto de fã ainda combinam com os seus próprios. Quando o papa emite um novo documento a respeito da Igreja, ele muda o que significa ser católico para pessoas do mundo inteiro. Quando um partido político decide atualizar sua posição em uma questão importante para atrair um novo contingente de eleitores, ele muda o que significa ser um membro desse partido para os seus constituintes existentes. Se as pessoas não gostam, devem decidir se estão dispostas a acompanhar a mudança, a defender sua reversão ou então abandonar completamente o fandom.

Fãs nem sempre estão certos. Os proprietários de marcas têm frequentemente imperativos de negócios que estão em conflito com a natureza avessa à mudança de seu fandom, e decisões impopulares, às vezes, espelham preocupações comerciais legítimas. Sem tais decisões, o objeto de fã poderia deixar de existir. Os departamentos jurídicos precisam proteger a propriedade intelectual de uma corporação, os departamentos de pesquisa e desenvolvimento precisam se expandir para novos campos e produtos, e os departamentos de marketing precisam atrair novos clientes se uma empresa quiser crescer. Algumas das melhores decisões da marca reduziram uma base de fãs existente, mas, com o tempo, criaram uma nova base muito mais ampla.

Ter fãs é bom. Ter fãs é divertido, valida o trabalho e confere poder. Mas, no fim das contas, há um lado sombrio do gerenciamento de fãs, um lado que é sobre reconhecer o que poderia causar uma revolta, antecipar a reação, decidir se vale a pena insistir, e responder de forma mais autêntica possível.

"Eu Morri um Pouco por Dentro Hoje"

Bill Samuels Jr. e seu filho Rob têm um problema. A empresa familiar estava vendo as vendas dispararem e eles não conseguiam acompanhar a demanda. Para a maioria dos outros produtos, essa questão implicaria apenas em uma falta temporária, enquanto a produção aumentava para responder à demanda, mas no negócio do licor era mais complicado. Leva cerca de seis anos para envelhecer um barril do bourbon Maker's Mark, o uísque famoso da família Samuels (ou whisky, como eles preferem soletrar). Isto significa que quando a Maker's Mark avalia errado a demanda, serão necessários seis anos para reajustar o seu suprimento.

No dia 15 de março de 2012, um acordo de livre-comércio muito debatido entre Estados Unidos e Coreia do Sul entrou em vigor, acabando com a taxação alfandegária na maioria dos bens que circulam entre os dois países.[1] Oponentes de ambos os lados criticaram o acordo. Os produtores dos Estados Unidos se queixaram de que não faziam o suficiente para as exportações de carne e aço do seu país, e os coreanos se preocupavam com o fato de que prejudicaria a agricultura doméstica. Várias manifestações contra o acordo explodiram na Coreia do Sul, com pelo menos um manifestante incendiando a si mesmo em protesto. No entanto, os Estados Unidos aceitaram o acordo em outubro de 2011, e a Coreia seguiu o exemplo um mês depois.

Subitamente, bebidas americanas não tarifadas inundaram a Coreia do Sul. Vodca, rum e gim, todos viram um salto no consumo, mas o vencedor indiscutível foi uísque do gênero bourbon.

Bourbon é a bebida americana. Noventa e nove por cento de todo o suprimento global de bourbon vem do Kentucky. O Senado dos Estados Unidos o declarou "Espírito Nativo da América".[2] Bebidas ocidentais como o bourbon tinham se tornado cada vez mais populares na Coreia à medida que uma economia em expansão dava aos consumidores o gosto pelo luxo acessível. É caro o suficiente para ser um símbolo de status, mas não é caro o bastante para excluir a classe média. O Distilled Spirits Council, um grupo comercial que representa as bebidas norte-americanas, gastou anos e milhões de dólares em lobby para o acordo comercial, e ele foi vitorioso.[3] O bourbon que saía dos Estados Unidos para a Coreia, no passado, recebia uma taxação de 20%.[4] Em breve, efetivamente, não ia ter nenhuma taxa.

O acordo comercial veio no meio de um aumento rápido na fortuna dos fabricantes americanos de uísque.[5] No Japão, o consumo de uísque com refrigerante ou energético havia impulsionado as importações da bebida. Em Hong Kong, revistas faziam matérias indicando os bares em que podiam ser encontrados uísques exóticos e nos quais mixologistas faziam os melhores drinques Old Fashioned e Manhattan.[6] "Na indústria da bebida, uma das poucas coisas mais interessantes do que um Kentucky Bourbon é um Kentucky Bourbon supercaro", gracejou a *Bloomberg Business*.[7]

Na teoria, na qualidade de um dos bourbons do Kentucky mais conhecidos, a garrafa quadrada e marrom com o selo de cera vermelha feito à mão da Maker's Mark estava perfeitamente posicionada para se beneficiar dos novos mercados asiáticos, especialmente na Coreia, onde o uísque já era uma bebida popular.

Segundo consta, a versão atual do Maker's Mark foi inventada nos anos 1950, quando Bill Samuels Sr. cozinhou ingredientes de uísque em pães para obter a combinação perfeita de grãos. A massa vencedora, uma mistura incomum de trigo vermelho, milho e cevada maltada, passou ser a bebida como é hoje: um bourbon bem equilibrado e com um corpo médio, com sabor de tempero, caramelo, baunilha, cerejas, cítrico e de nozes.[8] Para trazer esses sabores, cada barril é envelhecido por cinco anos e meio a sete anos, para ter paladar. Um comitê de degustação, incluindo o destilador principal, deve decidir se o bourbon está pronto para o mundo antes que seja vendido.

Aí é que está o problema. Dado o tempo médio de maturação para um barril, o destilador deve adivinhar qual será a demanda futura com mais de meia década de antecedência.[9] Um chute errado hoje significa que haverá muito ou pouco suprimento quando o lote estiver em condições de consumo mais tarde. De modo geral, os fabricantes acertam na mosca. Mas ocasionalmente erram, como quando o *Wall Street Journal* escreveu um artigo surpresa de primeira página a respeito do Maker's Mark em 1980, aumentando inesperadamente as vendas muito além de sua capacidade de fornecimento.[10] Mas o novo aumento no interesse do exterior era diferente de tudo o que tinham visto antes. Se a Maker's Mark tivesse sido capaz de prever a explosão de demanda na Ásia, talvez pudesse ter aumentado seus estoques a tempo. Do jeito que a coisa havia ocorrido, caso eles não conseguissem brilhar nos mercados asiáticos durante a janela de oportunidade, outras marcas iriam vencer a empresa.

Enfrentando o espectro do tipo de escassez que pode causar danos irreparáveis a uma marca, a Maker's Mark tinha duas opções. A primeira era aumentar os preços, algo que eles não gostavam de fazer porque poderia colocar seu produto fora do alcance do público que estavam cortejando. A segunda solução era esticar o suprimento existente. Ou, falando claramente: diluí-lo.

Todo o bourbon tem água adicionada em vários momentos do seu ciclo de vida. A Maker's Mark se propôs a acrescentar um pouco mais. Antes, o bourbon da Maker's Mark era prova 90, ou seja, tinha 45% de álcool. A nova receita adicionaria água suficiente para reduzir o teor de álcool em 6,7% para a prova 84.[11] O volume adicional permitiria que o suprimento existente se esticasse por mais quatro anos, tempo suficiente para começar a aumentar a produção destinada a atender a nova demanda.[12] Pelo menos, daria ao destilador a chance de manter sua vantagem competitiva contra os bourbons cujo processo de maturação mais curto os deixou mais competitivos para conquistar novos mercados.

A Maker's Mark chama seus maiores fãs de "Embaixadores" e oferece-lhes um programa de fidelidade com mercadorias especiais e anúncios antecipados sobre novos produtos. Eles podem ter seu nome em um barril de bourbon. São esses fãs que a Maker's Mark decidiu informar primeiro a respeito da atualização da receita. Afinal, se a transparência aumenta a confiança, ser tão honesto quanto possível com os fãs era certamente a melhor política.

O e-mail foi enviado em um sábado. Nele, Rob Samuels, o CEO, e Bill Samuels Jr., filho do homem que tinha criado a receita dos anos 1950 do pão assado, explicou a situação: a demanda para o bourbon da Maker's Mark tinha explodido para além das expectativas e eles corriam o risco de ficar sem estoque.[13] Prometeram que, exceto pelo conteúdo atualizado de álcool, o resto do processo permaneceria inalterado e o gosto seria idêntico. "Em outras palavras, nos certificamos de que não ferramos com seu uísque", escreveram.[14]

O site de notícias *Quartz* escreveu um artigo curto a respeito da nova receita.[15] Alguns tuítes foram postados. O mundo prendeu a respiração. E, então, pouco depois das sete e meia da noite, como uma onda raivosa e embriagada, a internet se levantou e atacou a Maker's Mark ultrajada. Nas suas próprias palavras:[16]

"QUE VERGONHA da Maker's Mark fazer isso."

"Algum contador cabeçudo deve ter inventado esse esquema ganancioso em detrimento da qualidade!!!!"

"Apenas um comunista liberal pensaria que colocar água em um produto, de forma que mais consumidores tenham menos, é o caminho certo."

"Que vergonha, Maker's! Quem se importa com franceses ou algum outro terrorista que não consiga experimentar o néctar americano!?"

"Eu sabia que isso iria começar a acontecer uma vez que a geração mais nova tomasse o leme."

"Ideia criminosa e estúpida."

"Ouvir isso me cortou o coração."

"Esta é uma farsa absoluta."

"Eu renuncio como um Embaixador da Maker's. Comprei minha última garrafa."

"Eu morri um pouco por dentro hoje."

"Não se preocupe, Marker's Mark... vai haver uma demanda menor a partir de agora!"

"Idiotas."

Em pouco tempo, o feedback se transformou em uma espécie de indignação alegre, como se o público gostasse de ter algo para ficar com raiva. E esses eram os superfãs da Maker's Mark's! Os fãs que haviam investido dinheiro nas coleções da Maker's Mark. Os fãs que usavam os logos da Maker's Mark, que compareciam às degustações e exaltavam as virtudes da empresa para aqueles que não gostavam. Os fãs de quem poderia normalmente se esperar que defendessem a Maker's Mark, ou pelo menos dessem a ela o benefício da dúvida.

O fandom prospera com a diversão e a emoção de sentir que somos parte de uma entidade que é maior que nós mesmos, mas essa entidade não precisa ser algo legal. Multidões enfurecidas também são muito divertidas, pelo menos para aqueles que pertencem a elas. Como um comentarista brincou: "Nossos fãs fizeram de nós um dos bourbons mais vendidos de todos os tempos. Dizer 'obrigado, nós vamos... aguar isso!'. Não, não, realmente vocês não precisam agradecer... Ah, de onde vocês tiraram todas essas tochas e forcados?"[17]

No dia seguinte, a nova safra tinha sido apelidada "Maker's Watermark" [A Marca D'água da Marker] e o que supostamente era um pequeno ajuste de receita tinha catalisado uma rebelião. A página do Facebook da Maker's Mark's espiralou em uma carnificina alegre.[18] Centenas de blogs expressaram sua crítica pesada. O universo do Twitter estava revoltado.[19] A mídia convencional aproveitou ao máximo a audiência fácil com manchetes como "Uma Maker's Mark menos potente não está descendo macia no Kentucky".[20] Fóruns se encheram de conselhos sobre quais novas marcas de bourbon experimentar agora que a Maker's Mark tinha caído em desgraça. Os fãs descarrilaram a conversa em um evento corporativo da Maker's Mark que estava acontecendo em uma churrascaria em Indiana. "Vamos apenas dizer que eles não se contiveram", Rob Samuels lembrou mais tarde.[21]

A raiva se transformou em hostilidade, que logo ficou mais sombria, em algo feio que só a internet consegue. Ambos os e-mails dos dois que assinavam a carta foram postados publicamente para encorajar ameaças. Os escritórios da Maker's Mark foram inundados com e-mails e chamadas telefônicas. "Curta a sua falência, Maker's Mark. A Era dos Consumidores começou e estamos cansados de bandidos corporativos defecarem na gente", rosnou um suposto fã no Facebook.[22]

Perplexos com a inesperada resposta negativa, Rob e Bill Samuels tentaram eles mesmos explicar em uma entrevista ao *Quartz*, o portal de notícias que dera a notícia.[23] Eles explicaram que honestamente não tiveram escolha. Você não seria capaz de notar a diferença. De verdade. A explicação apenas pareceu alimentar as chamas — "Agora vocês estão dizendo que não temos gosto?" A nova mistura se tornou um encontro de emoções que tirava a lógica a quase fora do ponto.

No domingo seguinte, o pessoal da Maker's Mark, atordoado por uma semana de abuso e hostilidade, escreveu para dizer que estavam capitulando diante das exigências dos fãs.[24] Apesar de terem pensado que reduzir o teor de álcool do Maker's Mark era a coisa certa a se fazer, eles escreveram: "É a marca de vocês e vocês nos disseram, em grande número, para mudarmos nossa decisão. Vocês falaram. Nós ouvimos. E, sinceramente, pedimos desculpas por termos decepcionado vocês."

Clientes Têm Sempre Razão. Fãs Não.

É aterrorizante ser alvo da raiva dos fãs. É ainda mais porque o fandom usa a linguagem dos extremos. Essa banda é A MELHOR BANDA QUE JÁ EXISTIU. Aquela outra banda rival é O MAL ENCARNADO E UMA PORCARIA COMPLETA. Nada se compara à indignação de um grupo de fãs que decidiu ficar bem louco por um tempo.

É divertido ficar com raiva. Também é divertido, por exemplo, comparar uma ligeira alteração na receita de uma bebida amada com o nazismo. Na verdade, equiparar algo ao nazismo na internet é tão comum que recebeu sua própria nomenclatura: Lei de Godwin.[25] A hipérbole disso aumenta a bobagem, e quanto mais seriamente afirmamos levar as coisas, mais divertido é. Mas poucos fãs realmente acreditavam que uma pequena diminuição no teor de álcool de um bourbon de nível médio era o equivalente moral das mortes violentas de 60 milhões de pessoas.

Todo fandom se trata, em algum nível, de fingimento. Trata-se de fazer uma escolha de aceitar o contexto imaterial e efêmero em torno de um objeto de fã. O sensacionalismo é praticamente embutido. Mas quando se brinca de faz de conta sobre um objeto fã, é fácil esquecer que estamos brincando de faz de conta com peças reais. Pessoas reais, decisões reais de negócios e vidas reais estão envolvidas.

A natureza do fandom significa que sempre haverá tensão entre os imperativos do negócio e os desejos do fã porque um único objeto está sendo usado por dois grupos de pessoas muito diferentes, para dois propósitos muito diferentes. Fabricantes precisam que o objeto gere lucro, ou então sua capacidade de mantê-lo é afetada. Fãs precisam que o objeto seja seguro de forma que eles possam fazer atividades de fãs ao redor dele.

Pedir um Maker's, puro, em um bar, emite um conjunto diferente de sinais do que pedir um trago barato de Old Crow, e um conjunto muito mais diferente de sinais do que pedir uma Bud Light. Se a Maker's Mark subitamente passa a "valer menos", pelo menos para os que conhecem, os fãs são considerados otários por terem sido tão devotos. Não é de admirar que os fãs levaram a afronta de forma tão pessoal. Sua indignação reflete um sentimento de traição pessoal acima e além da realidade da mudança.

As comunidades de fãs oscilam o tempo todo e 99% do tempo acabaram por se autocorrigir. Fãs de *Star Wars* decidem que, apesar de eles odiarem os filmes da trilogia prólogo, provavelmente não há necessidade de queimar o Rancho Skywalker de George Lucas. Os membros de um partido político que perdeu decidem que eles, na verdade, *não* preferem mudar de país. Mas pode ser difícil dizer quando a fronteira entre incômodo e verdadeira indignação foi cruzada.

Jack Daniel's, competidor do Makers' Mark, atende aos requisitos técnicos para ser um bourbon, embora a empresa prefira anunciá-lo apenas como um uísque do Tennessee. E o Jack tem uma base de fãs de forma semelhante. Entre 1987 e 2002, Jack Daniel's baixou a consistência do produto da prova 90 para 86, e, então, finalmente, para 80, para evitar os impostos especiais sobre o consumo e reduzir os custos de produção.[26] Algumas revistas notaram a mudança e houve uma pequena petição sobre isso, mas a Jack Daniel's se manteve firme. O mundo logo esqueceu que alguma vez havia existido uma receita diferente e as vendas foram maiores do que nunca.[27]

A que custo a Maker's Mark apaziguava sua base de fãs? Havia algum jeito de que esta mudança minúscula de receita pudesse ter causado menos confusão?

O Maker's Mark sai do alambique com uma prova a 130, o que significa que, com o conteúdo final de álcool na prova 90, é significativamente aguado durante o processo de envelhecimento.[28] Se um alto teor de álcool fosse realmente o principal ponto de venda, argumentou o crítico de gastronomia Jason Wilson, esses fãs deveriam ter ido há muito tempo para um dos muitos bourbons de álcool mais elevados já existentes, como o Weller Antique, de prova 107, ou para a versão de prova 120 do Knob Creek. Nesse assunto, apenas uma pequena porção de fãs de bourbon bebe o álcool puro. O resto acrescenta gelo, refrigerante, energético, água, caldas, licor de ervas ou raízes amargas, ou suco. No instante em que um cubo de gelo toca um bourbon, ele já está em uma prova menor do que foi proposta.

Uma coisa é certa: a própria Maker's Mark transformou a mudança de receita em um problema ao envolver seus "Embaixadores" na discussão. Os fãs levam seriamente a palavra de seus objetos de fã. Se a questão fosse significativa o suficiente para merecer um e-mail especial, provavelmente era significativo o bastante para se irritar com ela. Se a Maker's Mark não tivesse tentado com tanto afinco se explicar aos seus fãs, é possível que a atualização pudesse ter passado despercebida.

O fandom é inerentemente conservador. Faz parte da natureza do fandom resistir à inovação, mesmo quando pode ser para melhor. Fãs têm uma conexão estreita com seu objeto de fã e pode se esperar que irão lutar contra qualquer coisa que possa mudar o significado dessa conexão. Mesmo que — e isso é importante — nenhuma mudança física real ocorra. Muitos especialistas de bourbon concordam que a Maker's Mark provavelmente teria exatamente o mesmo gosto, ou seria possivelmente ainda melhor, porque um maior teor de álcool realmente amortece as papilas gustativas.

Embora marqueteiros levem o velho ditado de que "o cliente tem sempre razão" ao extremo, o acadêmico Stephen Brown argumenta que na verdade "o cliente é sempre um conservador, reacionário, que chafurda na lama... Clientes resistem a mudanças. Eles inibem a inovação. Eles querem mais do mesmo. Eles não só veneram o objeto de seu desejo, eles colocam em uma tumba, embalsamado, para todo o sempre. Amém".[29]

De certa forma, é mais fácil construir atividades de fãs ao redor de um objeto de fã que não está mais vivo. É mais fácil coletar um catálogo completo de música para uma banda que não está constantemente lançando novos álbuns. É mais fácil memorizar todas as citações dos personagens de um filme que nunca teve uma sequência. Um objeto de fã com um texto de fã completo nunca mudará, nunca trairá uma confiança, nunca vai decepcionar. Muitos fãs prefeririam ver seus objetos de fãs mortos do que desonrados.

Na época em que a Maker's Mark anunciou que ia reverter sua decisão da receita de bourbon, o furor dos fãs já estava começando a arrefecer. Os tuítes tinham atingido o pico na terça-feira anterior. No domingo seguinte, quando o segundo e-mail foi mandado, o discurso estava quase de volta aos níveis antes do anúncio. "Eles subestimaram as mídias sociais no início, depois ficaram assustados, então talvez reagiram demais", tuitou o comentarista de mídia Jay Rosen, na época.[30] É bem possível que, se a Maker's Mark tivesse esperado mais alguns dias, a indignação poderia ter sumido.

Em uma surpresa irônica, a empresa teve seu maior trimestre de vendas.[31] Não como um agradecimento por revogar a decisão, mas porque os fãs haviam se esforçado para comprar o que achavam que seriam as últimas garrafas da prova 90.[32] Espera-se que as poucas de prova 84 que foram lançadas se tornem valiosos itens de colecionadores.

A Tirania da Minoria Vocal

Quando um grupo se rebela, pode parecer ao produtor do objeto de fã que todos os fãs o estão ameaçando. As mídias sociais se enchem com postagens raivosas, caixas de e-mail corporativas se inundam com mensagens agressivas. Os meios de comunicação tradicionais escrevem artigos focados em personagens, quase sempre com trocadilhos terríveis em suas manchetes. Petições circulam pedindo um boicote, a menos que a marca satisfaça imediatamente a demanda dos fãs. Mas muitas vezes, depois que a agitação acaba, verifica-se que a rebelião dos fãs era menor do que parecia. Como é que um grupo muito pequeno de fãs, com um ponto de vista minoritário, pode parecer um grande grupo de pessoas na internet?

Kristina Lerman e uma equipe de cientistas da informática da Universidade do Sul da Califórnia estão tentando descobrir. Chamam isso de A Ilusão da Maioria.[33] Em junho de 2015, lançaram um artigo explicando como isso funcionava. Digamos que há uma rede de amigos. Muito desses amigos têm mais alguns amigos, mais ou menos na mesma quantidade que temos, mas alguns "conectores" terão muito mais. Se um amigo com o alcance comum compartilhar uma foto de um gato, o número de pessoas que receberão a imagem será baixo. Se essas pessoas compartilharem com suas próprias redes sociais, as chances de sobreposição também serão baixas. Mas, se alguém com um alto número de conexões compartilhá-lo, todo mundo em sua rede receberá a foto de uma vez. Qualquer pessoa com quem compartilhá-lo é provável que já tenha visto isso, dando a ilusão de que todos no mundo inteiro de repente estão realmente gostando de gatos.

O efeito é que as redes sociais, especialmente as digitais, em que o conteúdo viaja livremente, tornam fácil ludibriar as pessoas, como se a maioria compartilhasse uma opinião. Mesmo que, na realidade, isto só seja compartilhado por um grupo pequeno e bem conectado.

Por exemplo, estudos sugerem que adolescentes são mais propensos a acreditar que a maioria dos seus amigos consome mais álcool do que realmente faz. É uma ilusão: os tipos de adolescentes que são convidados para festas animadas são, por definição, mais propensos a ter grupos maiores de amigos para fazer o convite. Eles enchem sua rede social imediata, uma rede que é muito maior do que a média, com fotos de bebidas e, de repente, parece que todos devem estar bebendo. O efeito aparece mais na política, fazendo com que os pontos de vista extremistas pareçam mais prevalentes do que realmente são. Lerman explica em uma entrevista: "Cerca de 60% a 70% dos nós têm uma maioria de vizinhos ativos, mesmo que apenas 20% dos nós sejam ativos."[34]

A ilusão de maioria pressupõe que fãs que reclamam mais costumam ser os que são mais importantes ignorar. Os fãs quase sempre têm plataformas sofisticadas no lugar para se expressar, mas a natureza dessas plataformas significa que, às vezes, apenas aqueles com os pontos de vista mais fortes, muitas vezes negativos, são ouvidos.

Esse fenômeno foi notado por outro grupo de professores de marketing que escreveram um artigo na *MIT Sloan Management Review*, em 2011, conforme observaram a ascensão de espaços on-line como fóruns e avaliações de produtos em sites de compra.[35] Embora grandes porções da população leiam avaliações on-line antes de comprar um produto, muito menos clientes deixam opiniões. Geralmente, aqueles que escrevem as avaliações precisam ter um sentimento forte, de forma positiva ou negativa, para compartilhar sua opinião sobre algo. Pessoas de opiniões moderadas são menos propensas a se incomodar em deixar uma avaliação do produto ou a ter a necessidade de participar de uma conversa on-line sobre isso. Discussões como essa têm um viés de seleção embutido.

Para agravar o problema, estudos psicológicos descobriram que a maioria das opiniões que vêm de autoproclamados especialistas em uma área, como fãs, muitas vezes tende a ser negativa. "Clientes mais envolvidos distorcem suas classificações para baixo para se destacar", explicaram os pesquisadores.[36] É muito mais seguro desaprovar algo do que arriscar nossa reputação apoiando um produto ou uma ideia não comprovada. O estudo descobriu que os fóruns onde havia fortes sentimentos positivos e negativos sobre um produto tenderam a se tornar completamente negativos, e mais rapidamente do que grupos com clientes que tiveram opiniões mais moderadas. Era verdade, mesmo se ambos os grupos tivessem a mesma opinião em média.

Superfãs são a definição de uma audiência comprometida que tem opiniões fortes e um espaço para expressá-las. Uma vez que o sentimento sobre um tópico está variando de uma forma ou de outra, outros clientes tendem a ir para o lado vencedor. Uma inundação de comentários negativos sobre um objeto de fã pode ocultar o fato de que apenas uma parte dos fãs tem uma opinião negativa. É muito fácil para um pequeno grupo de pessoas com sentimentos fortes dominar uma discussão e distorcer a conversa. Aqueles com opiniões mais moderadas são empurrados para o lado pela minoria vocal.

Os executivos da Maker's Mark podem ter sentido que o mundo inteiro de repente se virou contra eles, porém, na realidade, a indignação provavelmente representava os pontos de vista de uma porcentagem muito menor de fãs.

Lidando com uma Rebelião de Fãs

Quando uma rebelião de fãs ocorre, precisa ser neutralizada rapidamente, antes que os extremistas possam intimidar mais fãs de alto nível para ficarem em silêncio. Isso não significa excluir postagens negativas ou tentar fingir que o problema não existe, nem significa capitular para atender demandas de fãs. Isso significa reconhecer suas preocupações, permitir que os fãs saibam que suas opiniões são ouvidas e respeitadas, além de oferecer soluções rápidas para ajudar a mitigar o problema.

O processo requer um pouco de delicadeza e muita compreensão. As exigências e opiniões dos fãs precisam ser levadas a sério, mas não literalmente. Essas exigências são um marcador importante de como um objeto de fã é percebido, mas elas não representam o que é melhor para a marca. Encontrar soluções para lidar com demandas, formas de satisfazer a minoria vocal, sem sacrificar a integridade do próprio objeto, é de suma importância.

Com frequência, compreender as exigências dos fãs equivale a interpretar o que eles realmente estão solicitando, e não o que acham que estão solicitando. "Não dê às pessoas o que elas querem, mas o que elas precisam", o ícone *geek* Joss Whedon disse uma vez. "O que eles querem é que Sam e Diane fiquem juntos... Não dê isso a eles. Confie em mim... Eles precisam que as coisas deem errado, eles precisam da tensão. As coisas têm que dar errado, coisas ruins devem acontecer."[37] Uma audiência que exige certo relacionamento entre pares pode realmente desejar mais romance no enredo. Uma audiência que exige que um produto seja roxo pode realmente querer que ele pareça mais amigável.

Os fãs da própria série de Whedon, *Buffy: A Caça-Vampiros* exigiram um relacionamento dos dois personagens principais do programa, Buffy, e seu interesse amoroso, o gentil vampiro Angel. Assim, os escritores escreveram uma única noite de felicidade... antes de transformarem Angel em um assassino psicopata. O equivalente varejista disso é oferecer pistas limitadas de algo — superfãs podem se sentir habilitados a rastrear o item que eles exigiram, enquanto o resto do fandom não será afetado. Oferecer uma experiência especial para vencedores de concursos, oferecer uma exibição especial — estes são métodos de levar a sério as exigências dos fãs sem permitir que o objeto do fã como um todo seja desviado.

Por que o Homem-Aranha Não Pode Ser Gay?

A invasão dos dados da Sony Pictures, em 2014, continha uma quantidade de fofocas excitantes. O roteiro do novo filme do James Bond vazara, assim como o de outros filmes ainda não lançados. Os detalhes dos salários mostraram que as estrelas costumavam receber menos do que os astros. Executivos se referiram a Angelina Jolie como uma pirralha mimada e faziam comentários racistas a respeito de Barack Obama. Ninguém saiu muito bem dessa.

Um documento imediatamente chamou a atenção do público — pelo menos a atenção dos fãs de quadrinhos. Um contrato de licenciamento entre a Sony Pictures e a gigante dos quadrinhos Marvel apresentou todos os traços obrigatórios de Peter Parker (e sua identidade secreta, o Homem-Aranha).[38] Peter Parker não tortura ou fuma.

Ele não mata. Conseguiu seus poderes de uma picada de uma aranha radioativa. Ele cresceu na cidade de Nova York. Foi criado pelo tio e pela tia. Deve ser um homem. Tem que ser heterossexual. E tem que ser branco.

"Mas é claro que o Homem-Aranha é um cara branco hétero", um fã pode protestar. "Eu vi os filmes e li os quadrinhos, e ele é definitivamente branco." É fácil esquecer que estes são personagens inventados, sujeitos aos caprichos de quem está escrevendo sobre eles no momento. Super-heróis constantemente mudam nas histórias — poderes, períodos temporais e dimensões. Em comparação com isso, uma mudança na raça ou na sexualidade é um ponto de trama relativamente fácil.

Claro, existem situações reais nas quais a manutenção de um conjunto de características é importante para a história. O Pantera Negra precisaria, no mínimo, mudar de nome se ele se tornasse subitamente sueco. Mas não tem nenhuma razão na história para o Homem-Aranha ser branco. Por falar nisso, as picadas de aranha não têm uma preferência de gênero. E quanto a ser heterossexual, não há motivo para que a versão de Homem-Aranha de Nova York não pudesse conter uma variedade de interesses de amor para se adequar a qualquer sexualidade. Até o tornaria mais realista. Como uma manchete colocou na época do vazamento, "O Homem-Aranha é, por contrato, obrigado a ser tedioso em festas".[39]

A indústria dos quadrinhos sempre foi atacada por ter predominantemente personagens masculinos brancos e héteros.[40] Há relativamente poucos exemplos nos quadrinhos de super-heróis, antes do início dos anos 2000, em que as personagens femininas e minoritárias não eram nem vilães, nem acabaram sendo brutalizadas, de modo que o personagem principal possa ter uma desculpa para dar alguns golpes justos. "O negro morre primeiro"[41] é o nome de um clichê midiático que remonta aos anos 1970, e matar personagens femininas de maneiras horríveis, muitas vezes sexuais, é um dispositivo de trama tão comum que recebeu um nome: mulher na geladeira, depois de um ridículo quadrinho de 1994 no qual o Lanterna Verde descobre que sua namorada foi assassinada, desmembrada e colocada em uma geladeira.[42] Como o comentarista Andrew Wheeler coloca, "Se a Marvel fizesse *Thor 3* antes de fazer o filme do Pantera Negra, ela teria feito *dez* filmes encabeçados por homens altos e loiros chamados Chris antes de fazer *um* filme encabeçado por alguém que não é sequer branco. (Eles podem contratar um ator negro chamado Chris. Tudo bem.)"[43]

Não foi sempre assim, especialmente não para as leitoras da indústria. Nos anos 1930 e 1940, todos os tipos de histórias em quadrinhos — humor, terror, super-heróis e romance — eram populares, com algumas estimativas registrando os leitores em cerca de 90% dos adolescentes americanos, independentemente do gênero.[44] A revista de histórias em quadrinhos *Calling All Girls* [Chamando todas as garotas] divulgava uma distribuição de mais de meio milhão, um número gigante para uma população da era da Segunda Guerra Mundial.

No fim dos anos 1940, um psiquiatra chamado Fredric Wertham começou a publicar artigos e dar palestras com nomes como "Terror no berçário" e "A psicopatia das histórias em quadrinhos", culminando no livro *Seduction of the Innocent* [Sedução dos inocentes], um manifesto no qual ele alegava que quadrinhos levavam a atos maléficos, como roubos, uso de drogas, homossexualidade, fetiches sexuais, comunismo e caos generalizado.[45] "Acho que Hitler era um iniciante se comparado à indústria de quadrinhos", ele testemunhou no Comitê do Senado de Delinquência Juvenil, em uma das primeiras aplicações da Lei de Godwin.[46] Sua pesquisa era profundamente falha e grande parte dela era totalmente fraudulenta (sem mencionar, para um observador moderno, um pouco boba). No entanto, o pânico moral que se seguiu viu grupos de pais em todo o país exigindo a remoção de quadrinhos de farmácias e livrarias. Várias cidades organizaram queimas públicas de quadrinhos.

Em 1954, a Comics Code Authority foi criada para impor um código moral irrefutável e indissolúvel em toda a indústria de quadrinhos.[47] Os editores, aterrorizados, já estavam se protegendo, suspendendo a publicação dos títulos mais polêmicos e modificando outros para então não deixar qualquer mal-entendido a respeito das suas intenções virtuosas.[48] Os heróis se tornaram mais viris e patriotas; as heroínas se tornaram mais dóceis. A Mulher-Maravilha dos anos 1940 lutava contra os nazistas. Porém, nos anos 1960, embora ela continuasse a ser "maravilhosa", não era raro ver histórias com títulos como "A lua de mel surpresa da Mulher-Maravilha", em que o futuro esposo da heroína fica obcecado com a possível falta de habilidades culinárias dela.

À medida que as histórias de quadrinhos se tornavam menos amigáveis para os interesses femininos, muitas leitoras migraram para outras formas de mídia. A distribuição de quadrinhos desapareceu das principais lojas e foi realocada para gibiterias especializadas que serviam à agora audiência masculina majoritária. As novas lojas eram inequivocamente masculinas, uma qualidade que afastou ainda mais as leitoras.

Kelly Sue DeConnick, escritora da popular série de quadrinhos *Capitã Marvel*, cresceu em uma base militar no exterior. Com acesso limitado à TV americana, a seleção de quadrinhos de super-heróis na livraria da base era uma conexão importante com a vida cotidiana de sua terra natal. Mas, no começo dos anos 1980, DeConnick e suas companheiras fãs se tornaram vítimas da era das gibiterias especializadas. "Existem algumas lojas de quadrinhos realmente fantásticas, realmente progressivas e acolhedoras, em que as pessoas usam calça de moletom e não há cheiro de maconha", ela diz. "Mas por um bom tempo essas lojas estavam em minoria."[49]

Na época em que os filmes de super-heróis de alto orçamento começaram a rolar nos anos 1990, era difícil imaginar um público feminino significativo para eles. Desculpas posteriores abundavam:

garotas não ligavam muito para brinquedos licenciados; garotas não gastavam muito comprando produtos de mídia; ou uma alegação comum: garotas não eram visuais o bastante (o que ignorava o sucesso da indústria da moda e das revistas). Poucas pessoas imaginaram que talvez as garotas estivessem nervosas em serem vistas em filmes desse tipo ou que não estivessem interessadas em outro assassinato pernicioso de personagens femininas. "As mulheres não são atraídas por coisas que lhes insultam frontalmente", observa DeConnick.[50]

Nos anos 1990, quadrinhos japoneses, os mangás, com um vasto leque de tramas, estouraram no mercado norte-americano. Com menos bagagem cultural, foram recebidos pelas livrarias convencionais. "Mulheres e garotas começaram a comprar mangás por 10 dólares o gibi.[51] Aquelas revistas estavam voando das prateleiras. Aquelas revistas estavam mantendo abertas as livrarias nos shoppings. Se você refletir acerca disto por um momento, os quadrinhos japoneses devem ser lidos de trás para frente e da direita para a esquerda. Era literalmente mais fácil para essas garotas aprenderem a ler para trás do que era encontrarem seu caminho em quadrinhos americanos", diz DeConnick.

Ao mesmo tempo, a internet permitiu às mulheres encontrarem fãs que pensavam da mesma forma e declararem o seu fandom em espaços seguros além e fornecerem apoio.[52] Libertadas da necessidade de gibiterias físicas, garotas e mulheres começaram a comprar quadrinhos on-line aos montes. De repente, tinha ficado muito claro que as mulheres gostavam de quadrinhos, afinal de contas. Durante décadas, a indústria de quadrinhos estivera ignorando uma grande clientela, uma clientela que estava interessada em gastar dinheiro.

Miopia do Fandom

A tirania da minoria vocal é poderosa o bastante para intimidar uma empresa de bebidas, fazendo com que ela tome uma decisão de negócios potencialmente desastrosa, mas os efeitos podem ser muito mais sutis. Muitas marcas caem na armadilha de fornecer para um grupo restrito de fãs, excluindo outros consumidores potenciais. É um erro acreditar que as opiniões e exigências de um grupo de fãs sempre refletem as do público em geral. Stephen Brown coloca da seguinte forma: "Fãs, além do mais, são atípicos. É verdade que eles falam demais, que realmente amam o produto e que são proativos evangelistas da marca. Mas também são autosselecionados. Eles não são representativos, nem remotamente. Suas visões com entusiasmo são irremediavelmente distorcidas, embora desesperadamente distorcidas em uma direção que os comerciantes acham agradável. Não é ótimo reunir seguidores ansiosos? Não é maravilhoso cocriar com nossos clientes tão articulados, como recomendam os livros de marketing? Não somos os descolados das marcas? A resposta, em resumo, é NÃO."[53]

No momento em que a indústria de quadrinhos lembrou que todos os tipos de pessoas adoram histórias em quadrinhos, as predileções de uma clientela muito específica distorciam a indústria: sombrias, enérgicas, masculinas. É importante notar que não há nada de errado com isso *per se* — muitos quadrinhos são obras de arte incríveis e pensativas, apesar do seu reduzido apelo para todas as audiências. Mas, de um ponto de vista puramente lucrativo, limitar sua variedade é um erro.

Não há nada de altruísta em permitir que as mulheres e as minorias tenham um lugar nos quadrinhos. "São empresas. São empresas que precisam lucrar. Se elas estão fazendo o que é certo e talvez não deixando de ganhar algum dinheiro, ótimo, todos ganham. Mas para ter certeza, trata-se da noção de: 'Espere, mulheres também gastam dinheiro?'", diz DeConnick.[54]

Em outras partes do mundo, em lugares com menos barreiras históricas para a leitura, quadrinhos são capazes de conquistar uma parte significativamente maior do mercado. Embora a causalidade cultural específica seja difícil de rastrear, é difícil argumentar com os números: em 2014, o mercado dos mangás japoneses atingiu um faturamento de 281 bilhões de ienes (ou cerca de 2,7 bilhões de dólares).[55] Nos Estados Unidos e Canadá, esse número era de meros 935 milhões de dólares.[56] O Japão, com apenas cerca de um terço da população total, ainda conseguiu vender quase três vezes mais a quantidade de quadrinhos.

Fornecer para um único e limitado grupo de fãs pode parecer atraente, porque irritar a audiência central pode sair pela culatra de forma espetacular. Conforme o modelo de público único perde domínio na indústria, a reação da base de fãs de quadrinhos tradicional foi variada. Ainda não é incomum jornalistas e artistas que defendem a diversidade de quadrinhos receberem assédio ou ameaças. No entanto, Thor hoje é uma mulher. Batwoman atualmente é bissexual. A Miss Marvel é uma muçulmana-americana. Até mesmo os quadrinhos da Archie Comics há um casal gay que é legalmente casado. Miles Morales, novo Homem-Aranha da Marvel, descendente de negros e porto-riquenhos, enfrentou a indignação dos fãs tradicionais de quadrinhos quando apareceu pela primeira vez em 2011.[57] Peter Parker não tinha saído de cena de vez; ele reapareceu três anos após ter morrido no universo alternativo de Morales, então o Homem-Aranha caucasiano não ficou ameaçado. Ainda assim, muitos fãs permaneceram incrédulos e zangados. A mudança de um objeto de fã é difícil, e mudar o seu significado é mais difícil ainda. No entanto, anos mais tarde, o personagem Miles Morales ainda é popular.

Tomando a Burberry

Uma pessoa com fome tem um problema; uma pessoa que não tem fome tem mil problemas, assim diz o ditado. Um objeto de fã sem fãs geralmente tem apenas um objetivo: criar fãs motivados o bastante para "verbalizar" sua admiração em favor da marca. Mas uma vez que o entusiasmo é externado, então, o que mais? Criar um grupo de fãs é, de certa forma, a parte fácil, porque é a parte que é mais controlável. Os grupos de fãs atacam o seu objeto de fã e o sugam para atender às suas necessidades específicas. O conteúdo, os rituais e outras atividades criadas pelos fãs podem ser tão bons que não está claro a que se destina a ser cânone e quais não são, causando excitação em todos os lados.

Quanto mais contexto um objeto de fã tem, mais provável é que a comunidade de fãs adote uma vida própria. Fãs da Madonna têm sido amplamente creditados por serem instrumentais no advento da terceira onda do feminismo. O Superman, com seu status de refugiado e habilidades valiosas, é regularmente abordado em debates sobre imigração. Os defensores dos direitos trabalhistas, lobistas e os políticos da esquerda e da direita usam imagens dos filmes de *Star Wars*. É comum que os fãs se confortem em apoiar questões relacionadas ao seu objeto de fã — por exemplo, trazer de voltar uma série de TV que foi cancelada (ou fazer voltar uma mudança de receita).

Sublinhando essas questões, reside o problema de espoliação, um fenômeno que tem recebido muita atenção em anos recentes. Fãs, por definição, utilizam um objeto de fã para uso pessoal, mas isso não significa que o dono do objeto de fã sempre aprecie a utilização à qual o objeto é submetido.

A Esurance, uma empresa de seguros focada na internet, tem uma mascote chamada Erin, uma espiã de cabelo cor-de-rosa em um collant que rastreia ofertas de seguro secretas. Ou, pelo menos, costumava fazer isso. Erin foi uma vítima do próprio sucesso,[58] desenvolvendo uma base de fãs vocal que criou histórias e imagens (muitas delas para adultos) para ela.[59] No alto de sua popularidade, pesquisar Esurance/Erin sem a busca segura ativada era pesquisa *extremamente* perigosa de se fazer no trabalho.

Uma mascote corporativa deve ser reconhecível e memorável, mas depende muito do que está sendo lembrado. A marca britânica de alta-costura Burberry se tornou infame no começo dos anos 2000, quando seu famoso design xadrez escocês foi adotado pela população jovem da classe trabalhadora na Inglaterra, zombeteiramente chamada de "chavs".[60] A estampa já havia sido usada discretamente, como o forro em casacos impermeáveis e em cachecóis. Os chavs foram usados em tudo — chapéus, calças, saias e caminhas de cachorros. O equivalente americano seria se as roupas da Brooks Brothers subitamente começassem a ser usadas em corridas da NASCAR.

Os novos fãs eram indesejáveis para a Burberry. Pubs proibiram a roupa Burberry em suas dependências; os ricos ficaram mortificados. Como um comentarista colocou: "Muitas pessoas achavam que Burberry seria usada pela pessoa que a assaltou."[61] A Burberry precisou de mais de uma década para retomar a propriedade do que ainda é conhecido em muitos lugares como "Xadrez Chav".[62]

Por que Não Podemos nos Entender?

Espoliação é um fenômeno tão assustador que a menor possibilidade muitas vezes faz os proprietários de marcas correrem para os seus departamentos jurídicos. As reações exageradas a um comportamento de fãs completamente inocente, ou mesmo útil, são uma causa comum para um fandom se rebelar. Muitas crises de fãs poderiam ter sido evitadas por uma respiração profunda e cinco minutos de introspecção por parte de quem produz o objeto de fã.

Em 2014, a IKEA, empresa global de mobiliário com base na Suécia, mandou uma notificação judicial para uma blogueira chamada Jules Yap.[63] Yap comandava o site extremamente popular IKEAhackers.net, que ajudava pessoas a "hackearem" os móveis da IKEA para criarem designs novos, criativos e inesperados. O site já tinha quase uma década de existência quando os advogados da IKEA exigiram que Yap entregasse a URL.[64]

Quando os fãs atuam de maneiras inesperadas e incontroláveis, como usar a marca para seus próprios propósitos, a solução proativa é muitas vezes a mesma da IKEA — abrir um processo legal para tentar proteger a propriedade intelectual. Não é algo errado *per se* — o lado legal da gestão de marca é um negócio sério —, mas os regulamentos de marca e direitos autorais dos EUA não são especialmente úteis quando se trata de gerenciar as expectativas dos fãs.

"Eu não tenho problema com eles protegendo sua marca registrada, mas acho que poderiam ter lidado melhor com isso", Yap disse ao *Washington Post*. "Eu sou uma pessoa, não uma corporação. Uma blogueira que obviamente está do lado deles."[65] Os fãs não precisam ser tratados com luva de pelica, mas precisam ser tratados de forma diferente das pessoas que estão simplesmente tentando ganhar um dinheiro rápido. Mandar uma notificação judicial para alguém ocupando de forma ilegal um domínio como a IKEA-furniture.com faz sentido. No caso de uma blogueira que mantém um site de fã, mesmo um que gere dinheiro com o site, uma carta educada que abre uma conversa pode ser uma opção melhor. O advogado de Yap conseguiu negociar um acordo com a IKEA que permitia que ela continuasse a operar o site de forma não comercial, sem publicidade no local para apoiar seus esforços.[66] Assim que o acordo se tornou público, os fãs do site explodiram.[67]

Cory Doctorow, um autor e coeditor do *Boing Boing*, atacou a IKEA: "A notificação judicial da Ikea é, como questão de direito, uma porcaria.[68] Não há violação de marca registrada aqui — o uso do nome da IKEA é puramente factual. O fato de que o dinheiro troca de mãos no IKEAhackers (pelo que os advogados da IKEA parecem muito chateados) não tem qualquer influência sobre a análise de marca. Não há chance de confusão ou diluição do uso da marca pela IKEAhackers. Isto é pura intimidação, uma tentativa de censura..."

Menos de uma semana depois de Yap ir a público, a IKEA foi forçada a voltar atrás. "Queremos esclarecer que lamentamos profundamente a situação em questão com a IKEAhackers", um porta-voz da IKEA disse a um repórter do Yahoo.[69] Yap foi convidada a visitar os escritórios da empresa e, em uma reunião com o CEO — o CEO! — da Inter IKEA Systems B.V., eles finalmente costuraram um acordo que permite que Yap continue operando o site, anúncios e tudo o mais.[70]

"Yay! Abram o suco de oxicoco", Yap escreveu.[71]

Era um "procedimento de rotina em defesa das marcas registradas, ativado após o uso indevido da marca Nutella dentro da página de fãs" — isto foi o que a Ferrero, a produtora do creme de chocolate com avelã Nutella, alegou quando se viu em uma situação similar em 2013.[72]

A página americana da Nutella no Facebook tem agora 31 milhões de fãs, mas, por muitos anos, a marca era relativamente desconhecida nos Estados Unidos.[73] Como uma expatriada americana que morava na Itália em 2007, Sara Rosso, uma superfã da Nutella, ficou impressionada com a falta de atenção que a marca recebia do outro lado do Atlântico.[74] "Por que eles não estavam comendo esse elixir achocolatado globalmente?",[75] ela perguntou em retrospectiva em 2016. A Nutella quase não tinha presença de marketing on-line em inglês, e os poucos americanos que sabiam da sua existência eram obrigados a procurá-la em lojas especiais.

Rosso queria evangelizar sobre o creme pastoso que ela amava em grande escala. A solução foi criar o World Nutella Day [Dia Mundial da Nutella] e um blog para espalhar a palavra. Rapidamente se tornou um ponto focal para blogueiros de alimentos postarem suas receitas, músicas, poemas, vídeos e outros odes à Nutella. O valor para a Ferrero era significativo; a busca no Google por Nutella mostrou um crescimento constante ao longo do tempo, com picos em fevereiro, próximo da data, que é celebrada no dia 5. No começo de 2012, Rosso e sua associada, Michelle Fabio, tinham até publicado *The Unofficial Guide to Nutella*, que afirmam ser o primeiro livro em língua inglesa sobre o tema.

O resultado dos esforços de Rosso foi uma notificação judicial da equipe legal da Ferrero, exigindo que ela imediatamente parasse de usar "o nome, o logotipo e similares da Nutella". Rosso ficou chocada. "Isso foi algo que eu fiz como uma fã", ela explicou ao *Huffington Post* na época. "Eu tenho um emprego em tempo integral; não estou tentando fazer disso um negócio."[76]

"Notificação judicial? Que tal eu notificar à Ferrero que vou parar de comprar os seus produtos?!?", escreveu o fã Dave.[77] Allison, outra fã, devolveu uma caixa recém-comprada ao supermercado. "Quando me perguntaram por que eu devolvi, disse a eles que foi por causa da notificação judicial, e eles disseram que não fui a primeira pessoa a fazer isso", ela escreveu.[78] A mídia tradicional americana, que havia coberto por anos os eventos do World Nutella Day, pulou logo no barco da história fácil. Representantes da Ferrero chamaram Rosso poucos dias depois para recuar, permitindo que o site continuasse como era.

É difícil dizer o que teria acontecido se a Nutella continuasse com o processo judicial. Se a indignação tivesse sido restrita a superfãs, o impacto para a Ferrero teria sido limitado. Mas, uma vez que se tornou conhecida por um público mais amplo, e os veículos de imprensa o pegaram, ficou claro que a Ferrero criou um desastre de relações públicas. A ação os fez parecerem intimidadores, e do tipo autodestrutivo. A explicação deles, de que o Departamento Jurídico tinha tomado a atitude sem consultar ninguém, fez com que parecessem sem alma e sem noção.

Alguns minutos de pensamento e planejamento deliberado sobre como lidar com situações em que os fãs ultrapassaram seus limites teriam evitado uma enorme quantidade de animosidade. Doctorow, hoje em dia um defensor de uma reforma legal do copyright e da marca registrada, aponta o que é óbvio para todo mundo, exceto, ao que parece, para advogados corporativos: "Você pode obter o mesmo benefício de oferecer uma licença livre de royalties como em ameaçar com uma ação judicial."[79]

As organizações fariam bem em tentar primeiro substituir a abordagem de notificações judiciais para o gerenciamento de fãs com uma que traz os fãs para baixo das asas da empresa. Se a organização está em grande parte feliz com as atividades do fã, ela sempre terá a opção de torná-la oficial. Às vezes, dar permissão aos fãs para usar a marca registrada, com controle e fiscalização adequados, é benéfico para todos. Se isto parecer muito ousado para os conselheiros corporativos aceitarem, há sempre o antigo recurso: boas advertências à moda antiga. Elas podem parecer chatas em um mundo no qual ameaçar com notificações judiciais são a norma, mas elas resolvem o trabalho. A empresa pedir a um grupo de fãs para deixar claro que eles não são afiliados ou financiados por, ou que tenham alguma coisa a ver com isso, pode fazer muitas preocupações irem embora.[80]

O medo é um motivo terrível para atacar as pessoas que amam algo. E o medo também rouba os proprietários das marcas dos frutos de seus trabalhos. Apenas alguns anos após a sua comoção legal, Rosso, de livre e espontânea vontade, transferiu a propriedade do agora consideravelmente valioso World Nutella Day para a Ferrero Group.[81] Ela nem pediu compensação (apenas uma doação para o programa de combate à fome World Food Programme). Escolher trabalhar junto, em vez de contra, com seu superfã valeu a pena a longo prazo.

#Fazendocerto

Quando um grupo de fãs tem de fato um machado para esmerilhar, não há uma boa maneira de evitá-lo. Técnicas de apaziguamento, como dar algo e depois tirá-lo, só contribui para alimentar mais a mentalidade de "nós versus eles". Lutar por uma causa é emocionante e romântico, e é ainda mais verdade quando um lado realmente está com a moral o apoiando.

É importante notar que, em muitos casos, simplesmente concordar com as exigências dos fãs também não é à prova de erros. Apesar de todo o seu conhecimento, os fãs não sabem o que é melhor para o seu objeto de fã. Eles só sabem o que é melhor para o seu público. Muitas vezes, as duas são a mesma coisa, mas ocasionalmente não são. Quando uma marca aplaca seu grupo de fãs, cedendo a uma demanda, todos se sentirão realmente excitados, poderosos e bem sobre o que fizeram juntos... por um breve período de tempo. Então os fãs perderão interesse e passarão para outras questões interessantes, enquanto o objeto do fã tenta lidar com as consequências em longo prazo de sua decisão.

Nas situações em que o que os fãs ditam simplesmente não pode ser atendido, a melhor estratégia de ação para os proprietários de objetos de fã pode ser a de humanizar a situação. Lembrar aos fãs que há pessoas reais envolvidas, que eles e os fãs estão todos do mesmo lado, que compreendem suas preocupações e explicam por que tomaram a decisão. É importante para as pessoas serem lembradas de que ambos os lados da discussão são feitos por colegas fãs, querendo fazer o melhor para a sua paixão compartilhada.

Se os fãs puderem ver o proprietário do objeto de fã como outro membro de seu grupo de fãs, em vez de uma corporação, há muito menos a temer pela transparência. Como Don Tapscott e Anthony D. Williams colocam no seu livro *Wikinomics*, "Se você confia nos seus consumidores, você não precisa controlá-los".[82] Os grupos de fãs podem balançar, mas eles tendem a se endireitar no final. Se uma organização instilou as normas sociais corretas em seus superfãs, deve se explicar o melhor que pode e permitir que a comunidade lide com ela a partir daí. É para isso que servem.

Claro que, como a Maker's Mark prova, esse não é sempre o caso. Às vezes, a transparência cria confiança, mas às vezes quebra o verniz fino de autenticidade que permite aos fãs esquecer que a coisa que eles amam é também um produto comercial.

A melhor estratégia em cada situação potencialmente explosiva é avaliar cuidadosamente o que essa transparência vai revelar. Proprietários devem decidir se aquilo se alinha com o que eles sabem a respeito dos sentimentos e motivações de seus fãs. Requer ser deliberado. Isto significa considerar quem são esses fãs e onde eles se enquadram na hierarquia de seu grupo de fãs, que aspecto de sua identidade está envolvido no objeto do fã e o que sentem que está saindo de suas atividades de fãs.

Será que essa transparência fará com que eles se sintam como parte da coisa? Ou fará com que se sintam traídos *por* quem faz parte da coisa?

Grupos de fãs têm um ciclo de vida natural. À medida que atingem novos estágios em suas vidas, eles irão girar para dentro e para fora de diferentes grupos de fãs, se anexando a novos objetos que atendem melhor as suas novas necessidades. E tudo bem. Fãs são maravilhosos, inspiradores, enriquecedores e enfurecedores. Quando eles decidem deixar um grupo de fãs porque seu objeto de fã mudou ao longo do tempo — como deve —, é natural se sentirem pessoalmente rejeitados. É fácil para um proprietário de um objeto de fã ser pego em uma espiral: "Poderíamos ter consertado as coisas?", "Eles estavam sendo irracionais?", "Se ao menos nós não tivéssemos feito aquela coisa, talvez eles ainda nos amassem". Separações sempre são difíceis. É certo se esconder sob as metafóricas coberturas de sorvete até que os sentimentos desapareçam.

Mas é importante lembrar que isso também deve passar. Vai haver novos fãs, fãs que *combinam* perfeitamente. Fãs que encontrarão no mesmo objeto de fã a resposta às suas perguntas sobre autoidentidade, comunidade, rebelião e ideologia.

São esses os que completarão sua primeira atividade de fãs séria, e são aqueles que correrão para o próximo fandom, cheios do entusiasmo com seu contato com algo que os faz sentir como uma versão melhor de si mesmos. Ou com algo que diga ao mundo quem eles querem ser. Ou talvez apenas algo que é muito divertido. E talvez escrevam com entusiasmo em seu diário naquela noite, como Alice Drake fez há muito tempo: "Eu nunca pensei que faria isso!"[83]

POSFÁCIO

Por Zoe Fraade-Blanar

Lidar com um grupo de fãs, um grupo que você aprecia e respeita, é maravilhoso, terrível, doloroso, gratificante e é dramático como o diabo. Os fãs dão e tiram. Uma vez, passei uma manhã neutralizando um enorme colapso de fãs sobre uma baixa oferta de Corgis em estoque, apenas para descobrir uma fanfic lisonjeira sobre mim uma hora depois (muito imprecisa, mas ainda lisonjeira). Esse tipo de coisa fica com você.

Quando lançamos algo que os fãs gostam, a animação deles é um prazer instantâneo. Atualizamos as redes sociais obsessivamente, lendo cada comentário em voz alta e debatendo cada feedback. Quando soltamos algo que eles não gostam e a indignação explode, às vezes, eu só quero dizer: "Credo, pessoal, estamos fazendo o melhor possível! Parem de ser tão maus conosco; sério, eles são apenas animais de pelúcia!"

E, então, eu vou ver uma nota como esta: "Sinceramente, não consigo expressar o suficiente o quanto Crabby salvou minha vida. Ele esteve lá pra mim, para ser esmagado implacavelmente, aguentando durante os tempos mais difíceis, enquanto eu estive nos hospitais, centros de recuperação etc., e ele continua a estar lá enquanto eu me esforço para superar as lutas diárias e a dor. Tê-lo fez tanto para mim e é tudo porque ele existe, graças à Squishable, e eu tive a afortunada oportunidade de adotá-lo."[1]

E de repente nos sentimos horríveis por não termos nos esforçado o suficiente. Quando um superfã desaparece sem aviso prévio, procuramos mais de uma vez as notícias em sua cidade natal para garantir que nada de inesperado tenha acontecido. Nós ficamos obcecados com eles e criamos coisas por eles, tentamos agradá-los, nos sentimos como perdedores quando não conseguimos. Em troca, eles nos deram um negócio.

As coisas eram mais simples quando começamos em 2007. Caixas de Squishables encheram a sala de estar do nosso apartamento de um quarto, e eu desenhava sapos e flores em cada pacote fofo antes de levá-los até a loja FedEx, a duas quadras de distância. O truque era realmente dividi-los debaixo dos braços para que as caixas no topo se equilibrassem.

À medida que crescemos, começamos a perceber as expectativas de perplexidade crescerem entre alguns dos nossos clientes. Perfis com o tema da Squishable, como Mortimeros, o Minicaracol, AnonimAlce, Embaixador Bushybottom von Fuzzybutt e Liga dos Squishiness Extraordinários, pipocaram on-line. Esses clientes fizeram desenhos. Tiraram fotos. Fizeram desenhos nas fotos. Eles responderam perguntas para os recém-chegados antes mesmo de nós os notarmos. Inventaram o jargão Squishable para se referirem às suas coleções (um Lem é um Mini de Edição Limitada!). Criaram um "Posto de Troca" não oficial para trocarem Squishables usados e começaram o Clube do Livro da Squishable. E o que não conseguimos entender foi que alguns deles nem sequer possuíam um Squishable.

Conforme o nosso negócio cresceu, alguns dos fãs fizeram peregrinações a todo o país para ver nossos escritórios. Eles assinaram petições para nos levar a convenções e lojas de brinquedos. Tiraram férias para se visitarem e enviaram presentes de pratos assados, artefatos e joias artesanais. Arrecadaram dinheiro para a caridade. Muito dinheiro. Um grupo de fãs criou um comitê formal para nos convencer de trazer de volta um design aposentado da Squishable, o Squishable Devil Bear. Seu grupo fez campanhas de divulgação. E nos pressionaram. Fomos convencidos.

Eles nos diziam quando um produto estava certo e quando estava errado, e nos encorajaram a liberar coisas que nunca teríamos considerado. "Uma Kitsune? O que é isso? Uma raposa japonesa com múltiplas caudas? Sério? Bem, certo, acho que vamos lançar isso... oh, e olha só, vendemos tudo."

Se o desastre do Shiba Inu de 2012 tivesse acontecido hoje, nós lançaríamos um segundo estilo em produção sem nem pensar. Passaram-se anos desde que precisamos orçar numa base estilo a estilo; nos dias de hoje, podemos nos dar ao luxo de sermos benevolentes. Quando os fãs entraram em erupção com raiva por conta dos olhos felizes em um design de um minicaranguejo, conseguimos produzir um segundo lote com olhos mais trágicos dentro de um mês. Atualmente, os caranguejos de olhos felizes se transformaram em um item de colecionadores, dos quais nos sentimos um pouco orgulhosos.

Esse não é sempre o caso, e pode não acontecer de novo. O fandom evolui assim como as plataformas que o sustentam. Por exemplo, o algoritmo e interface sempre em mudança do Facebook significa que estamos tendo interações muito diferentes com os fãs atuais do que aquelas que tínhamos há um ano. Talvez em breve usemos algo inteiramente diferente.

E os próprios fãs também mudam. Os primeiros que nos encontraram no ensino médio já se formaram na faculdade. Alguns ainda estão conosco, com coleções que enchem salas inteiras e depósitos, e em pelo menos um caso, um apartamento inteiro extra. E alguns seguiram em frente. Nós sentimos saudade deles. "Pergunto-me o que aconteceu com aquela garota que fez aquela página de fã da Squishable de temas aquáticos. Ela era tão talentosa. Sinto falta de suas fotos de narvais presos em árvores", diremos.

E nos sentiremos nostálgicos por um momento. E então vamos voltar ao trabalho, porque temos a festa *deste* ano de Halloween para organizar, projetos de fãs para criticar, tuítes de fãs para responder, os e-mails de fãs para ler. Uma senhora escreve para nos dizer que se fizermos um Pug Squishable, ela, literalmente, contará a TODOS os seus amigos, e eles TOTALMENTE comprarão um bilhão de bilhões deles, eu não estou exagerando, nem vocês. Ela dirá.

Agora, correspondência de fãs não é um documento contratualmente vinculativo; existe uma pequena possibilidade de que talvez, talvez, talvez ela esteja entusiasmada e não fale com segurança fiscal. Amantes de cães... nós já fomos abordados por eles antes. Mas, novamente, os fãs inventam algumas ideias brilhantes.

Um Pug? Bem, certo, com certeza. Vamos dar uma chance.

AGRADECIMENTOS

Superfandom é a culminação de anos de experimentação, teimosia intensa e noites angustiantes. Gostaríamos de agradecer às seguintes pessoas que nos ajudaram e orientaram (e, ocasionalmente, nos motivaram) através do processo: este livro aconteceu porque Clay Shirky estava disposto a discutir conosco nossas ideias comendo sushi. Sem o encorajamento, o apoio e o aconselhamento dele desde o primeiro dia, isto não teria acontecido.

Muito obrigado à nossa agente, Zoë Pagnamenta, e à colega dela, Alison Lewis, na Zoë Pagnamenta Agency, bem como a Sally Holloway, na Felicity Bryan Associates, no Reino Unido.

A Brendan Curry, nosso editor, ao seu colega, Nathaniel Dennett, e a todo mundo na W. W. Norton, que têm sido tão solidários ao longo do processo, bem como a Clare Grist Taylor e Louisa Dunnigan, na Profile Books.

Aos leitores dos primeiros tratamentos, Ann Heimberger Jernow, Natalya Minkovsky e Christopher Santulli, e a nossos leitores dos últimos tratamentos, Katherine Dillion, Maddy Novich, Thomas Robertson e Russell Pinke.

Aos muitos especialistas na academia, indústria, fandom e além, que tomaram tempo para informar este livro: Beatriz Alvarado, Daniel Amrhein, Jenn Bane, Charbel Barakat, Katie Batza, Eileen Bellomo ("Snooky"), Tish Bellomo, Christian Bladt, Christopher Bonanos, Richard Boursy, Amber Bruens, Jay Bushman, Daniel Cavicchi, Christopher Cleary, Marcus Collins, Ian Condry, Jack Conte, Luke Crane, Kelly Sue DeConnick, Paul DeGeorge, Jesse DeStasio, Guillaume Devigne, John Dimatos, Joost Van Dreunen, Sarita Ekya, Jake Fite, Missie L. Fite, Kate Frambach, David Gallagher, Michael Goldmacher, Jonathan Hsy, Doug Jacobson, Florian Kaps, John Keefe, Mary-Kay Lombino, Lawrence McBride, Eric Mersmann, David Park, Dov Quint, Virginia Roberts, James Robinson, Jon Rosenberg, Spencer Rubin, Christian Rudder, Casey Saffron, Elena Salcedo, Sean Sheridan, Erik Smith, Oskar Smolokowski, Max Temkin, Robert J. Thompson, Trent Vanegas, Aaron W., Anna Wilson e a todos que optaram por permanecer anônimos.

A nossos assistentes de pesquisa, Jordan Bowles e Sarah Jewett.

Aos colegas de Zoë no ITP Graduate Program, da Universidade de Nova York, incluindo: George Agudow, Katherine Dillion, Shawn Van Every, Nancy Hechinger, Tom Igoe, Dan O'Sullivan, Marianne Petit, Daniel Rozin, Daniel Shiffman, Midori Yasuda, Marina Zurkow e, claro, Clay, bem como Jay Rosen, no Arthur L. Carter Journalism Institute, na Universidade de Nova York. Um agradecimento a Red Burns (*in memoriam*) pela sua liderança, inspiração e bom humor.

Aos mentores de Aaron nos departamentos de história e de seminários de departamentos na Johns Hopkins University, inclusive a Lou Galambos, Dale Keiger e Joanne Cavanaugh Simpson.

Obrigado a todos os alunos que moldaram e contribuíram para as nossas aulas ao longo dos anos e, em particular, aos estudantes da *Fandom: Popular Subcultures in a Digital Age,* na ITP, e Studio 20, Instituto de Jornalismo da Universidade de Nova York.

Obrigado a todo o time da Squishable, tanto do passado quanto do presente: Elizabeth Barnes, Sam Cooper, Brian Cross, Charles Donefer, Anastasia Holl, Eric Holland, Pat Hughes, Beth Roberts, Christopher Santulli, Rishika Singh, Debbie Stair, Scott Watson, Melissa Gonnella, Russell Pinke, Kendra Wells e cada estagiário que fizeram tanto para nos manter atualizados.

A nossas famílias, especialmente Maxine Fraade, George Blanar e Laura Fraade-Blanar, Laurie Hamilton, Robert Glazer, Susan Cliett e Kristi Glazer, e a nossos amigos que nos aguentaram.

Um agradecimento especial para Archer. Embora ele não possa ler isto por muitos anos, sua paciência durante esse processo será falada com tons silenciosos e reverência por éons por vir.

Finalmente, este livro existe antes de tudo em virtude da força da Nação Squishable. Vocês são nossa razão para acordar de manhã, nossos melhores professores. A sua gentileza e apoio, a sua criatividade e a sua vontade de nos dar um ao outro e a nós são uma fonte constante de encantamento. Por dez anos, vocês têm nos inspirado, surpreendido e ocasionalmente nos assustado, e seremos sempre gratos por isso. Para cada superfã da Squishable, que seu bichinho seja sempre peludinho.

NOTAS

Prefácio

1. Todas as citações de fãs e membros da equipe no Facebook foram extraídas da página da Squishable.com no Facebook: https://www .facebook. com/squishabledotcom (29 de outubro de 2012–30 de outubro de 2012).
2. Esta e todas as outras referências e notas à campanha Squishable Shiba Inu no Kickstarter são da Squishable.com, "Update #9, Goodness! It's a Shiba Inu Squishable!" [Atualização #9, Deus! É um Shiba Inu Squishable!] https://www.kickstarter.com/projects/squishable/goodness-its-a-shiba-inu-squishable/posts/345203 (8 de novembro de 2012); ehttps://www.kickstarter.com/projects/squishable/goodness-its-a-shiba-inu-squishable/.
3. Todas as citações dos membros da equipe da Squishable no nosso chat interno de clientes foram transcritas do nosso chat corporativo da Squishable.com em squishable.hipchat.com (29 de outubro de 2012–30 de outubro de 2012).

Introdução — Bem-Vindo à Singularidade do Fandom

1. Todas as citações e detalhes do roteiro de Alice Drake são do *Travel diary of Alice Drake* (1896-1900) [Diário de viagem de Alice Drake]. Escrito à mão, disponível na Gilmore Music Library, Universidade de

Yale. Nós originalmente encontramos a história de Drake no artigo de Daniel Cavicchi, "Loving Music: Listeners, Entertainments, and the Origins of Music Fandom in Nineteenth-Century America". In: *Fandom: Identities and Communities in a Mediated World*, de Jonathan Gray, Cornel Sandvoss e C. Lee Harrington (Nova York: New York University Press, 2007), pp. 234-49. Veja o artigo de Cavicchi e seu livro, *Listening and Longing: Music Lovers in the Age of Barnum* (Middletown, CT: Wesleyan University Press, 2011), para uma visão detalhada dos compatriotas de Alice Drake que fizeram empreendimentos semelhantes.

2. Cavicchi, "Loving Music", pp. 234-49.
3. Entrevista com Daniel Cavicchi por Zoe Fraade-Blanar e Aaron Glazer (15 de dezembro de 2014).
4. Daniel Cavicchi, "Fandom Before 'Fan': Shaping the History of Enthusiastic Audiences", *Reception: Texts, Readers, Audiences,* History, vol. 6, n. 1 (2014), pp. 52-72.
5. Ibidem.
6. Cavicchi, "Loving Music", pp. 234-49.
7. Cavicchi, "Loving Music", pp. 234-49.
8. James Kennaway, *Bad Vibrations: The History of the Idea of Music as a Cause of Disease* (Surrey, Inglaterra: Ashgate, 2012).
9. Unesco World Heritage Center, "Sacred Sites and Pilgrimage Routes in the Kii Mountain Range", http://whc.unesco.org/en/list/1142 (acessado em 9 de março de 2016).
10. A maior parte da informação a respeito de Margery Kempe foi extraída do livro *The Book of Margery Kemp* (século XV; Nova York: Penguin Classics, 2004); Gail McMurray Gibson, *The Theater of Devotion: East Anglian Drama and Society in the Late Middle Ages* (Chicago: University of Chicago Press, 1989).
11. Kempe, *The Book of Margery Kemp.*
12. Gibson, *The Theater of Devotion.*
13. Ibidem.
14. Kempe, *The Book of Margery Kemp,* pp. 98, 158, 175.
15. Gibson, *The Theater of Devotion.*
16. Entrevista com Daniel Cavicchi por Zoe Fraade-Blanar e Aaron Glazer (15 de dezembro de 2014).

17. Cavicchi, "Loving Music", pp. 234-49.
18. M. Hills, *Fan Cultures* (Nova York: Routledge, 2002), p. 29.
19. Lady Gaga, postagem no Twitter, https://twitter.com/ladygaga/status/456207861832380416 (15 de dezembro de 2014).
20. B. Ashcraft, "Whose Promoting Google Chrome in Japan? Why, a Virtual Idol", *Kotaku*, http:// kotaku.com/5877099/whose-promoting--google-chrome-in-japan-whya-virtual-idol (18 de janeiro de 2012); B. Ashcraft, "A Truly Bizarre Domino's Pizza Commercial", *Kotaku*, http:// kotaku.com/5989097/this -dominos-pizza-commercial-is-truly-bizarre (7 de março de 2013); Y. Koh, "Toyota's New U.S. Saleswoman: Virtual Idol Hatsune Miku", *Wall Street Journal* (10 de maio de 2011), http:// blogs.wsj.com/japanrealtime/2011/05/10/toyotas-new-u-s-saleswoman--virtual-idol-hatsune-miku/.
21. Crypton Future Media, "Hatsune Miku and Piapro Characters", Piapro.net, http://piapro.net/intl/en_character.html (acessado em 5 de setembro de 2015).
22. James Verini, "How Virtual Pop Star Hatusne Miku Blew Up In Japan", *Wired*, http://www.wired.com/2012/10/mf-japan-pop-star-hatsune--miku/(19 de outubro de 2012).
23. Entrevista com Ian Condry por Zoe Fraade-Blanar e Aaron Glazer (21 de dezembro de 2014).
24. Entrevista por e-mail com Guillaume Devigne (Marketing Estados Unidos e Europa, Crypton Future Media) por Zoe Fraade-Blanar e Aaron Glazer (17 de setembro de 2014).
25. Ibidem.
26. Entrevista com Ian Condry por Zoe Fraade-Blanar e Aaron Glazer (21 de setembro de 2014).
27. http://www.alexa.com/topsites/countries/JP (25 de setembro de 2016).
28. Entrevista por e-mail com Guillaume Devigne por Zoe Fraade-Blanar e Aaron Glazer (26 de julho de 2016).
29. Crypton Future Media, "Hatsune Miku Expo 2016 North America Tour Report" (s.d.).
30. "Colors", Guia não oficial para curtir vocaloides, http://chant.mikumiku.org/doku.php?id=basics:colors (11 de setembro de 2014).

31. "Hatsune Miku Expo 2016 North America", Journeys, concerto no Baile Hammerstein, Nova York (28 de maio de 2016).
32. Kelly Faircloth, "I Went to a Hatsune Miku Concert and It Was Fucking Amazing", *Jezebel*, http://jezebel.com/i-went-to-a-hatsune-miku-concert-and-it-was-fucking-ama-1648557083 (21 de outubro de 2014).
33. Entrevista com Ian Condry por Zoe Fraade-Blanar e Aaron Glazer (21 de dezembro de 2014).
34. Entrevista por e-mail com Guillaume Devigne por Zoe Fraade-Blanar e Aaron Glazer (17 de dezembro de 2014).
35. Verini, "How Virtual Pop Star Hatsune Miku Blew Up In Japan".
36. *Sharing the World*, produzido por *The Late Show with David Letterman*, executado por Hatsune Miku (9 de outubro de 2014); Brian Ashcraft, "Virtual Idol Hatsune Miku Dazzled on *David Letterman*", *Kotaku*, http://kotaku.com/virtual-idol-hatsune-miku-dazzled-on-david-letterman-1644187820 (9 de outubro de 2014).
37. Creative Commons, "Attribution-Non-Commercial 3.0 Unported", https://creativecommons.org/licenses/by-nc/3.0/legalcode (acessado em 3 de setembro de 2016).
38. Crypton Future Media, *For Creators*, http://piapro.net/intl/en_for_creators.html (acessado em 5 de setembro de 2015).
39. https://www.youtube.com/watch?v=qcc4cma5gDs (acessado em 8 de março de 2014).

Capítulo 1 — Fandom É um Verbo

1. Descrições, informações de base e citações de "pessoas na rua", a menos que citado de outra forma, são do encontro anual de 2016 da Berkshire Hathaway Annual em Omaha, no Nebraska, que foi presenciado por Zoe Fraade-Blanar e Aaron Glazer (30 de abril de 2016).
2. E. Holm, Moneybeat, *Wall Street Journal*; "Recap: The 2014 Berkshire Hathaway Annual Meeting", http://blogs.wsj.com/moneybeat/2014/05/03/live-blog-the-2014-berkshire-hathaway-annual-meeting/
3. David Earl, KETV, "Berkshire meeting attendance took a hit, thanks to live stream", http://www.ketv.com/news/berkshire-meeting-attendance-took-a-hit-thanks-to-live-stream/39318232 (2 de maio de 2016).

4. "Shareholders Stand By Disney's Board", *Los Angeles Times*, http://articles.latimes.com/1998/feb/25/business/fi-22703 (25 de fevereiro de 1998).
5. *Bloomberg News*, "Buffett Sells Passes to Beat Scalpers", http://www.nytimes.com/2004/04/17/business/buffett-sells-passes-to-beat-scalpers.html (17 abr. 2004); J. Ping, "eBay: Berkshire Hathaway 2009 Annual Meeting Tickets for $5", MyMoneyBlog, http://www.mymoneyblog.com/ebay-berkshire-hathaway-2009-annual-meeting-tickets-for-5.html (16 de abril de 2009).
6. Entrevistas como Christian Russo (pseudônimo) por Zoe Fraade-Blanar e Aaron Glazer (2014).
7. Holm, Moneybeat.
8. M. J. de La Merced, "Berkshire Hathaway's 2014 Shareholder Meeting", *New York Times*, http://dealbook.nytimes.com/2014/05/03/live-blog--berkshire-hathaways-2014-shareholder-meeting/ (3 de maio de 2014); Holm, Moneybeat.
9. De La Merced, "Berkshire Hathaway's 2014 Shareholder Meeting".
10. De La Merced, "Berkshire Hathaway's 2014 Shareholder Meeting".
11. Motley Fool Staff, *The Motley Fool*, "2014 Berkshire Hathaway Annual Q&A With Warren Buffett and Charlie Munger", http://www.fool.com/investing/general/2014/05/21/2014-berkshire-hathaway-annual-qa--with-warren-buff.aspx (21 de maio de 2014).
12. Entrevista com um banqueiro anônimo por Zoe Fraade-Blanar no encontro anual de 2016 da Berkshire Hathaway (30 de abril de 2016).
13. Entrevista com um frequentador anônimo de Zoe Fraade-Blanar no encontro anual de 2016 da Berkshire Hathaway (30 de abril de 2016).
14. Ouvido por Aaron Glazer no encontro anual de 2016 da Berkshire Hathaway (30 de abril de 2016).
15. Entrevista com uma funcionária anônima da See's Candies por Zoe Fraade-Blanar no encontro anual de 2016 da Berkshire Hathaway (30 de abril de 2016).
16. Ouvido por Zoe Fraade-Blanar no encontro anual de 2016 da Berkshire Hathaway Annual Meeting (30 de abril de 2016).
17. Entrevista com adolescente anônima por Zoe Fraade-Blanar no encontro anual de 2016 da Berkshire Hathaway (30 de abril de 2016).

18. Warren Buffett, "Berkshire Hathaway Inc. 2013 Letter to Shareholders", http://www.berkshirehathaway.com/letters/2013ltr.pdf, p. 22 (28 de fevereiro de 2014).
19. Buffett, Ibidem.
20. L. Lopen, "Inside the Legendary Omaha Steakhouse That Warren Buffett Takes Over One Day Every Year", http://www.businessinsider.com/gorats-warren-buffett-steakhouse-2013-5 (3 de maio de 2013).
21. Buffett, "Berkshire Hathaway Inc. 2013 Letter to Shareholders", p. 21.
22. Borsheims Press Release, "Warren Buffett Sells 6 Buffett-Signed Diamonds, Other Jewelry at Borsheims", http://borsheimsbrk.com/3152/warren-buffett-sells-6-buffett-signed-diamonds-other-jewelry-at-borsheims (4 de maio de 2014).
23. *A good point at 2014 Berkshire Ping Pong Party*, https://www.youtube.com/watch?v=wja-rQduOtM (5 de maio de 2014).
24. Entrevista com uma família de Chicago por Zoe Fraade-Blanar no encontro anual de 2016 da Berkshire Hathaway (30 de abril de 2016).
25. Ibidem.
26. Entrevista com Tommy por Zoe Fraade-Blanar no encontro anual de 2016 da Berkshire Hathaway (30 de abril de 2016).
27. Ver, por exemplo, Eric Holm, "Meet the Man Behind Berkshire's Latest (Doomed) Dividend Push", *Wall Street Journal*, http://blogs.wsj.com/moneybeat/2014/05/02/meet-the-man-behind-berkshires-latest-doomed-dividend-push/(2 de maio de 2014).
28. A. Cripple, "Warren Buffett Fans Explain Why They're Keeping the Faith", http://www.cnbc.com/id/28342496 (23 de dezembro de 2008).
29. "Warren Buffett Signs Giant Red Dairy Queen Spoon to Be Auctioned on eBay for Charity", http://www.businesswire.com/news/home/20100721006102/en/Warren-Buffett-Signs-Giant-Red-Dairy-Queen (21 de julho de 2010).
30. Descrições e todas as citações "pessoa na rua" (a menos que citado de outro jeito) das Batalhas de Sabre de Luz de NY 2014 são de Zoe Fraade-Blanar e Aaron Glazer (9 de agosto de 2014).
31. https://www.facebook.com/events/491340464345362/ (9 de agosto de 2014).

32. http://www.boxofficemojo.com/yearly/chart/?view2=worldwide&yr=2015&p=.htm (5 de setembro de 2016).
33. Ver D. Leonard, "How Disney Bought Lucasfilm — and Its Plans for 'Star Wars'", *Bloomberg Business*, http://www.bloomberg.com/bw/articles/2013-03-07/how-disney-bought-lucasfilm-and-its-plans-for-star-wars (7 de março de 2013).
34. http://www.npr.org/2013/07/16/202368713/use-the-books-fans-star-wars-franchise-thrives-in-print (16 de julho de 2013).
35. http://www.deloreancarshow.com/ (s.d., acessado em 5 de setembro de 2016); http://www.deloreanconvention.com/ (s.d., acessado em 5 de setembro de 2016).
36. Nicola Anderson, "Guinness Storehouse country's main tourist draw", *The Independent* (Irlanda), http://www.independent.ie/life/travel/travel-news/guinness-storehouse-countrys-main-tourist-draw-30876732.html (1º de fevereiro de 2015).
37. D. Tapscott e A. D. Williams, *Wikinomics — Como a colaboração em massa pode mudar o seu negócio* (Rio de Janeiro: Nova Fronteira, 2007).
38. M. Hills, *Fan Cultures* (Nova York: Routledge, 2002), xi.
39. https://www.yelp.com/biz/gorats-steak-house-omaha (acessado em 25 de setembro de 2016).
40. Entrevista com Thomas Robertson por Zoe Fraade-Blanar (29 de maio de 2013).
41. C. Shirky, *Cognitive Surplus: Creativity and Generosity in a Connected Age* (Nova York: Penguin Press, 2010), pp. 83-84.
42. S. Kelley, "Doctor Who fan who inspired series 8's opening title sequence: 'I had to pinch myself'", *RadioTimes*, http://www.radiotimes.com/news/2014-08-23/doctor-who-fan-who-inspired-series-8s-opening-title-sequence-i-had-to-pinch-myself (23 de agosto de 2014).
43. Hills, *Fan Cultures*, p. 23.
44. "NRF: 157 Million Americans Will Celebrate Halloween This Year", Release de imprensa, https://nrf.com/media/press-releases/nrf-157-million-americans-will-celebrate-halloween-this-year (23 de setembro de 2015).
45. N. Spector, "Most popular Halloween costumes of 2015 from eBay, Pinterest and Polyvore data", http://www.today.com/money/most-popular-

-halloween-costumes-2015-ebay-pinterest-polyvore-data-t49606 (28 de outubro de 2015).

46. https://frightgeist.withgoogle.com/ (acessado em 18 de dezembro de 2016).
47. Progressive, "Dress Like Flo", http://at.progressive.com/fun-and--entertainment/dress-like-flo (9 de dezembro de 2015).
48. A. Chen, Gawker, "The Unstoppable Rampage of the Belibers," http://gawker.com/5864603/the-unstoppable-rampage-of-the-beliebers (2 de dezembro de 2011). Para um exemplo recente, ver https://www.thestar.com/entertainment/music/2015/11/12/justin-bieber-fans--planning-buyout-of-his-new-album-on-saturday-donating-surplus-to--charity.html (12 de novembro de 2015).
49. "Case Study | ROI/Sales: Bud Light", http://www.facebook-successstories.com/bud-light/ (2013); T. Wasserman, Mashable, "Bud Light Offers Proof That Facebook Ads Work", http://mashable.com/2013/04/30/bud-light-facebook-ads/ (30 de abril de 2013).
50. E. J. Schultz, "A-B InBev Ends an Era of In-house Media", *AdAge*, http://adage.com/article/agency-news/a-b-inbev-ends-era-house--media/294971/ (15 de setembro de 2014).
51. J. Firecloud, http://antiquiet.com/interviews/2008/08/breaking--ground-with-jack-conte/ (4 de agosto de 2008).
52. Entrevista por telefone com Jack Conte a respeito do Patreon por Zoe Fraade-Blanar e Aaron Glazer (18 de agosto de 2014).
53. Ibidem.
54. Graphtreon.com, *Patreon Statistics*, https://graphtreon.com/patreon--stats (19 de julho de 2016).
55. Ver http://www.npr.org/about-npr/178660742/public-radio-finances (s.d., acessado em 25 de setembro de 2016).
56. Entrevista com J. Rosenberg a respeito do Patreon e *Scenes from a Multiverse* por Zoe Fraade-Blanar e Aaron Glazer (14 de agosto de 2014).
57. Patreon de Jon Rosenberg, https://www.patreon.com/jonrosenberg (acessado em 19 de julho de 2016).
58. Patreon da Corridor Digital, https://www.patreon.com/corridordigital (acessado em 24 de agosto de 2014).

59. Patreon de Jon Rosenberg.
60. Patreon de Jack Conte, https://www.patreon.com/jackconte (acessado em 24 de agosto de 2014).
61. Entrevista por telefone com Jack Conte.
62. Ibidem.
63. Ibidem.

Capítulo 2 — A Ascensão do Fandom Comercial

1. As citações de Erik Smith, também conhecido como Dr. Frankenroid, são de várias entrevistas por telefone e e-mails: entrevista por telefone com Erik Smith por Zoe Fraade-Blanar e Aaron Glazer (20 de janeiro de 2015 e 17 de maio de 2016); correspondência por e-mail com Erik Smith, 2015–2016.
2. P. J. Lyons, http://thelede.blogs.nytimes.com/2008/02/08/polaroid-abandons-instant-photography/?_r=0 (8 de fevereiro de 2008); entrevista por telefone com Mary-Kay Lombino por Zoe Fraade-Blanar e Aaron Glazer (22 de janeiro de 2015).
3. C. Dentch, "Polaroid to Exit Instant Film as Demand Goes Digital", http://www.bloomberg.com/apps/news?pid=newsarchive&sid=apSoe2r9tJ7M&refer=us (8 de fevereiro de 2008).
4. D. Phelps, "Polaroid is latest Petters firm to file Chapter 11", *Star Tribune* (19 de dezembro de 2008).
5. Petição on-line: A. Kellogg, http://www.gopetition.com/petitions/save-polaroid-film/signatures.html (acessado em 25 de setembro de 2016).
6. A. T. Union, "Polaroid fans hope film won't go way of vinyl", *Kitchener-Waterloo (Ontario) Record* (6 de março de 2008).
7. T. Teeman, "End of the reel for the chic and cheerful Polaroid" *(Londres) Times* (15 de fevereiro de 2008).
8. Entrevista com C. Bonanos por Zoe Fraade-Blanar (21 de janeiro de 2015).
9. S. Bradley, "On for young and old: devotees snap up Polaroid stocks", *Sydney (Austrália) Sun Herald* (29 de junho de 2008), p. 33.
10. Dentch, "Polaroid to Exit Instant Film as Demand Goes Digital".

11. M. Wright, "The Impossible Project: Bringing back Polaroid", *Wired UK* (4 de novembro de 2009).
12. T. Bradshaw, "Bringing back Polaroid's instant film", *FT Magazine* (14 de agosto de 2009), http://www.ft.com/cms/s/0/6c82e490-87a2-11de-9280-00144feabdc0.html?siteedition=intl#slide0.
13. M. Wright, "The Impossible Project".
14. C. Doughtery, "Polaroid Lovers Try to Revive Its Instant Film", *New York Times*, http://www.nytimes.com/2009/05/26/technology/26polaroid.html (25 de maio de 2009).
15. Entrevista por telefone com Oskar Smolokowski por Aaron Glazer e Zoe Fraade-Blanar (12 de dezembro de 2014).
16. Entrevista com C. Bonanos.
17. Entrevista por telefone com Oskar Smolokowski por Aaron Glazer e Zoe Fraade-Blanar (12 de dezembro de 2014).
18. Ibidem.
19. Ibidem.
20. Ibidem.
21. Ibidem.
22. Ibidem.
23. Entrevista por telefone com Erik Smith (20 de janeiro de 2015).
24. Ibidem.
25. Regras da Impossible foram postadas em https://shop.the-impossible-project.com/pioneer/. O site não está mais disponível, mas pode ser encontrado em: https://web.archive.org/web/20150728151248/ https://shop.the-impossible-project.com/pioneer/ (acessado em 28 de julho de 2015).
26. Entrevista por telefone com Erik Smith.
27. Ibidem.
28. Ibidem.
29. Ibidem.
30. Phelps, "Polaroid is latest Petters firm to file Chapter 11".
31. Dale Kurschner, "Polaroid is ready for its closeup: how the iconic company is remaking itself for the 21st century", https://www.minnpost.com/twin-cities-business/2015/04/polaroid-ready-its-closeup-how-iconic-company-remaking-itself-21st-cent (3 de abril de 2015).

32. Entrevista com Dov Quint no Polaroid Fotobar, em Las Vegas, NV, por Aaron Glazer (1º de julho de 2015).
33. Ross Rubin, "And The Brand Played On: How Tech Icons Polaroid And RCA Live On Through Licensing", *Fast Company*, https://www.fastcompany.com/3060449/and-the-brand-played-on-how-yesterdays--tech-icons-live-on-through-licensing-deals (8 de junho de 2016).
34. Entrevista com Dov Quint.
35. Core-Brand, LLC, "CoreBand 100 Brand Power Ranking" (2011).
36. M. Wright, "The Impossible Project".
37. J. Moye, http://www.coca-colacompany.com/stories/happiness-without--borders/ (13 de maio de 2013).
38. C. Champagne, http://www.fastcocreate.com/1683001/how-coca--cola-used-vending-machines-to-try-and-unite-the-people-of-india--and-pakistan (30 de maio de 2013).
39. H. Jenkins, "Afterword: The Future of Fandom", in Jonathan Gray, Cornel Sandvoss e C. Lee Harrington, *Fandom: Identities and Communities in a Mediated World* (Nova York: New York University Press, 2007), pp. 357-364.
40. B. Solis, *The End of Business As Usual: Rewire the Way You Work To Succeed in the Consumer Revolution* (Nova York: Wiley, 2011), p. 46.
41. C. Shirky, *Cognitive Surplus: Creativity and Generosity in a Connected Age* (Nova York: Penguin Press, 2010).
42. D. Boorstin, *The Image: A Guide to Pseudo-Eventsin America* (Nova York: Vintage, 1992); Hills, *Fan Cultures*.
43. J. Heilemann, "All Europeans Are Not Alike", *New Yorker* (28 de abril de 1997), p. 175.
44. Vintage 1957 Animated & Live Old Spice Commercial, https://www.youtube.com/watch?v=x42mGpIwCgg (filme, s.d.).
45. Estudo de caso: Old Spice Response Campaign, http://www.dandad.org/en/old-spice-response-campaign/(s.d., acessado em 25 de setembro 2016); https://www.pg.com/en_US/downloads/innovation/factsheet_OldSpice.pdf (s.d., acessado em 25 de setembro de 2016).
46. T. Wasserman, "How Old Spice Revived a Campaign That No One Wanted to Touch", http://mashable.com/2011/11/01/old-spice-campaign/ (1º de novembro de 2011).

47. R. Walker, *Buying In: What We Buy and WhoWe Are.* (Nova York: Random House, 2010), xv.
48. J. Fromm, C. Lindell e L. Decker, "American Millennials: Deciphering the Enigma Generation", http://barkley.s3.amazonaws.com/barkleyus/AmericanMillennials.pdf (2011).
49. Goldman Sachs, "Millennials:Coming of Age", http://www.goldmansachs.com/our-thinking/pages/millennials/ (s.d.).
50. Walker, *Buying In,* p. 8.
51. Polaroid Annual Report 1996, http://www.bitmedia.com/ar96/commercial.html (1997).
52. D. Barboza, "Caffeinated Drinks Catering to Excitable Boys and Girls", *New York Times* (22 de agosto de 1997).
53. Entrevista por telefone com Sean Sheridan por Zoe Fraade-Blanar e Aaron Glazer (8 de janeiro de 2015).
54. Ibidem.
55. P. Dodds, "School bans Surge, says caffeine-packed drink makes students too hyper", *Associated Press* (11 de abril de 1997).
56. Entrevista por telefone com Sean Sheridan.
57. https://www.facebook.com/surgemovement/ (s.d., acessado em 25 de setembro de 2016).
58. Entrevista por telefone com Sean Sheridan.
59. https://www.facebook.com/surgemovement/photos/a.153479818094993.29215.147561302020178/351655908277382/?type=3&theater (4 de março de 2013).
60. Entrevista por telefone com Sean Sheridan.
61. https://www.indiegogo.com/projects/billboard-for-surge-soda#/ (acessado em 25 de setembro de 2016).
62. V. Guerra, "Coke's 90's Drink Surge Revives After A Long Campaign For The Coca-Cola Company", *Food World News,* http://www.foodworldnews.com/articles/6044/20140916/coke-90s-drink-surge-surge-coca--cola-the-coca-cola-company-90s-surge-movement.htm (16 de setembro de 2014).
63. Entrevista por telefone com Sean Sheridan.
64. Ibidem.
65. Ibidem.

66. S. Maheshwari, "Coca-Cola is Bringing Surge Back", https://www.buzzfeed.com/sapna/coca-cola-is-bringingsurge-back (15 de setembro de 2014).
67. J. Moye, http://www.coca-colacompany.com/stories/meet-the-three--guys-behind-the-movement-to-bring-back-surge/(18 de setembro de 2014).
68. Entrevista por telefone com Sean Sheridan.
69. Guerra, "Coke's 90's Drink Surge Revives After a Long Campaign For The Coca-Cola Company".
70. J. Doherty, "On the Rise", http://www.barrons.com/articles/SB50001424052748703889404578440972842742076 (29 de abril de 2013).
71. P. J. Boyer, "Under Fowler, FCC treated as Commerce", http://www.nytimes.com/1987/01/19/arts/under-fowler-fcc-treated-tv-as-commerce.html (19 de janeiro de 1987).
72. R. Lobb (diretor), *Turtle Power: The Definitive History of the Teenage Mutant Ninja Turtles* (filme, 2014).
73. G. Sullivan, https://www.washingtonpost.com/news/morning-mix/wp/2014/09/30/saturday-morning-cartoons-are-no-more/ (30 de setembro de 2014).
74. Shirky, *Cognitive Surplus*, p. 88.
75. Embora seja de uma era anterior, para uma discussão sobre profissões e classes nos Estados Unidos, ver P. Fussell, *Class: A Guide Through the American Status System* (Nova York: Touchstone, 1992).
76. J. Laxen, "Surge makes a local comeback", http://www.sctimes.com/story/life/food/2015/10/06/surge-makes-local-comeback/73396572/ (6 de outubro de 2015).

Capítulo 3 — Da Convenção ao Convencional

1. Detalhes do plano de fundo e das histórias das Feiras da Renascença, a menos que citado em contrário, são dos estudos da professora Rachel Lee Rubin da cultura da Renascença: *Well Met: Renaissance Faires and The American Counterculture* (Nova York: New York University Press, 2014).
2. D. Jacobson (diretor), *Faire: An American Renaissance*, https://vimeo.com/ondemand/faire (filme, 2014).

3. K. Patterson, http://fairehistory.org/faire-founders.html (19 de julho de 2016); Z. Stewart, "Hear Ye, Hear Ye: 'tis Faire Time", http://articles.latimes.com/1987-04-19/entertainment/ca-1684_1_hear-ye (19 de abril de 1987).
4. "The Original Renaissance Pleasure Faire", http://freethinkerspub.yuku.com/topic/11652#.V1MZZPkrKYk (10 de maio de 2013).
5. K. T. Korol-Evans, *Renaissance Festivals: Merryingthe Past and Present* (Jefferson, NC: McFarland, 2009).
6. Rubin tem uma excelente discussão a esse respeito, notando que muito do que torna o festival da Renascença emocionante é "tradicional do festival da Renascença, não da Renascença", Rubin, *Well Met*, p. 2.
7. Ibidem.
8. Ibidem, pp. 19-21.
9. Ibidem, p. 225.
10. E. Gilbert, "Knight Fever", *Spin* (dezembro de 1996): pp. 100-108.
11. Ver Rubin, *Well Met*, pp. 208-211.
12. Rubin, *Well Met*.
13. P. Jillette, "39 years ago today, Teller and I did our first show together at the Minnesota Renaissance Festival", https://twitter.com/pennjillette/status/501804681853956096 (19 de agosto de 2014).
14. http://www.fkb.com/history.php (acessado em 16 de setembro de 2016).
15. Rubin, *Well Met*, pp. 38-39.
16. Jacobson (diretor), *Faire: An American Renaissance*.
17. Ibidem.
18. Entrevista por telefone com Doug Jacobson por Zoe Fraade-Blanar e Aaron Glazer (7 de janeiro de 2015).
19. Para uma grande visão geral do desenvolvimento acadêmico de estudos de fãs, ver "Introduction: Why Study Fans?" em *Fandom: Identities and Communities in a Mediated World*, por Jonathan Gray, Cornel Sandvoss e C. Lee Harrington (Nova York: New York University Press, 2007), pp. 9-10.
20. Henry Jenkins popularizou essa teoria em seu ensaio seminal "Star Trek Rerun, Reread, Rewritten: Fan Writing as Textual Poaching", publicado originalmente em 1988, e em seu livro posterior, *Textual Poachers: Television Fans and Participatory Culture* (Nova York: Routledge, 1992).

Em uma reimpressão posterior do artigo, ele argumenta que a pesquisa está desatualizada: "Durante a última década e meia, tudo o que descrevi aqui mudou." Ver Jenkins, "Star Trek Rerun, Reread, Rewritten", in Jenkins, *Fans, Bloggers, and Gamers* (Nova York: New York University Press, 2006).

21. E. Gross e M. Altman, *The Fifty-Year Mission: The Complete, Uncensored, Unauthorized Oral History of Star Trek: The First 25 Years* (Nova York: St. Martin's Press, 2016), p. 247.
22. Convenção de Star Trek de Nova York de 1973, https://www.youtube.com/watch?v=Ekg0LZJWg5c.
23. Jenkins, "Star Trek Rerun, Reread, Rewritten", p. 42.
24. "Slagman", http://www.metafilter.com/31238/iPods-Pro-and-Con (9 de fevereiro de 2004).
25. http://lowendmac.com/2013/think-different-ad-campaign-restored--apples-reputation/(9 de abril de 2007).
26. "Steve Jobs thought different", *CBS News*, http://www.cbsnews.com/news/steve-jobs-thought-different/ (10 de maio de 2011).
27. Anúncio "Think Different" da Apple (2 de fevereiro de 1997), https://www.youtube.com/watch?v=nmwXdGm89Tk.
28. Rubin, *Well Met*, pp. 56–58.
29. Rubin, *Well Met*, p. 64.
30. M. Maffesoli, "The linking value of subcultural capital: constructing the Stockholm Brat enclave", in Bernard Cova, Robert Kozinets e Avi Shankar, *Consumer Tribes* (Nova York: Routledge, 2007), p. 96.
31. B. McCollum, "Merch masters", *Detroit Free Press* (25 de outubro de 2009), K6.
32. M. Hills, *Fan Cultures* (Nova York: Routledge, 2002), p. 9.
33. P. Nancarrow e C. Nancarrow, "Hunting for Cool Tribes", in Cova, Kozinets e Shankar, *Consumer Tribes*, p. 132.
34. Hills, *Fan Cultures*, p. 59.
35. Jenkins, "Star Trek Rerun, Reread, Rewritten", p. 42.
36. Ver Jenkins, *Textual Poachers*.
37. Gilbert, "Knight Fever", pp. 100-108.
38. Jacobson (diretor), *Faire: An American Renaissance*.
39. Rubin, *Well Met*.

40. J. A. Gross, "The Festival Gap: Comparing Organizers' Perceptions of Visitors to a Survey of Visitors at the Carolina Renaissance Fest" (tese de mestrado, Universidade East Carolina, 2006).
41. Entrevista por telefone com Doug Jacobson.
42. Royal Faires, "Our Sponsors", O Festival da Carolina e Mercado de Artesãos, http://www.carolina.renfestinfo.com/(30 de outubro de 2015); Royal Faires, "The Festival", O Festival Anual da Renascença do Arizona & Mercado de Artesãos, http://www.royalfaires.com/arizona/ (30 de outubro de 2015).
43. Rubin, *Well Met*, p. 52.
44. Entrevista por telefone com Doug Jacobson.
45. Jacobson (diretor), *Faire: An American Renaissance.*
46. Entrevista por telefone com Doug Jacobson.
47. J. Kane, "Burning Man, bigger? Attendance may grow", *Reno Gazette--Journal*, http://www.rgj.com/story/life/2015/04/20/burning-man--asking-blm-population-increase/26101069/(20 de abril de 2015).
48. A. Fortunati, "Utopia, Social Sculpture, and Burning Man", in L. Gilmore e M. Van Proyen, *AfterBurn: Reflections on Burning Man* (Albuquerque: University of New Mexico Press, 2005), p. 156.
49. http://burningman.org/event/preparation/faq/#General_Information (17 de setembro de 2016).
50. Fortunati, A. "Utopia, Social Sculpture, and Burning Man", p. 158-159.
51. N. Bilton, "At Burning Man, the Tech Elite One-Up One Another", *New York Times* (20 de agosto de 2014).
52. T. Anderson, "How to enjoy Burning Man without burning your cash", *CNBC*, http://www.cnbc.com/2016/08/25/how-to-enjoy-burning--man-without-burning-your-cash.html (26 de agosto de 2016).
53. M. Corona, "Burning Man brings business to Reno RV renters," *Reno Gazette-Journal*, http://www.rgj.com/story/life/arts/burning--man/2014/08/23/burning-man-brings-business-reno-rv-renters/14515321/ (23 de agosto de 2014).
54. "Socioeconomic Diversity and Trends", https://blackrockcitycensus.wordpress.com/2015/05/08/socioeconomic -diversity-and-trends/ (8 de maio de 2015). O censo do Burning Man então se mudou para: http://journal.burningman.org/census/.

55. Bilton, "At Burning Man, the Tech Elite One-Up One Another".
56. D. Gayle, "Luxury camp at Burning Man festival targeted by 'hooligans'", *The Guardian*, https://www.theguardian.com/culture/2016/sep/05/luxury-camp-at-burning-man-festival-targeted-by-hooligans (setembro de 2016).
57. Para uma discussão a respeito da terceira onda de fandom, ver Gray, Sandvoss e Harrington, "Introduction: Why Study Fans?", p. 6.
58. Hills, *Fan Cultures*, p. 46.
59. S. Burris, http://www.rawstory.com/2016/08/disgusted-burners-slam--wealthy-sparkle-ponies-who-are-taking-luxury-helicopter-rides-to--burning-man/(30 de agosto de 2016).
60. Jacobson (diretor), *Faire: An American Renaissance*.
61. Entrevista por telefone com Tish e Eileen "Snooky" Bellomo por Zoe Fraade-Blanar (14 de janeiro de 2015).
62. Ibidem.
63. Ibidem.
64. C. L. Adams, "The Martha Stewart of Punk Rock?", http://www.bloomberg.com/bw/stories/2007-08-08/the-martha-stewart-of-punk--rock-businessweek-business-news-stock-market-and-financial-advice (8 de agosto de 2007).
65. https://www.manicpanic.com/ourhistory (18 de setembro de 2016).
66. Entrevista com Eileen "Snooky" Bellomo na Licensing Expo por Zoe Fraade-Blanar (19 de junho de 2013).
67. Entrevista por telefone com Tish e Eileen "Snooky" Bellomo.
68. M. Ulto (diretor), *Manic Panic 30th Anniversary*, https://www.youtube.com/watch?v=G4R1NkAA3jk (filme, 2007).
69. Entrevista por telefone com Tish e Eileen "Snooky" Bellomo; Ulto (diretor), *Manic Panic 30th Anniversary*.
70. Entrevista por telefone com Tish e Eileen "Snooky" Bellomo.
71. Ulto (diretor), *Manic Panic 30th Anniversary*.
72. Entrevista por telefone com Tish e Eileen "Snooky" Bellomo.
73. Ibidem.
74. Ibidem.
75. Adams, "The Martha Stewart of Punk Rock?".
76. Entrevista por telefone com Tish e Eileen "Snooky" Bellomo.

77. Ibidem.
78. Ibidem.
79. Ibidem.
80. Gray, Sandvoss e Harrington, "Introduction: Why Study Fans?", pp. 9-10.
81. Nancarrow e Nancarrow, "Hunting for Cool Tribes", p. 130.
82. R. Pearson, "Bachies, Bardies, Trekkies, and Sherlockians", in Gray, Sandvoss e Harrington, *Fandom*, pp. 98-109.
83. S. Yara, "The Most Expensive Jeans", http://www.forbes.com/2005/11/29/most-expensive-jeans-cx_sy_1130feat_ls.html (30 de novembro de 2005).
84. Z. J. Janif, R. C. Brooks e B. J. Dixson, "Negative frequency-dependent preferences and variation in male facial hair", *Biology Letters* (16 de abril de 2014).
85. http://www.boxofficemojo.com/alltime/world/ (acessado em 26 de setembro de 2016).
86. Rubin, *Well Met*, p. 62.
87. M. R. Bloomberg, carta à Manic Panic (7 de julho de 2007).

Capítulo 4 — Usando Nossos Fandons em Nossas Mangas

1. Todas as descrições, entrevistas e citações "pessoa na rua" da Licensing Expo, incluindo o estande de Frida Kahlo, são de uma visita à Licensing Expo 2014, em Las Vegas, por Zoe Fraade-Blanar e Aaron Glazer (17 a 19 de junho de 2014) e uma visita à Licensing Expo 2013, em Las Vegas, por Zoe Fraade-Blanar e Aaron Glazer (18 a 20 de junho de 2013).
2. http://www.dpsons.com/fridakahlotequila/ (25 de abril de 2016).
3. Ver Hayden Herrera, *Frida: A Biografia* (São Paulo: Globo, 2011); *The Diary of Frida Kahlo: An Intimate Self-Portrait* (Nova York: Abrams, 2005).
4. A. Alexander, http://www.drugstorenews.com/article/frida-kahlo-skin-care-line-now-available-natural-skin-care (19 de novembro de 2007).
5. http://www.boxofficemojo.com/movies/?id=despicableme.htm (acessado em 18 de setembro de 2016).

6. E todas as outras citações de Jesse DeStasio: entrevista por telefone com Jesse DeStasio por Zoe Fraade-Blanar e Aaron Glazer (27 de outubro de 2016).
7. A. Busch, "'Minions' Lines Up Biggest Promo Push In Uni's History With McDonald's And More", http://deadline.com/2015/07/minions--promotional-push-biggest-in-studio-history-1201471603/ (8 de julho de 2015).
8. http://www.retail-merchandiser.com/reports/retail-reports/1754-the--coca-cola-company (2 de junho de 2014).
9. "Gwyneth Paltrow Wows Licensing Expo", *Global License!* (19 de junho de 2013).
10. Top 150 Licenciadores Globais. *Global License!* (maio de 2015), T3–T47.
11. Exibido na Licensing Expo de 2013.
12. M. Hills, *Fan Cultures* (Nova York: Routledge, 2002), p. 82.
13. Ian Fleming, *Cassino Royale* (Rio de Janeiro: Record, 2006).
14. Abacates eram uma iguaria raramente vista, ao ponto de que duas grandes redes de supermercados travaram mais tarde uma batalha entre relações-públicas sobre quem realmente os trouxe para a Grã-Bretanha primeiro. Ver M. Delgado, "Sainsbury, M&S... and the great ad-vocado war", http://www.dailymail.co.uk/femail/food/article-1186938/Avocado-wars-M-S-Sainsburys-battle-introduced-fruit-first.html (25 de maio de 2009).
15. Ver S. Winder, *The Man Who Saved Britain: A Personal Journey into the Disturbing World of James Bond* (Nova York: Picador, 2007).
16. W. Cook, "Novel man", http://www.newstatesman.com/node/160075 (28 de junho de 2004).
17. Winder, *The Man Who Saved Britain.*
18. https://www.fanfiction.net/movie/Labyrinth/ (acessado em 18 de setembro de 2016).
19. Cook, "Novel man".
20. Winder, *The Man Who Saved Britain.*
21. Para uma visão mais aprofundada sobre esse tópico, ver os muitos artigos de que Wann foi coautor estudando o impacto psicológico de ser um torcedor.

22. D. L. Wann e S. Pierce, "The Relationship between Sport Team Identification and Social Well-being: Additional Evidence Supporting the Team Identification–Social Psychological Health Model", *North American Journal of Psychology* (2005): pp. 117-24.
23. D. Wann, "Understanding the Positive Social Psychological Benefits of Sport Team Identification: The Team Identification-Social Psychology Health Model", *Group Dynamics: Theory, Research and Practice* (2006), vol. 10, nº 4: pp. 272-96.
24. Ibidem.
25. H. J. Schau e A. M. Muniz, "Temperance and Religiosity in a Non--marginal, Non-stigmatized Brand Community", in Bernard Cova, Robert Kozinets e Avi Shankar, *Consumer Tribes* (Nova York: Routledge, 2007), pp. 144-62.
26. Ibidem, pp. 1-26.
27. "Raisins", Episódio 14, 7ª Temporada, *South Park*, escrito e dirigido por Trey Parker (10 de dezembro de 2013).
28. R. Walker, *Buying In: What We Buy and Who We Are* (Nova York: Random House, 2010), p. xv.
29. Walker, *Buying In*, p. 22.
30. Hills, *Fan Cultures*, p. 82.
31. Ver, por exemplo: "Tracing the bitter truth of chocolate and child labour", *BBC Panorama*, http://news.bbc.co.uk/panorama/hi/front_page/newsid_8583000/8583499.stm (3/24/2010); D. McKenzie e B. Swails, "Child slavery and chocolate: All too easy to find", *CNN*, http://thecnnfreedomproject.blogs.cnn.com/2012/01/19/child-slavery-and--chocolate-all-too-easy-to-find/ (19 de janeiro de 2012); Brian O'Keefe, "Bitter Sweets," *Fortune*, http://fortune.com/big-chocolate-child-labor/ (1º de março de 2016).
32. Marketsandmarkets Press Release, "Global Chocolate Market worth $98.3 billion by 2016", http://www.marketsandmarkets.com/PressReleases/global-chocolate-market.asp (s.d.); J. A. Morris, "A taste of the future: the trends that could transform the chocolate industry", https://www.kpmg.com/Global/en/IssuesAndInsights/ArticlesPublications/Documents/taste-of-the-future.pdf (junho de 2014).

33. Para uma perspectiva acadêmica da HPA como um movimento, ver H. Jenkins, "'Cultural acupuncture': Fan activism and the Harry Potter Alliance", *Transformative Works and Cultures* 10 (2012), http://journal.transformativeworks.org/index.php/twc/article/view/305/259.
34. Detalhes da campanha, a menos que citado em contrário, são de Harry Potter Alliance's recounting of the story, e The Harry Potter Alliance, "Not in Harry's Name: A History", *Storify*, https://storify.com/TheHPAlliance/nihn-a-history (2015); e A. Rosenberg, "How 'Harry Potter' fans won a four-year fight against child slavery", *Washington Post*, https://www.washingtonpost.com/news/act-four/wp/2015/01/13/how-harry-potter-fans-won-a-four-year-fight-against-child-slavery/ (13 de janeiro de 2015).
35. Z. Alderton, "'Snapewives' and 'Snapeism': A Fiction-Based Religion within the Harry Potter Fandom", http://www.mdpi.com/2077-1444/5/1/219/htm (3 de março de 2014).
36. http://harryandthepotters.com/ (acessado em 26 de setembro de 2016).
37. Granger Leadership Alliance & Harry Potter Alliance, http://grangerleadershipacademy.com/(s.d., acessado em 31 de março de 2016).
38. Entrevista por telefone com Paul DeGeorge por Zoe Fraade-Blanar e Aaron Glazer (14 de dezembro de 2014).
39. A. Hoyos, "Harry Potter Chocolate Gets an 'F' in Human Rights", *Andpop*, http://www.andpop.com/2013/02/21/harry-potter-chocolate-gets-an-f-in-human-rights/(21 de fevereiro de 2013).
40. J. Berger, "Letter to Andrew Slack and the Harry Potter Alliance", https://storify.com/TheHPAlliance/nihn-a-history (acessado em 22 de dezembro de 2014).
41. http://www.thehpalliance.org/success_stories (s.d., acessado em 16 de setembro de 2016).
42. D. Hill, "'Heaven Knows I'm Miserable Now', A Night of Smiths Music and Speed Dating TOMORROW Night at the Black Rabbit Bar", Dave Hill's Internet Explosion, http://davehillonline.com/blog/2010/02/heaven-knows-im-miserable-now-a-night-of-smiths-music-and-speed-dating-tomorrow-night-at-the-black-rabbit-bar/(2 de fevereiro de 2010).

43. H. Nicholson, http://www.dailymail.co.uk/travel/article-1213316/Alton-Towers-launches-worlds-fastest-speed-dating-event-rollercoaster.html (14 de setembro de 2009).
44. J. Carlson, "Single Smiths Fans of the World Unite... in Brooklyn", http://gothamist.com/2009/01/30/smiths_speed_dating.php (30 de janeiro de 2009).
45. A. Martin, "Speed-Dating with Morrissey", *New York*, http://nymag.com/daily/intelligencer/2009/01/smiths_speed_dating_it_seemed.html (30 de janeiro de 2009).
46. B. Parker, "Smiths and Singles in Greenpoint Fit Like Hand in Glove", Gothamist, http://gothamist.com/2009/04/16/smiths_and_singles_in_greenpoint_fi.php#photo-1 (19 de abril de 2009).
47. Entrevista com Christian Rudder, cofundador do OKCupid, por Zoe Fraade-Blanar (14 de janeiro de 2015).
48. Descrições de perfis baseadas em perfis vistos no www.OKcupid.com. Todos os nomes de perfis e detalhes identificáveis ficaram anônimos.
49. Entrevista com Christian Rudder.
50. "How to Catch Your Valentine's Eye: Online Dating Eye-Tracking Study Reveals That Men Look, Women Read", http://www.businesswire.com/news/home/20120207006032/en/Tobii-Technology-AB-Catch-Valentine%E2%80%99s-Eye-Online (7 de janeiro de 2012).
51. M. Maffesoli, "The linking value of subcultural capital: constructing the Stockholm Brat enclave", in Cova, Kozinets e Shankar, *Consumer Tribes*; e Nancarrow and Nancarrow, "Hunting for cool tribes", in Cova, Kozinets e Shankar, *Consumer Tribes*, pp. 129-42.
52. Maffesoli, "The linking value of subcultural capital", p. 95.
53. Jane Austen, *Orgulho e preconceito* (São Paulo: Abril Cultural, 1982).
54. D. Carr, "24-Hour Newspaper People", *New York Times* (15 de janeiro de 2007).
55. Entrevista com Christian Rudder.
56. Ibidem.
57. A. Bereznak, http://gizmodo.com/5833787/my-brief-okcupid-affair-with-a-world-champion-magic-the-gathering-player (29 de agosto de 2011).

58. Entrevista por telefone com Virginia Roberts por Zoe Fraade-Blanar e Aaron Glazer (15 de janeiro de 2015). O site de Roberts é thehearto-grapher.com.
59. "Top Banana", *Arrested Development* (originalmente exibido em 9 de novembro de 2003).
60. C. Rudder, http://blog.okcupid.com/index.php/we-experiment-on--human-beings/(28 de julho de 2014).
61. Descrições de perfis baseadas em perfis do www.OKcupid.com.

Capítulo 5 — Associação e Status no Lugar Mais Feliz do Mundo

1. Todas as citações e reportagens, menos que citado em contrário, são de entrevistas com integrantes dos White Rabbits, dos Sons of Anakin e do Mickey's Empire durante uma visita à Disneylândia e ao Disney's California Adventure por Zoe Fraade-Blanar (18 a 20 de setembro de 2015). Algumas entrevistas foram tornadas anônimas ou representadas pelos nomes ou inicial dos entrevistados, a pedido deles.
2. Para um bom apanhado geral dos clubes sociais da Disneylândia, ver C. Lam, "The Very Merry Un-Gangs of Disneyland", *OC Weekly*, http://www.ocweekly.com/2014-02-27/news/disneyland-california-adventure--social-clubs/(27 de fevereiro de 2014); e C. Van Meter, "The Punks of Disneyland", http://www.vice.com/en_ca/read/the-punks-of-the--magic-kingdom (11 de março de 2014).
3. Entrevista por telefone com Jake Fite e Zoe Fraade-Blanar (28 de julho de 2015).
4. Ibidem.
5. L. Lecaro, http://www.laweekly.com/arts/a-guide-to-disneylands--unofficial-dress-up-days-5402663 (27 de fevereiro de 2015).
6. http://www.scsofdisney.com/unofficial-list-of-official-social-clubs.html (s.d., acessado em 26 de setembro de 2016).
7. Entrevista por telefone com Elena Salcedo of Mickey's Empire por Zoe Fraade-Blanar e Aaron Glazer (3 de agosto de 2015).
8. *The Cut*, http://sonsofanakinsc.com/?page_id=117 (s.d.).
9. Entrevista por telefone com Elena Salcedo.
10. Ibidem.

11. Ibidem.
12. Descrição da visita ao Club 33 da Disneylândia por Zoe Fraade-Blanar (19 de setembro de 2015).
13. P. Forbes, "Inside Club 33, Disneyland's $10,000 Dining Club", http://www.eater.com/2013/1/28/6489395/inside-club-33-disneylands-10000-per-year-dining-club (28 de janeiro de 2013).
14. J. Pimentel, "After his Club 33 membership is revoked, Lake Forest man sues Disney", *Orange County Register,* http://www.ocregister.com/articles/club-668224-membership-disney.html (23 de junho de 2015).
15. Entrevista por telefone com Jake e Melissa (Missie) Fite por Zoe Fraade-Blanar (26 de outubro de 2016).
16. Ibidem.
17. Entrevista com Trent Vanegas por Zoe Fraade-Blanar (18 a 20 de setembro de 2015).
18. E-mail com Trent Vanegas por Zoe Fraade-Blanar (5 de outubro de 2015).
19. Entrevista por telefone com Trent Vanegas por Zoe Fraade-Blanar (4 de agosto de 2015).
20. Entrevista por telefone com Jake Fite por Zoe Fraade-Blanar (28 de julho de 2015).
21. Entrevista por telefone com Aaron W. por Zoe Fraade-Blanar e Aaron Glazer (28 de agosto de 2015).
22. D. Park, S. Deshpande, B. Cova e S. Pace, "Seeking community through battle: understanding the meaning of consumption processes for warhammer gamers' communities across borders", em Bernard Cova, Robert Kozinets e Avi Shankar, *Consumer Tribes* (Nova York: Routledge, 2007), pp. 212-223.
23. M. Hills, *Fan Cultures* (Nova York: Routledge, 2002), pp. 6-7.
24. R. Henry e M. Caldwell, "Imprinting, incubation and intensification: factors contributing to fan club formation and continuance", em Cova, Kozinets e Shankar, *Consumer Tribes*, pp. 165-173.
25. H. J. Schau e A. M. Muñiz, "Temperance and Religiosity in a Non-marginal, Non-stigmatized Brand Community", in Cova, Kozinets e Shankar, *Consumer Tribes*, pp. 144-162.

26. Cova, Kozinets e Shankar, "Tribes, Inc: The New World of Tribalism", in Cova, Kozinets e Shankar, *Consumer Tribes*, pp. 1-26.
27. Entrevista por telefone com Jake Fite.
28. C. Shirky, *Cognitive Surplus: Creativity and Generosity in a Connected Age* (Nova York: Penguin Press, 2010), p. 163.
29. Shirky, *Cognitive Surplus*, p. 200.
30. Conforme Clay Shirky argumenta: "Organizing groups into an effective whole is so brutally difficult that, past a certain scale, it requires professional management", in Shirky, *Cognitive Surplus*, p. 83.
31. Entrevista por telefone com Jake Fite.
32. M. Maffesoli, "The linking value of subcultural capital", in Cova, Kozinets e Shankar, *Consumer Tribes*.
33. Maffesoli, "Tribal Aesthetic", in Cova, Kozinets e Shankar, *Consumer Tribes*, pp. 27-34.
34. Maffesoli, "The linking value of subcultural capital", p. 96.
35. D. Bevil, "Outfits show boundless love of Disney Fans' styles are homage to characters without being outright costume", *Orlando Sentinel* (19 de maio de 2015), A1.
36. http://disneybound.co/LeslieKay (s.d., acessado em 26 de setembro de 2016).
37. B. Tuttle, "New Kind of Disney Cosplay Slightly Less Embarrassing Than Original", http://time.com/money/3888425/disneybounding-trend/(19 de maio de 2015).
38. Shirky, *Cognitive Surplus*, p. 78.
39. L. Liddane, "Can't dress up at Disneyland? Streetwear meets Disney in 'Disneybound' style", *Orange County Register*, http:/www.ocregister.com/articles/disneybound-633983-disney-character.html (6 de setembro de 2014).
40. R. Kozinets, "Inno-tribes: Star Trek as Wikimedia", in Cova, Kozinets e Shankar, *Consumer Tribes*, pp. 206-208.
41. Ibidem, p. 19.
42. Shirky, *Cognitive Surplus*, p. 72.
43. Ibidem, p. 81.
44. Entrevista por telefone com Jake Fite.

45. C. Otnes e P. Maclaran, "The consumption of cultural heritage among a British Royal Family brand tribe", in Cova, Kozinets e Shankar, *Consumer Tribes*, pp. 51-66.
46. Shirky, *Cognitive Surplus*, p. 198.
47. Schau e Muniz, "Temperance and Religiosity in a Non-marginal, Non--stigmatized Brand Community", pp. 144-162.
48. Freud chama isso de narcisismo das pequenas diferenças. S. Freud e J. Strachey, *O mal-estar na civilização*, in *Obras psicológicas completas de Sigmund Freud*: edição Standard brasileira. Rio de Janeiro: Imago, 1996.
49. Shirky, *Cognitive Surplus*, 108-164 "Social systems have two modes": Ibidem, p. 197.
50. Ver D. Nasserian, "Insignt [*sic*] Into Disney Social Clubs: The Main Street Elite", http://www.disneygeekery.com/2013/10/04/insignt-disney--social-clubs-main-street-elite/ (10/4/2013); C. Van Meter, "The Punks of Disneyland", http://www.vice.com/en_ca/read/the-punks-of-the--magic-kingdom (11 de março de 2014); e P. C. Vasquez, http://www.ozy.com/fast-forward/gangs-of-disneyland/6646 (8 de março de 2014).
51. Entrevista com Jake Fite por Zoe Fraade-Blanar (20 de setembro de 2015).

Capítulo 6 — Fãs, para que Eles Servem?

1. Todas as citações por e-mail de J. Bane et al., *Your Emails Are Bad and You Should Feel Bad* (Chicago, Cards Against Humanity, 2014).
2. Ver https://www.holidaybullshit.com/(19 de setembro de 2016); R. Katz, https://www.puregeekery.net/2014/12/29/10-days-whatever-kwanzaa--day-whatever/(29 de dezembro de 2014).
3. Dia 2, https://www.holidaybullshit.com/ (acessado em 19 de setembro de 2016).
4. http://www.goodreads.com/book/show/24488744-your-emails-are--bad-and-you-should-feel-bad (acessado em 26 de março de 2016).
5. Geek and Sundry, Cards Against Humanity: Aisha Tyler, Laina Morris, & Ali Spagnola Join Wil on TableTop S03E10, https://www.youtube.com/watch?v=QCEqUn7If44 (19 de março de 2015).

6. Entrevista por telefone com Jenn Bane, diretora comunitária da Cards Against Humanity, por Zoe Fraade-Blanar e Aaron Glazer (10 de janeiro de 2015).
7. Ibidem.
8. https://www.amazon.com/Cards-Against-Humanity-LLC-CAHUS/dp/B004S8F7QM (acessado em 26 de setembro de 2016).
9. Amazon, respostas para a Cards Against Humanity, http://www.amazon.com/wont-Amazon-ship-this-Canada/forum/Fx209L-QY89OFTF8/Tx1A4YFQTGH3GW9/1/ref=cm_cd_al_psf_al_pg1?_encoding=UTF8&asin=B004S8F7QM (22 de outubro de 2013).
10. Entrevista por telefone com Max Temkin por Zoe Fraade-Blanar e Aaron Glazer (5 de fevereiro de 2015).
11. Ibidem.
12. https://cardsagainsthumanity.com (acessado em 20 de setembro de 2016).
13. Entrevista por telefone com Max Temkin.
14. https://www.eightsensiblegifts.com (acessado em 20 de setembro de 2016); J. Cook, http://mrsjennifercook.com/2015/12/24/8-sensible--gifts-cards-against-humanity/(24 de dezembro de 2015).
15. L. Widdicombe, "Teen Titan: The man who made Justin Bieber," http://www.newyorker.com/magazine/2012/09/03/teen-titan (3 de setembro de 2012).
16. K. Pang, http://www.chicagotribune.com/dining/ct-the-wiener-circle--chicago-obscenity-laced-hot-dog-stand-sold-20150918-story.html (18 de setembro de 2015).
17. J. Gordon e A. Phillips, "Diplo Criticized for Stealing GIF, Accused of Misogyny, Gets in Twitter Fight With Portishead's Geoff Barrow", http://pitchfork.com/news/58441-diplo-criticized-for-stealing-gif-accused-of--misogyny-gets-in-twitter-fight-with-portisheads-geoff-barrow/(12 de fevereiro de 2015); C. Coplan, http://consequenceofsound.net/2015/02/diplo-stole-someones-gif-artwork-responds-with-misogynistic-insults/ (12 de fevereiro de 2015).
18. P. Temi e L. Galambos, *The Fall of the Bell System: A Study in Prices and Politics* (Cambridge: Cambridge University Press, 1989).

19. Anúncio, https://twitter.com/SteveStoute/status/194829317048512512/photo/1 (24 de abril de 2012).
20. Para mais informações a respeito da campanha #HELLOBROOKLYN, ver K. Ozkan, "Stoute's Plan to Market the Nets? Kissing Up to Brooklyn", http://adage.com/article/news/stoute-s-plan-market--nets-kissing-brooklyn/230226/(6 de outubro de 2011); http://www.translationllc.com/work/brooklyn-nets/(s.d.); A. DeSantis, "All Black Everything: A Brooklyn Nets Style Guide", http://www.nytimes.com/interactive/2012/09/27/style/brooklyn-nets-logo.html?_r=0 (27 de setembro de 2012).
21. Calder, R. http://nypost.com/2012/07/14/2000-screaming-fans-pack--plaza-outside-bklyn-borough-hall-for-nets/(14 de julho de 2012).
22. Entrevista com Marcus Collins, diretor executivo de engajamento social, Translation LLC, por Zoe Fraade-Blanar e Aaron Glazer (23 de fevereiro de 2015).
23. Anúncio, T. Bontemps, http://nypost.com/2012/04/25/nets-brooklyn--rollout-continues-with-billboards/(25 de abril de 2012).
24. M. Mazzeo, http://espn.go.com/new-york/nba/story/_/id/8192332/brooklyn-nets-introducing-borough-team-core-four (23 de julho de 2012).
25. M. Mazzeo, http://espn.go.com/new-york/nba/story/_/id/8192332/brooklyn-nets-introducing-borough-team-core-four (23 de julho de 2012).
26. http://newyork.cbslocal.com/2012/05/01/brooklyn-nets-neighborhood-centric-video-applauds-the-loyal-and-scrappy/(1º de maio de 2012).
27. V. Theodoropoulou, "The Anti-Fan within the Fan: Awe and Envy in Sport Fandom", in Bernard Cova, Robert Kozinets e Avi Shankar, *Consumer Tribes* (Nova York: Routledge, 2007), pp. 316-327.
28. http://www.bloomberg.com/news/articles/2015-12-22/mikhail-prokhorov-completes-acquisition-of-nets-barclays-center (22 de dezembro de 2015).
29. http://www.netsdaily.com/2013/4/29/4281532/brooklyn-nets-attendance-up-23-1-leads-nba-in-one-season-gain (29 de abril de 2013).

30. C. Dell e J. Moffie, "Knicks and Nets Rivalry Begins at Barclays", http://fort-greene.thelocal.nytimes.com/2012/11/27/knicks-and-nets-rivalry-begins-at-barclays/(27 de novembro de 2012).
31. E. Piepenburg, "*Magic Mike* Is Big Draw for Gay Men", http://www.nytimes.com/2012/07/05/movies/magic-mike-with-channing-tatum-draws-gay-men.html (4 de julho de 2012); P. McClintock, "Moms and Gays Boost 'Magic Mike's'Box Office Chances in a Big Way", http://www.hollywoodreporter.com/news/magic-mike-stripper-channing-tatum-box-office-341507 (26 de junho de 2012).
32. J. L. Roberts, "The Rap of Luxury", http://www.newsweek.com/rap-luxury-144731 (1º de setembro de 2002).
33. http://money.cnn.com/2011/08/25/autos/most_stolen_cars/ (25 de agosto de 2011).
34. https://www.beeradvocate.com/beer/profile/447/1331/?ba=itsscience (7 de abril de 2014).
35. See T. Donnelly, "PBR is dead", *New York Post*, http://nypost.com/2015/07/16/what-cheap-beer-lovers-are-now-guzzling-instead-of-pbr/ (16 de julho de 2015); R. Greenfield, http://www.bloomberg.com/news/articles/2015-06-12/how-narragansett-became-cool-again (12 de junho de 2015).
36. Greenfield, http://www.bloomberg.com/news/articles/2015-06-12/how-narragansett-became-cool-again.
37. Bernard Cova, Robert Kozinets e Avi Shankar, "Tribes, Inc: The New World of Tribalism", in Cova, Kozinets e Shankar, *Consumer Tribes*, pp. 1-26.
38. http://www.tsgconsumer.com/partner-companies/detail.php?id=35 (20 de setembro de 2016).
39. Descrições da sede do Kickstarter de entrevista com Luke Crane e visita ao Kickstarter por Zoe Fraade-Blanar (17 de junho de 2015).
40. https://www.kickstarter.com/blog/case-study-cards-against-humanity (26 de julho de 2012).
41. Ibidem.
42. https://www.kickstarter.com/projects/1200751084/cards-against-humanity/posts/57993 (1º de março de 2011).

43. Entrevista por telefone com Luke Crane por Zoe Fraade-Blanar e Aaron Glazer (28 de janeiro de 2015).
44. Harebrained Schemes LLC., https://www.kickstarter.com/projects/webeharebrained/shadowrun-returns/(4 de abril de 2012).
45. Entrevista por telefone com Eric Mersmann por Zoe Fraade-Blanar e Aaron Glazer (18 de fevereiro de 2015).
46. Entrevista por telefone com Luke Crane.
47. Ver D. Wakin, "Rockers Playing for Beer: Fair Play?" *New York Times,* http://artsbeat.blogs.nytimes.com/2012/09/12/rockers-playing-for--beer-fair-play/(12 de setembro de 2012); M. Hogan, http://www.spin.com/2012/09/amanda-palmer-steve-albini-idiot-apology-volunteers/(14 de setembro de 2012); M. Hogan, http://www.spin.com/2012/09/steve-albini-amanda-palmer-crowdsourcing-rant/(13 de setembro de 2012).
48. https://www.patreon.com/amandapalmer (acessado em 21 de setembro de 2016).
49. Entrevista por telefone com Luke Crane.
50. https://www.kickstarter.com/projects/1869987317/wish-i-was-here-1 (atualizado em 11 de julho de 2014).
51. Ver B. Child, "Zach Braff Kickstarter controversy deepens after financier bolsters budge", *The Guardian,* https://www.theguardian.com/film/2013/may/16/zach-braff-kickstarter-controversy-deepens (16 de maio de 2013); M. Fernandez, "Zach Braff raises money — and ire — with Kickstarter campaign for new film", *NBC News,* http://www.nbcnews.com/pop-culture/pop-culture-news/zach-braff-raises-money--ire-kickstarter-campaign-new-film-f6C10026213 (22 de maio de 2013); L. Marks, "Is it OK for multimillionaires like Zach Braff to panhandle for money on Kickstarter?" *The Guardian,* https://www.theguardian.com/film/filmblog/2013/apr/26/zack-braff-panhandle-money-kickstarter (26 de abril de 2013).
52. M. Fleischer, "Zach Braff on needing Kickstarter: 'I don't have Oprah Winfrey money'", *Los Angeles Times,* http://articles.latimes.com/2013/apr/25/entertainment/la-et-ct-zach-braff-oprah-winfrey-money-kickstarter-20130425 (25 de abril de 2013).

53. Entrevista por telefone com Max Temkin.
54. S. P. Wood, http://www.adweek.com/prnewser/why-lays-wants-to-quit-social-media-and-hates-america/85826 (7 de fevereiro de 2014).
55. K. Lynch, http://www.guinnessworldrecords.com/news/2013/10/confirmed-grand-theft-auto-breaks-six-sales-world-records-51900 (8 de outubro de 2013).
56. http://www.rockstargames.com/newswire/article/52429/asked-answered-the-rockstar-editor-gta-online-updates (7 de maio de 2015).
57. See J. Balakar, http://www.cnet.com/news/the-bizarre-and-often-hilarious-world-of-grand-theft-auto-v-mods/ (5/23/2015); C. Livingston, http://www.pcgamer.com/the-best-gta-5-mods/(16 de setembro de 2015).
58. B. Ashcraft, http://kotaku.com/paid-skyrim-mod-turns-into-a-clusterfuck-1699913114 (24 de abril de 2015).
59. E. Makuch, http://www.gamespot.com/articles/you-can-now-sell-skyrim-mods-on-steam/1100-6426844/(23 de abril de 2015).
60. Ver, por exemplo, https://www.reddit.com/r/skyrimmods/comments/33m6a9/steam_to_start_charge_money_for_certain_mods/(23 de abril de 2015).
61. A. Kroll, "Removing Payment Feature from Skyrim Workshop", https://steamcommunity.com/games/SteamWorkshop/announcements/detail/208632365253244218 (27 de abril de 2015).
62. B. Reed, "Bethesda's experiment with paid Skyrim mods has been an epic disaster – is there any way to fix it?" *BGR*, http://bgr.com/2015/04/27/bethesda-valve-skyrim-paid-mods/(27 de abril de 2015).
63. https://www.reddit.com/r/skyrim mods/comments/33m6a9/steam_to_start_charge_money_for_certain_mods/cqmllcq (23 de abril de 2015).

Capítulo 7 — Autenticidade

1. Os detalhes da prisão de Iron Sheik e de Hacksaw Jim Duggan em Nova Jersey ainda permanecem controversos. Depois de tantos anos e motivações diferentes, as versões do incidente divergiram amplamente. Nós reconstruímos os eventos com base em detalhes das seguintes fontes: H. J. Duggan e S. E. Williams, *Hacksaw: The Jim Duggan Story*

(Chicago: Triumph Books, 2012); M. Huguenin, "Miscellaneous: Wrestlers Arrested", *Orlando Sentinel*, http://articles.orlandosentinel.com/1987-05-28/sports/0130230005_1_duggan-sumo-iron-sheik (28 de maio de 1987); Jash! "Iron Sheik: Very Animated People", https://www.youtube.com/watch?v=QeXnLeMZ8S4 (27 de março de 2013); B. Hart, *Hitman: My Real Life in the Cartoon World of Wrestling* (Nova York: Grand Central Publishing, 2008); e W. Keller, "EXCLUSIVE: Former semi-main event WWE wrestler says if not for drug arrest, he thinks he would have been World Champion, talks of backstage dispute with Austin", http://pwtorch.com/artman2/publish/spotlightarticle-boxcenter/article_61210.shtml (8 de maio de 2012).

2. Isso e o resto dos detalhes no parágrafo são de Duggan e Williams, *Hacksaw*.
3. Citação e detalhes nesse parágrafo de Duggan e Williams, *Hacksaw*, p. 102.
4. Ibidem.
5. Ibidem.
6. Isso e os detalhes restante nesse parágrafo são de Jash!, "Iron Sheik: Very Animated People", https://www.youtube.com/watch?v=QeXnLeMZ8S4 (27 de março de 2013); jashnetwork, "The Iron Sheik sat down with Buh to talk about wrestling, drugs and women", http://jashnetwork.tumblr.com/post/46476921987/the-iron-sheik-sat-down-with-buh-to-talk-about (27 de março de 2013).
7. http://www.wwe.com/videos/wrestlemania-iii-breaks-wwe-s-all-time--attendance-record-wrestlemania-iii (acessado em 26 de setembro de 2016).
8. Duggan e Williams, *Hacksaw*, pp. 103-104.
9. M. Sneed, "Michael Sneed", *Chicago Sun-Times* (1º de julho de 1987).
10. Duggan e Williams, *Hacksaw*, p. 108.
11. L. McBride e S. Bird, "From Smart Fan to Backyard Wrestler", in Jonathan Gray, Cornel Sandvoss e C. Lee Harrington, *Fandom: Identities and Communities in a Mediated World* (Nova York: NYU Press, 2007), pp. 165-176.
12. Entrevista por telefone com Lawrence McBride por Zoe Fraade-Blanar e Aaron Glazer (16 de dezembro de 2014).

13. L. McBride e S. Bird, "From Smart Fan to Backyard Wrestler", in Gray, Sandvoss e Harrington, *Fandom*, pp. 165-176.
14. Entrevista por telefone com Lawrence McBride.
15. Ibidem.
16. B. Owings e S. Rahmanzadeh, "WWE Star Triple H Breaks Character to Console Young Fan", http://abcnews.go.com/Entertainment/wwe--star-triple-breaks-character-console-young-fan/story?id=28398608 (22 de janeiro de 2015).
17. Ver McBride e Bird, "From Smart Fan to Backyard Wrestler", pp. 165-176.
18. Entrevista por telefone com Lawrence McBride.
19. R. Dilbert, http://bleacherreport.com/articles/1242501-tribute-to-the--wwe-spanish-announce-table (10 de julho de 2012); http://tvtropes.org/pmwiki/pmwiki.php/Main/SpanishAnnouncersTable (22 de setembro de 2016).
20. H. Jenkins, "'Never Trust a Snake': WWF Wrestling as Masculine Melodrama", in A. Baker e T. Boyd, *Out of Bounds: Sports, Media and the Politics of Identity* (Bloomington: Indiana University Press, 1997), pp. 48-80.
21. Ibidem, p. 50.
22. Todas as descrições e citações que seguem são de uma visita ao Bar Nine, em Nova York, para a festa da Wrestlemania 32, por Zoe Fraade-Blanar e Aaron Glazer (3 de abril de 2016).
23. *Wrestlemania 32*, transmissão por pay-per-view (3 de abril de 2016).
24. Ibidem.
25. Ibidem.
26. Hart, *Hitman*.
27. Entrevista com Lawrence McBride.
28. L. Siegel, *City of Dreadful Night: A Tale of Horror and the Macabre in India* (Chicago: University of Chicago Press, 1995).
29. Bernard Cova, Robert Kozinets e Avi Shankar, "Tribes, Inc: The New World of Tribalism", in Cova, Kozinets e Shankar, *Consumer Tribes* (Nova York: Routledge, 2007), pp. 1-26.
30. Informações de base, a não ser que seja citado de outra forma, de entrevista com Marcus Collins, diretor executivo de engajamento social,

Translation LLC, por Zoe Fraade-Blanar e Aaron Glazer (23 de fevereiro de 2015).

31. K. Shivley, *How State Farm and Social Media Breathed Life Into Cliff Paul,* http://simplymeasured.com/blog/how-state-farm-and-social--media-breathed-life-into-cliffpaul/(29 de julho de 2014); entrevista com Marcus Collins.
32. State Farm Insurance, State Farm Commercial Born to Assist Cliff Paul, https://www.youtube.com/watch?v=tqBj3P13ABA (27 de dezembro de 2012).
33. Shivley, *How State Farm and Social Media Breathed Life Into Cliff Paul.*
34. Ver "OK so is Cliff Paul a real person?", https://answers.yahoo.com/question/index?qid=20130219180432AAPcJac (19 de fevereiro de 2013); "Is Cliff Paul real?" http://www.insidehoops.com/forum/showthread.php?t=294891 (31 de março de 2013).
35. Studio@Gawker, "Chris Paul's Possibly Real Secret Twin Brother, Cliff, Is Now On Twitter (SPONSORED CONTENT)", http://deadspin.com/chris-paul-s-possibly-real-secret-twin-brother-cliff-5974174 (15 de janeiro de 2013).
36. B. Fowler, http://www.eonline.com/news/511528/5-things-we-learned--from-nba-all-star-saturday (16 de fevereiro de 2014).
37. T. Nudd, "How Chris Paul Became the NBA's Most Gifted Endorser(s)", http://www.adweek.com/news/advertising-branding/how-chris-and--cliff-paul-became-nbas-most-gifted-endorsers-157343 (29 de abril de 2014).
38. B. Simmons, *The B.S. Report with Bill Simmons,* http://espn.go.com/espnradio/play?id=10629752 (18 de março de 2014).
39. D. Guerrero, "What The Hell Is Going On In The State Farm Cliff Paul Commercials?", http://uproxx.com/tv/state-farm-cliff-paul-commercials/(6 de maio de 2015).
40. GamingWithOva, "PS4 NBA 2K14 - *How To Get Cliff Paul*", https://www.youtube.com/watch?v=IkrUsKZVqTA (18 de novembro de 2013).
41. Entrevista com Marcus Collins.
42. A. A. Newman, "A Basketball Star and His 'Twin' Sell Insurance", *New York Times* (18 de dezembro de 2012), B3, http://www.nytimes.

com/2012/12/19/business/media/chris-paul-to-star-in-state-farm--insurance-ads.html?_r=0.

43. M. Hills, *Fan Cultures* (Nova York: Routledge, 2002), p. 111.
44. Cova, Kozinets e Shankar, "Tribes, Inc.", pp. 1-26.
45. T. Luna e L. Renninger, *Surprise: Embrace the Unpredictable and Engineer the Unexpected* (Nova York: Tarcher/Perigee, 2015).
46. T. Hillin, "Science explains why surprise brings us pleasure", http://fusion.net/story/112615/why-surprise-is-so-good-for-your-brain-and--body/(1º de abril de 2015); Luna e Renninger, *Surprise*.
47. M. Woerner, http://io9.gizmodo.com/5875356/fan-campaigns-throughout-history-that-saved-scifi-and-fantasy-tv-shows (12 de janeiro de 2012).
48. "'Firefly' to become movie", http://www.cnn.com/2003/SHOWBIZ/Movies/09/04/film.firefly.reut/(4 de setembro de 2003).
49. http://www.boxofficemojo.com/movies/?id=serenity.htm (18 de janeiro de 2016).
50. Entertainment Weekly Staff, http://www.ew.com/gallery/26-best-cult--tv-shows-ever/568019_12-firefly (17 de março de 2014).
51. "The Message", *Firefly*. TV show (15 de julho de 2003).
52. L. Grady, http://www.bigpicturebigsound.com/Expanded-Coverage--of-the-Firef ly-Comic-Con-Panel.shtml (22 de julho de 2012).
53. E. Hall, https://www.buzzfeed.com/ellievhall/firefly-hat-triggers-corporate-crackdown (10 de abril de 2013); M. Woerner, http://io9.gizmodo.com/fox-bans-the-sale-of-unlicensed-jayne-hats-from-firefly-471820413 (9 de abril de 2013).
54. "Jayne's Hat", *Think-Geek*, https://www.thinkgeek.com/product/f108/ (22 de setembro de 2016).
55. J. Pantozzi, "UPDATED: Are You A Firefly Fan Who Makes Jayne Hats? Watch Out, Fox Is Coming For You", http://www.themarysue.com/jayne-hats-fox/(9 de abril de 2013).
56. Ibidem.
57. E. Hall, https://www.buzzfeed.com/ellievhall/firefly-hat-triggers--corporate-crackdown (10 de abril de 2013).
58. Ibidem.
59. Ibidem.

60. ThinkGeek, "Nice Hat, Jayne", http://www.thinkgeek.com/blog/2013/04/nice-hat-jayne.html (9 de abril de 2013).
61. ThinkGeek, "Jayne Hat Proceeds to Can't Stop the Serenity", http://www.thinkgeek.com/blog/2013/04/jayne-hat-proceeds-to-cant-sto.html (10 de abril de 2013).
62. Cova, Kozinets e Shankar, "Tribes, Inc.", pp. 1-26.
63. Ibidem.
64. O McDonald's enfrentou pressão tanto no lado financeiro de seus negócios quanto na forma como os clientes veem a marca. Ver, por exemplo, B. Kowitt, "Fallen Archers: Can McDonald's get its mojo back?", *Fortune*, http://fortune.com/2014/11/12/can-mcdonalds-get-its-mojo-back/ (12 de novembro de 2014); T. DiChristopher, "McDonald's outlook is negative, but wage hike helps: Analyst", *CNBC*, http://www.cnbc.com/2015/04/02/mcdonalds-outlook-is-negative-but-wage-hike-helps-analyst.html (2 de abril de 2015); T. Hsu, "Five Guys voted favorite burger chain, McDonald's near bottom", *Los Angeles Times*, http://www.latimes.com/business/la-fi-mo-five-guys-burger-mcdonalds-20120918-story.html (19 de setembro de 2012).
65. K. Hill, "#McDStories: When A Hashtag Becomes a Bashtag", http://www.forbes.com/sites/kashmirhill/2012/01/24/mcdstories-when-a-hashtag-becomes-a-bashtag/(24 de janeiro de 2012).
66. https://twitter.com/alexroth3/status/161873590881497088 (24 de janeiro de 2012).
67. https://twitter.com/SkipSullivan/status/159734503508688897 (18 de janeiro de 2012).
68. C. Tice, http://www.forbes.com/sites/caroltice/2014/10/30/why-ronald-mcdonald-failed-on-twitter-branding-lessons/#2715e4857a0b6bbfb12d29ee (30 de outubro de 2014).
69. A. Beaujon, http://www.poynter.org/2012/new-york-times-photographer-arrested-while-covering-arrest/184074/ (6 de agosto de 2013).
70. C. Shirky, *Cognitive Surplus: Creativity and Generosity in a Connected Age* (Nova York: Penguin Press, 2010), p. 95.
71. Informações a respeito de S'MAC e citações de Ekya são de entrevistas com Sarita Ekya por Zoe Fraade-Blanar e Aaron Glazer (14 de janeiro de 2015).

72. Informações a respeito do Melt Shop e citações de Rubin são de entrevista por telefone com Spencer Rubin por Zoe Fraade-Blanar e Aaron Glazer (13 de janeiro de 2015).
73. Hills, *Fan Cultures*, p. 42.
74. P. Kerr, http://www.nytimes.com/1989/02/10/nyregion/now-it-can-be-told-those-pro-wrestlers-are-just-having-fun.html (10 de fevereiro de 1989).
75. Ibidem; R. Hoy-Browne, http://www.independent.co.uk/sport/general/wwe-mma-wrestling/historic-moments-in-wrestling-part-6-vince-mcmahon-admits-wrestling-is-predetermined-9461429.html (30 de maio de 2014).
76. D. O'Sullivan, https://sports.vice.com/en_us/article/the-forgotten-steroid-trial-that-almost-brought-down-vince-mcmahon (10 de julho de 2015); http://www.huffingtonpost.com/2012/10/06/linda-mcmahon-lobbying-wwe-wrestling_n_1944341.html; http://www.motherjones.com/politics/2012/03/rick-santorum-wwf-pro-wresting; http://usatoday30.usatoday.com/sports/2004-03-12-pro-wrestling_x.htm.
77. Esse incidente já foi apelidado de Curtain Call. Ver N. Paglino, "The Kliq Members Scott Hall, Kevin Nash, Sean Waltman e HBK Discuss the MSG Curtain Call Incident", *WrestleZone*, http://www.wrestlezone.com/news/470069-the-kliq-talks-curtain-call-incident (17 de abril de 2014); http://bleacherreport.com/articles/986789-wwe-a-look-back-at-the-infamous-curtain-call-the-msg-incident (17 de dezembro de 2011). O vídeo está disponível em: http://www.dailymotion.com/video/x6v3as_the-kliq-curtain-call-incident_music.

Capítulo 8 — Quando o Fandom dá Errado

1. Acordo de livre-comércio entre os Estados Unidos e a Coreia do Sul (15 de abril de 2012).
2. R. Mitenbuler, "How Bourbon Became 'America's Native Spirit'", *Slate*, http://www.slate.com/articles/life/drink/2015/05/bourbon_empire_lewis_rosenstiel_and_how_bourbon_became_america_s_native.html (12 de maio de 2015); S. Res 294, "Designating September 2007 as "National Bourbon Heritage Month", https://www.govtrack.us/congress/bills/110/sres294/text (2 de agosto de 2007).

3. H. Abdullah, "Bourbon distillers focus on South Korea free trade debate", http://www.mcclatchydc.com/news/nation-world/national/economy/article24699760.html (26 de setembro de 2011).
4. Ibidem.
5. A. Rappaport, "Exports of US spirits reach record high", *Financial Times*, http://www.ft.com/cms/s/0/58c55c8c-4b93-11e1-b980-00144feabdc0.html#axzz3iiox1lwx (31 de janeiro de 2012).
6. C. Lanyon, *48 Hours* magazine, http://www.scmp.com/magazines/48hrs/article/1541763/its-boom-time-bourbon (3 de julho de 2014).
7. J. Bachman, "Bourbon Sells, and Pricey Bourbon Sells Even Better," http://www.bloomberg.com/bw/articles/2013-11-26/bourbon-sells-and-pricey-bourbon-sells-even-better (26 de novembro de 2013).
8. G. Kleinman, "The Story of Maker's Mark Whiskey,"http://www.drinkspirits.com/bourbon/story-makers-mark-whiskey/ (15 de abril de 2012).
9. Z. M. Seward, "Maker's Mark answers your questions about why it's watering down its bourbon", http://qz.com/52807/makers-mark-watering-down-bourbon-questions/(11 de fevereiro de 2013).
10. Kleinman, "The Story of Maker's Mark Whiskey".
11. Z. Seward, "Maker's Mark waters down its bourbon to meet rising demand", *Quartz*, http://qz.com/52478/makers-mark-waters-down-its-bourbon-to-meet-rising-demand/(9 de fevereiro de 2013).
12. Seward, "Maker's Mark answers your questions about why it's watering down its bourbon".
13. R. Samuels e B. Samuels, Jr., *Letter to Maker's Mark Ambassadors*, citada em Seward, "Maker's Mark waters down its bourbon to meet rising demand".
14. Ibidem.
15. Ibidem.
16. Todas as citações de comentaristas na postagem na página da Maker's Mark no Facebook, "Maker's Mark updated their cover photo", https://www.facebook.com/makersmark/photos/a.10150662954248334.413743.6355923333/10151414702078334/?type=3 (9 de fevereiro de 2013).
17. Maker's Mark, "Maker's Mark updated their cover photo".

18. Maker's Mark, https://www.facebook.com/makersmark/photos/a.10150662954248334.413743.6355923333/10151414702078334/?type=3 (9 de fevereiro de 2013).
19. M. A. Lindenberger, http://nation.time.com/2013/02/12/makers-mark--waters-down-its-whisky-and-anger-rises/(12 de fevereiro de 2013).
20. G. Bullard, "Less Potent Maker's Mark Not Going Down Smoothly in Kentucky", http://www.npr.org/sections/thesalt/2013/02/11/171732213/less-potent-makers-mark-not-going-down-smooth-in-kentucky (11 de fevereiro de 2013).
21. Z. M. Seward, http://qz.com/54762/makers-mark-learns-a-painful--social-media-lesson-wont-dilute-its-bourbon/(17 de fevereiro de 2013).
22. Maker's Mark, "Maker's Mark updated their cover photo".
23. Seward, "Maker's Mark answers your questions about why it's watering down its bourbon".
24. Ibidem.
25. A Lei de Godwin, formulada pelo advogado Mike Godwin, afirma que "À medida que uma discussão on-line cresce mais, a probabilidade de uma comparação envolvendo nazistas ou Hitler se aproxima de 1", D. Amira, "Mike Godwin on Godwin's Law, Whether Nazi Comparisons Have Gotten Worse, and Being Compared to Hitler by His Daughter", *New York*, http://nymag.com/daily/intelligencer/2013/03/godwins--law-mike-godwin-hitler-nazi-comparisons.html (8 de março de 2013).
26. A. Press, "Drinkers object to Jack Daniel's watering whiskey down", http://usatoday30.usatoday.com/money/industries/food/2004-09-29-jack-daniels_x.htm (29 de setembro de 2004).
27. J. B. Arndorfer, "Weaker Jack Daniel's Becomes Spirits Strongman", http://adage.com/article/news/weaker-jack-daniel-s-spirits-strong-man/103213/(16 de maio de 2005).
28. J. Wilson, https://www.washingtonpost.com/lifestyle/food/makers--mark-debacle-the-proof-is-in-the-overreaction/2013/02/25/0aba8564-7c32-11e2-9a75-dab0201670da_story.html (26 de fevereiro de 2013).
29. S. Brown, "Harry Potter and the Fandom Menace", in Bernard Cova, Robert Kozinets e Avi Shankar, *Consumer Tribes* (Nova York: Routledge, 2007), pp. 177-192.

30. J. Rosen, https://twitter.com/jayrosen_nyu/status/303222018281721856 (17 de fevereiro de 2013).
31. Z. M. Seward, http://qz.com/80855/fear-of-watered-down-bourbon-gave-makers-mark-its-best-quarter-ever/(2 de maio de 2013).
32. C. Subramanian, http://business.time.com/2013/05/03/proof-positive-makers-mark-blunder-results-in-surprise-profit/ (3 de maio de 2013); A. Dan, http://www.forbes.com/sites/avidan/2013/05/06/makers-marks-plain-dumb-move-proved-to-be-pure-marketing-genius/#1fa6dc8f1e61 (6 de maio de 2013).
33. K. Lerman, X. Yan e X.-Z. Wu, "The Majority Illusion in Social Networks", http://arxiv.org/pdf/1506.03022v1.pdf (2015); Emerging Technology from the arXiv, *MIT Technology Review*, https://www.technologyreview.com/s/538866/the-social-network-illusion-that-tricks-your-mind/(30 de junho de 2015); Lerman, Yan e Wu, The "Majority Illusion in Social Networks", *PLoS ONE, 11*(2), 1-13 (17 de fevereiro de 2016).
34. Emerging Technology from the arXiv, *MIT Technology Review*.
35. W. W. Moe, D. A. Schweidel e M. Trusov, "What Influences Customers' Online Comments", *MIT Sloan Management Review* (outono de 2011): pp. 14-16.
36. Ibidem.
37. T. Robinson, *Interview: Joss Whedon*, http://www.avclub.com/article/joss-whedon-13730 (5 de setembro de 2001).
38. S. Biddle, "Spider-Man Can't Be Gay or Black", *Gawker*, http://gawker.com/spider-man-cant-be-gay-or-black-1712401879 (19 de junho de 2015).
39. K. Opam, "Spider-Man is contractually obligated to be boring at parties", http://www.theverge.com/2015/6/19/8813099/spider-man-movies-sony-marvel-boring (19 de junho de 2015).
40. M. Stern, http://www.thedailybeast.com/articles/2014/08/07/fear-of-a-minority-superhero-marvel-s-obsession-with-white-guys-saving-the-world.html (7 de agosto de 2014).
41. TvTropes é uma grande fonte de recursos para esses recursos narrativos. Ver http://tvtropes.org/pmwiki/pmwiki.php/Main/BlackDudeDiesFirst (acessado em 23 de setembro de 2016).

42. http://tvtropes.org/pmwiki/pmwiki.php/Main/StuffedIntoTheFridge (acessado em 23 de setembro de 2016).
43. A. Wheeler, "Why Marvel Studios Succeeds (And How It Will Fail If It Doesn't Diversify)", http://comicsalliance.com/marvel-studios-success--marvel-movies-diversity/(6 de agosto de 2014).
44. S. Vanderbilt, "The Comics", *Yank: The Army Weekly* (23 de novembro de 1945), https://ia601305.us.archive.org/28/items/1945-11--23YankMagazine/1945-11-23YankMagazine.pdf.
45. Para mais sobre Wertham, ver J. Sergi, "1948: The Year Comics Met Their Match", http://cbldf.org/2012/06/1948-the-year-comics-met--their-match/(8 de junho de 2012); e J. Heer, http://www.slate.com/articles/arts/culturebox/2008/04/the_caped_crusader.html (4 de abril de 2008).
46. Sergi, "1948".
47. Ver A. K. Nyberg, *Seal of Approval: The History of the Comics Code* (Jackson: University Press of Mississippi, 1998).
48. Heer, http://www.slate.com/articles/arts/culturebox/2008/04/the_caped_crusader.html (4 de abril de 2008).
49. Entrevista por telefone com Kelly Sue DeConnick por Zoe Fraade-Blanar e Aaron Glazer (23 de dezembro de 2014).
50. Ibidem.
51. Ibidem.
52. Entrevista por telefone com Daniel Amrhein por Zoe Fraade-Blanar e Aaron Glazer (6 de fevereiro de 2015).
53. S. Brown, "Harry Potter and the Fandom Menace", in Cova, Kozinets e Shankar, *Consumer Tribes*, pp. 177-192.
54. Entrevista por telefone com Kelly Sue DeConnick.
55. "Japanese Manga Book Market Rises to Record 282 Billion Yen", Anime News Network, http://www.animenewsnetwork.com/news/2015-01-23/japanese-manga-book-market-rises-to-record-282-billion-yen/.83614 (23 de janeiro de 2015).
56. H. Macdonald, "ICv2 and Comichron release 2014 sales report: comics now a $935 million business", http://www.comicsbeat.com/icv2-and--comichron-release-2014-sales-report-comics-now-a-935-million--business/(1º de julho de 2015).

57. Ver, por exemplo, E. Hayden, "The Backlash to the Backlash of a Multiracial Spider-Man", *The Wire*, http://www.thewire.com/entertainment/2011/08/backlash-backlash-multiracial-spider-man/40901/(5 de agosto de 2011).
58. Z. Crockett, http://priceonomics.com/how-esurance-lost-its-mascot-to-the-internet/(18 de dezembro de 2015).
59. J. Edwards, http://www.cbsnews.com/news/esurance-axes-erin-after-the-secret-agent-took-on-an-x-rated-life-of-her-own/(15 de junho de 2010).
60. C. Bothwell, "Burberry versus The Chavs", http://news.bbc.co.uk/2/hi/business/4381140.stm (28 de outubro de 2005).
61. Ibidem.
62. C. Ostler, http://www.dailymail.co.uk/femail/article-2822546/As-Romeo-Beckham-stars-new-ad-Burberry-went-chic-chav-chic-again.html (5 de novembro de 2014).
63. O. Fleming, http://www.dailymail.co.uk/femail/article-2661504/Ikea-threatens-legal-action-against-popular-fansite-allows-customers-cleverly-modify-furniture.html (18 de junho de 2014).
64. J. Yap, "Big changes coming to IKEAHackers", http://www.ikeahackers.net/2014/06/big-changes-coming-to-ikeahackers.html (14 de junho de 2014).
65. G. Sullivan, "IKEA hackers.net in trademark flap with store it pays tribute to", https://www.washingtonpost.com/news/morning-mix/wp/2014/06/16/ikeahackers-net-is-getting-shut-down-by-the-store-it-pays-tribute-to/(16 de junho de 2014).
66. J. Mullin, http://arstechnica.com/tech-policy/2014/06/ikea-waits-8-years-then-shuts-down-ikeahackers-site-with-trademark-claim/(15 de junho de 2014).
67. K. Campbell-Dollaghan, "Why Ikea Shutting Down Its Most Popular Fan Site Is a Giant Mistake", http://gizmodo.com/why-ikea-shutting-down-its-most-popular-fan-site-is-a-g-1591401344 (16 de junho de 2014).
68. C. Doctorow, http://boingboing.net/2014/06/15/ikea-bullies-ikeahackers-with.html (15 de junho de 2014).

69. J. Karmon, "After global outcry, IKEA softens stance against superfan (updated story)", https://www.yahoo.com/news/blogs/spaces/ikea--threatens-legal-action-against-ikea-fan-s-8-year-old-site-230646533.html?ref=gs (18 de junho de 2014).
70. J. Yap, http://www.ikeahackers.net/2014/08/trademark-talks-lets-settle--this-face-to-face.html (2 de agosto de 2014).
71. J. Yap, "Trip update Part 1: Museums and meatballs", http://www.ikeahackers.net/2014/09/ikeahackers-to-go-on-part-1.html (25 de setembro de 2014).
72. R. Tepper, "World Nutella Day Saved After Ferrero Drops Cease-And--Desist Complaint", http://www.huffingtonpost.com/2013/05/21/world-nutella-day-saved_n_3314815.html (21 de maio de 2013).
73. https://www.facebook.com/nutellausa/(acessada em 23 de setembro de 2016).
74. Para o relato de Rosso sobre a criação e ascensão do World Nutella Day, ver a postagem no blog: "World Nutella Day: From My Crazy Idea to a Worldwide Movement", https://whenihavetime.com/2016/02/05/world-nutella-day-from-my-crazy-idea-to-a-worldwide-movement/(5 de fevereiro de 2016).
75. Ibidem.
76. R. Tepper, "Sara Rosso, Nutella Superfan, Gets Cease-And-Desist Letter From Ferrero Over 'World Nutella Day'", http://www.huffingtonpost.com/2013/05/17/sara-rosso-nutella-cease-and-desist_n_3294733.html (17 de maio dc 2013).
77. "World Nutella Day", https://www.facebook.com/WorldNutellaDay/posts/10151663010986873?comment_id=28391408&offset=0&total_comments=121 (16 de maio de 2013).
78. Ibidem.
79. C. Doctorow, http://boingboing.net/2014/06/15/ikea-bullies-ikeahackers-with.html (15 de junho de 2014).
80. Para uma interessante discussão sobre o uso legal de marcas registradas, ver a discussão de Clipper Darrell, um superfã dos Los Angeles Clippers que entrou em uma batalha com o time por causa de seu apelido: S. Stradley, http://www.stradleylaw.com/clipper-darrell-and-the-legal--issues-of-super-fandom/(5 de abril de 2012).

81. World Nutella Day Transfer, http://www.nutelladay.com/transfer/(15 de janeiro de 2015); https://www.youtube.com/watch?v=U6SR9o3MTfY (21 de janeiro de 2015).
82. D. Tapscott e A. D. Williams, *Como a colaboração em massa pode mudar o seu negócio* (Rio de Janeiro: Nova Fronteira, 2007).
83. Drake, Alice. *Travel Diary of Alice Drake* (1896-1900). Escrito à mão, disponível no Gilmore Music Library, Universidade de Yale.

Posfácio

1. E-mail de um cliente da Squishable (18 de junho de 2015).

Impressão e Acabamento:
GRÁFICA SANTA MARTA